성경 안에 감추어져 있는

예수 그리스도의
비밀

❶

성경 안에 감추어져 있는
예수 그리스도의 비밀 ❶

초판 1쇄
지은이 김진종
펴낸이 박수정
발행일 2020. 5. 20
출판 도서출판 카리타스
주소 부산광역시 동구 중앙대로 298 부산 YWCA 304호
전화 051)462-5495
홈페이지 www.enkorea.kr
등록번호 제 3-114호

ISBN 978-89-97087-33-4

성경 안에 감추어져 있는
예수 그리스도의
비밀
①

김 진 종 지음

도서출판 카리타스

| 책머리에

　세상에서 가장 좋아하는 책이 성경이다. 지역과 시대와 문화에 맞추어 많은 책이 세상에 쏟아져 나온다. 그러나 수많은 책들이 100년도 못가서 절판이 되고 폐기처분되고 있다. 하지만 성경은 수천년 동안 변함없이 수많은 사람들이 지역과 시대와 문화를 초월하여 매년 4천 4백만 정도가 팔리고 있다. 미국의 모든 가정에는 평균 6-8권을 소유하고 있으며, 지구촌에는 성경을 100독, 1000독까지 하는 사람도 있다. 하지만 일생에 성경을 1독도 못하는 사람들도 있다. 때문에 성경 안에 현금이 가득 들어있다면 그래도 성경을 안보겠느냐? 애가 타는 마음에서 외쳐보기도 한다. 성경이 어찌 현금과 비교가 되겠는가? 성경을 외면하는 이유는 두 가지다. 하나는 귀중함을 모르기 때문이며, 다른 하나는 어렵게 보이기 때문이다. 마지막 주자는 성경을 매일같이 읽었다. 이해가 안 되고 어려운 말씀도 있었다. 레위기의 율법과 계시록은 읽는 자체가 고난이었다. 성경이 쉽다는 사람은 아무도 없을 것이다. 하지만 성경은 하나님의 말씀이라는 확신 때문에 읽고 또 읽었다. 이해는 못해도 조금도 의심하지 않았다.

　그러나 이제는 어렵지 않다. 이는 성경의 내용이 달라진 것이 아니라 성경의 의미를 알았기 때문이다. 이것이 예수 그리스도의 비밀이다. 예수 그리스도의 비밀이란 성경 안에 예수 그리스도의 비밀이 감추어져 있다는 의미다. 이 비밀을 모르고 읽으면 성경이 어렵고 복잡한 것처럼 보인다. 그런데 이 비밀을 이해하고 읽으면 하나도 어려운 점이 없다. 본래 성경은 어려운 것도 아니며 먼 것도 아니다. 다만 의미를 모르기 때문이다. 그 의미는 창세기부터 계시록까지 모두 예수 그리스도를 전하고 있다는 것이다. 본서는 성경에서 무엇이 그리고 어떻게 그 비밀을 전하고 있는지를 해석한 책이다. 그 비밀은 하나님께서 창세전에 감추어두신 것이며(엡 3:9), 그 비밀이 예수 그리스도 안에 감추어져 있는 보화며(골 2:3), 그 비밀을 우리에게 나타나게 하신 것이다(골 1:26). 때문에 성경에서 이 비밀을 알면 그리스도 안에 감추어져 있는 보화를 발견하는 것이다. 그 보화를 찾게 되면 천하를 얻는 것 보다, 또는 천하를 주고도 바꿀 수 없는 것이 성경이다. 따라서 본서에 참여하는 분들은 반드시 성경이 쉽게 열리게 될 것을 진실로진실로 확신하고 확신한다. 그리고 하나님께 영광과 감사를 드리게 될 것이다.

세상은 점점 불법의 죄악으로 어둠이 땅을 덮고 캄캄함이 만민을 가리고 있다. 군왕들과 관원들이 서로 꾀하여 여호와와 그의 기름 부음 받은 자를 대적하며 민족들이 헛된 일을 꾸미며, 기근과 기갈이 임하고 있다. 기근은 성경에 대한 무지며, 기갈은 성경을 깨닫지 못함이다. 때문에 흑암 중에 왕래하며 이 바다에서 저 바다까지, 북에서 동에까지 비틀거리며 여호와의 말씀을 구하려고 돌아다녀도 얻지 못하여 처녀와 남자가 다 갈하여 쓰러지려고 한다. 육신의 우한 폐렴과 돈 문제를 위해서는 서로 연합하여 기도하면서 불법으로 나라와 교회가 무너지고 예배와 신앙의 영적인 탄압을 받아도 외면하고 침묵하고 있다. 사탄이 교회와 성도를 미혹하기 위하여 치밀하게 계획하고 진행하고 있지만 깨닫지 못한다. 교회는 천국의 가족이다. 천국의 가족은 하늘의 음성을 들어야 한다. 그 음성은 성경이다. 성경에서 천국의 보화를 찾지 못하면 영적맹인이다. 사랑하는 천국의 가족들이여, 성경에서 예수 그리스도 안에 감추어져 있는 보화를 찾아서 세상이 아무리 어둡고 캄캄해도 밝은 빛처럼 빛의 갑옷을 입자(살전 5:5). 빛의 갑옷을 입기를 소원하는 모든 분들에게 본서는 반드시 안내자 역할을 하게 될 것이다.

오늘을 위하여 마지막 주자는 벧엘의 체험이 있었다. 벧엘은 야곱이 밧단아람으로 가는 길에 꿈에서 하나님을 만난 장소다. 저에게 벧엘은 서울에 있는 오류동 지하철역이다. 지하철을 타기 위하여 전철역 계단으로 내려가는 중간지점이다. 그날은 대입 검정고시를 보는 날이었다. 그날 시험의 큰 부담 때문에 지하철 계단에서 대굴대굴 딩굴면서 주저앉고 싶었다. 그런데 바로 그 시간에 즉시 내 마음에 음성이 들려왔다. "내가 너와 함께 있어-너를 지키며 내가 네게 허락한 것을 다 이루기까지 너를 떠나지 아니하리라"(창 28:15). 그 말씀을 받는 순간에 순식간에 감당할 수 없는 기쁨과 평안이 찾아왔다. 주님이 함께 하시면 무엇을 두려워 하리요, 그리고 그날 합격하여 그동안 공부에 한이 맺혔던 소원을 모두 성취할 수 있도록 인도해 주셨다. 학부, 대학원, 전문대학원까지 쉴 새 없이 밤낮으로 수업에만 전념 하도록 길을 열어주셨다. 그 결과로 박사과정에서 바울서신에 대한 강의를 듣던 중, 교수님(백석대학교 김정훈)께서 한 마디 던지신 질문이

있었다. 왜 바울은 예수 그리스도를 비밀이라고 했을까? 라는 질문이
셨다. 성경에 예수 그리스도가 비밀(골 1:27)이라는 말씀이 분명히 있
음에도 불구하고 교수님이 던져주신 질문은 처음 듣는 것처럼 새롭게
다가왔다. 왜 주님을 비밀이라 했을까? 비밀에 숨겨져 있는 내용이 무
엇일까? 하는 마음에 감동을 받게 된 것이다. 그리고 그때 그 비밀에
대하여 연구할 마음을 잉태하게 되었다. 마치 야곱이 요셉의 꿈 이야
기를 마음에 두었던 것 같이, 마리아가 천사의 수태고지를 마음에 두
었던 것 같이, 교수님의 말 한마디가 잘 박힌 못이 되어 내 마음에 잉
태하게 되었다. 그런데 마음에 잉태된 그 비밀을 연구하지 못하고 있
던 중에 계시록이 열리면서 그 비밀이 보이기 시작하여 책으로 출간
하면서 그동안 세미나에서 계시록이 열리면 성경이 보인다고 외쳤던
증거도 된다. 돌이켜 보니 오늘을 위하여 주님께서 오류동 전철역에
서 벧엘을 경험하게 하신 것임을 깨닫게 되었다. 그 날이 없었다면 오
늘이 없기 때문이다. 그러므로 예수 그리스도의 비밀에 대한 해석은
전적인 주님의 예정하심과, 주님의 시간, 주님의 은혜라는 고백 외에
는 다른 할 말이 없다. 때문에 모든 영광과 감사는 오직 주님에게만
돌려드린다. 할렐루야! 아멘. 그리고 언제나 잊지 않고 기도와 협력을
아끼지 않는 사랑하는 가족과 친 외가 친척, 사돈 그리고 여러 목사님
들께 감사한 마음을 전한다.

2020. 4. 22. 부산 브니엘 교회에서
성경에서 예수 그리스도의 비밀을 깨닫기를 소망하는 마지막 주자.
김 진 종 목사

| 차례

책 머리에_김 진 종

2부는 성경에서 증언하는 예수 그리스도의 비밀에 대하여 보지도 듣지도 믿지도 못하게 하는 대적 자들이 누구인지, 또는 그들은 어떻게 미혹하고 있는지 등에 대한 해석이다.

1부

1부는 신구약 성경에서 무엇이 예수 그리스도에 대한 비밀이며, 또한 어떻게 예수 그리스도의 비밀을 전하고 있는지 등에 대한 해석이다.

예수 그리스도의 비밀

몇 년 전에 국내 일간지 모 신문에서 이러한 기사가 일면 톱기사로 나온 것을 보았다. 가짜는 웃고 진짜는 울고 있다 이다. 다이아몬드 대용으로 시중에서 사용되는 모조품 큐빅은 웃고 그 큐빅 때문에 진짜 다이아몬드는 사용되지 못하여 울고 있다는 기사다. 이와 유사한 말이 한국교회 안에 회자되고 있는 것이 있다. 진짜는 가짜처럼 믿고 가짜는 진짜처럼 믿는다. 정통교회는 가짜처럼 믿고 이단의 무리들은 진짜처럼 믿고 있다는 말이다. 왜 정통교회는 가짜처럼 믿고 있을까? 그 이유는 성경에서 해답을 찾지 못하고 있기 때문이라고 본다. 정통교회는 성경을 절대적인 하나님의 말씀으로 인정하고 사랑하며, 가정마다 성경을 몇 권씩 보유하고 있다. 때문에 성경은 역사 이래 세상에서 가장 좋아하는 책이 되었다. 그런데 어떻게 진짜는 가짜처럼 믿고 가짜는 진짜처럼 믿는다는 말이 나온 것일까? 이는 성경에 대한 무지 때문이라고 본다. 중세 가톨릭교회가 타락하게 된 원인이 성경에서 해답을 찾지 않고 교황과 신부들의 설교만 의존했기 때문이다. 그러나 루터는 성경에서 해답을 찾고 종교를 개혁하는데 성공했다. 현대교회 성도들도 성경은 덮어두고 목회자의 설교만 의존하면 가톨릭교회처럼 무지할 수 있다. 때문에 진짜는 가짜처럼 믿는다는 말을 듣게 된다.

그렇다면 성경을 어떻게 알아야 진짜를 진짜처럼 믿을 수 있는 것일까? 그것은 예수 그리스도에 대한 비밀을 아는 것이다. 신구약 성경은 예수 그리스도에 대한 비밀을 말하는 책이다. 바울은 성경에서 예수 그리스도에 대한 비밀을 찾은 후에 지금까지 자기가 배우고 가졌던 모든 것들을 해로운 것으로 여기며 배설물처럼 버렸다고 한다. 그가 가장 가치 있게 여기며 가졌던 로마의 시민권, 가말리엘 문화에서 배운 최고의 학문, 율법으로는 흠이 없는 최고의 종교인의 자리, 그리고 산헤드린 공회의 회원 등을 버렸다. 예수 그리스도를 아는 것이 가장 고상하여 세상의 그 어떤 것도 예수 그리스도 외에는 알지 않기로 결심했다. 그리스도 외에 다른 복음을 전하는 자는 저주를 선언했다. 그러므로 본서에서는 신구약 성경에서 무엇이 예수 그리스도에 대한 비밀이며, 그 비밀이 어떻게 기록되어 있는지, 또한 그 비밀이 언제, 어떻게 이루어지는지, 그 비밀의 의미는 무엇인지 등에 대하여 신구약 성경으로 자세하게 상고하고자 한다. 성경을 통하여 예수 그리스도에 대한 비밀을 알게 되면 바울과 같은 신앙인이 되어 진짜를 가짜처럼 믿지 않게 될 것이다.

1. 주님의 증언

성경이 예수 그리스도에 관한 비밀이라는 사실을 주님께서 친히 증언 하셨다. "눅 24:27 이에 모세와 모든 선지자의 글로 시작하여 모든 성경에 쓴바 자기에 관한 것을 자세히 설명하시니라" 본문의 내용은 주님께서 부활하신 이후에 주님을 따라다녔던 제자들 중, 두 사람이 주님의 부활에 대한 의심을 하면서 엠마오로 내려가는 도중에 그들에게 성경에서 자신에 관한 비밀이 무엇인지를 설명하는 말씀이다. 본문에 등장하는 모세는 구약 성경의 모세오경(창,출,레,민,신)을 말하며, 선지자의 글은 구약 성경의 역사서와 시가서(수,삿,룻,삼상,삼하,왕상,왕하,대상,대하,스,느,에,욥,시,잠,전,아)안에서 활동한 선지자들(사,렘,겔,단,호,욜,암,옵,욘,미,나,합,습,학,슥,말)을 말한다. 이는 구약성경에는 모두 주님에 관하여 기록한 것임을 주님께서 친히 증언하신 말씀이다. 관한 것 περι(페리)는, 전치사, 속격이며, 자기에 관하여, 자기에 대하여, 자기를 위하여, 자기 때문에 기록하였다는 의미다. 이는 구약의 모든 성경은 주님에 관하여, 주님에 대하여, 주님을 위하여, 주님 때문에 기록되었다는 말씀이다.

이는 구약 성경에서 예수 그리스도에 대한 비밀을 증언하는 것을 의미한다. 주님은 이 비밀을 부활을 의심하며 엠마오로 내려가는 제자들에게 자세히 설명하셨다. 자세히 설명하시니라 διερμηνεύω(디엘메뉴오)는, 설명하다, 해석하다, 번역하다 등의 의미에서 유래한 번역하다, 해석하다, 설명하다, 통역하다 등의 의미다. 이는 주님께서 엠마오로 내려가는 제자들에게 구약 성경에서 자기에 대하여 기록한 비밀을 자세히 해석하여 설명했다는 의미다. 구약성경에서 주님께 대하여 감추어져 있는 비밀들을 자세히 그들에게 해석하여 설명하셨다는 말씀이다. 때문에 구약성경은 주님께 대한 비밀을 기록하고 있다는 것을 알 수 있다. "히 1:1 옛적에 선지자들을 통하여 여러 부분과 여러 모양으로 우리 조상들에게 말씀하신 하나님이" 구약에서 주님께 대한 여러 모양과 부분으로 말씀하신 비밀이 실제로 성취된 것이 신약에서 증언하는 예수 그리스도다. 그런데 구약에서 증언된 비밀의 성취를 위하여 오신 주님을 유대인들은 믿지 않았다. 때문에 주님께서 그들에게 친히 모든 성경은 자신에 관하여 기록하고 있다는 것을 다시 증언하셨던 것이다. "요 5:39 너희가 성경에서 영생을 얻는 줄 생각하고 성경을 연구하거니와 이 성경이 곧 내게 대하여 증언하는 것이니라"

2. 바울의 증언

구약에서 주님께 대한 비밀이 신약성경에서 어떻게 성취되었는지를 바울을 통하여 해석하고 있다. 이는 바울서신에서 예수 그리스도가 비밀이라고 증언하고 있기 때문이다. "골 1:27 하나님이 그들로 하여금 이 비밀의 영광이 이방인 가운데 얼마나 풍성한지를 알게 하려 하심이라 이 '비밀은 너희 안에 계신 그리스도시니' 곧 영광의 소망이니라" 비밀이란 예수 그리스도 안에 지혜와 지식의 보화가 풍성하게 감추어져 있는 것을 말한다. "골 2:3 그 안에는 지혜와 지식의 모든 보화가 감추어져 있느니라" 예수 그리스도 안에 감추어져 있는 지혜 σοφία(소피아)는, 깨끗함과 현명한, 유식한 등의 의미에서 유래한 하나님께 속한 깨끗함, 현명한, 유식함을 의미하며, 땅에 속한 지혜와 다른 하늘에 속한 하나님의 지혜를 말한다. 하늘에 속한 지혜는 땅에 있는 지혜와 구별된다. 땅에 있는 지혜는 정욕적이며 악령에게 속한 더러운 지혜며, 하늘에 속한 지혜는 선하며 깨끗한 지혜다. "약 3:15,17 이러한 지혜는 위로부터 내려온 것이 아니요 땅 위의 것이요 정욕의 것이요 귀신의 것이니—위로부터 난 지혜는 첫째 성결하고—선한 열매가 가득하고 편견과 거짓이 없나니" 그러므로 예수 그리스도 안에 감추어져 있는 지혜는 하늘에 속한 깨끗하고 선한 지혜를 말한다. 지식 γνῶσις(그노시스)는, 알게 되다, 지각하다, 깨닫다, 확인하다, 발견하다, 이해하다, 인정하다 등의 의미에서 유래한 하나님의 속성에 관한 지식, 율법에 관한 지식, 하나님을 아는 지식, 하나님의 뜻을 아는 이해력, 판단력 등의 의미다. 이는 지혜와 동일하게 땅에 있는 지식과 구별된 하나님의 속성에 관한 지식, 하나님의 뜻을 아는 지식을 말한다. 바울은 주님 안에는 땅에 있는 지혜와 지식과 다른 하늘에 속한 신령한 지혜와 지식의 보화가 감추어져 있다는 것이다. 이것이 예수 그리스도의 비밀이다.

1) 하나님의 경륜

주님 안에 감추어져 있는 지혜와 지식은 하나님의 지혜와 지식이다. 하나님의 지혜와 지식이 주님에게 감추어져 있다는 것이다. 그 지혜와 지식을 만세전에 하나님께서 은밀하게 정하시고 감추어두셨다는 것이다. "고전 2:7 오직 은밀한 가운데 있는 하나님의 지혜를 말하는 것으로서 곧 감추어졌던 것인데 하나님이 우리의 영광을 위하여 만세 전에 미리 정하신 것이라" 하나님께서 감추어두신 지혜와 지식을 주님께서 그 비밀을 성취하게 하시는 것이다. 때문에 주님의 지혜와 지식은 하나님의 지혜와 지식과 동일하다는 것이다. 이것이 하나님의 경륜이다. "엡 3:9 영원부터-하나님 속에 감추어졌던 비밀의 경륜이 어떠한 것을 드러내게 하려 하심이라" 하나님의 경륜은 그리스도를 통하여 성취하실 것을 예정하신 뜻을 말한다. "엡 3:11 영원부터-그리스도 예수 안에서 예정하신 뜻대로 하신 것이라" 그 경륜은 그리스도 안에서 성취하실 때를 정해두신 뜻이다. "엡 1:9 그 뜻의 비밀을-그리스도 안에서 때가 찬 경륜을 위하여 예정하신 것이니" 이 지혜와 지식은 창세전에 감추어두신 하나님의 경륜과 계획이시다. "엡 1:11 그의 뜻의 결정대로 일하시는 이의 계획을 따라" 경륜(οἰκονομία, 오이코노미아)는, 청지기, 관리하다 에서 유래한 의결, 지도, 업무, 배열, 질서, 계획 등의 의미를 나타내는 단어다. 이는 창세전에 감추어두신 삼위일체 하나님의 관리, 지도, 업무, 경영, 행정, 계획, 질서 등을 의미한다. 삼위일체 하나님께서 성부하나님은 계획하시고, 성자하나님은 성부하나님께서 계획하신 것을 성취하시며, 성자하나님께서 성취하신 것을 성령하나님께서 완성하실 것을 의결해두신 것이 경륜이다. 때문에 하나님의 지혜와 지식이 주님 안에 감추어져 있으며, 주님 안에 감추어져 있는 지혜와 지식을 성령께서 완성하시는 것이 지혜와 지식의 은사다. 그리스도 안에 감추어져 있는 지혜와 지식의 보화들은 삼위일체 하나님께서 의결해두신 것을 주님께서 성취하시는 것이다.

2) 그리스도 안

삼위일체 하나님께서 만세전에 은밀하게 감추어두신 지혜와 지식은 우리를 그리스도 안에서 하나님의 아들이 되게 하시려고 택하시고 예정하신 것이다. "엡 1:4 창세전에 그리스도 안에서 우리를 택하사 우리로 사랑 안에서 그 앞에 거룩하고 흠이 없게 하시려고 그 기쁘신 뜻대로 우리를 예정하사 예수 그리스도로 말미암아 자기의 아들들이 되게 하셨으니" 하나님께서 창세전에 감추어두신 지혜와 지식은 예수 그리스도를 통하여 우리를 하나님의 아들을 삼으시려는 것이다. 그리스도 안에서 안 ἐν(엔)은, 두 가지 의미다. 장소적인 의미와 시간적인 의미다. 장소적인 의미는 그리스도 안에서, 곁에서, 함께, 힘으로, 의하여, 때문에 등의 의미며, 시간적인 의미는 그리스도 안에 있는 기간, 동안, 때에, 시점에 등의 의미다. 이는 장소적으로 그리스도와 함께 있는 것을 말하며, 시간적으로 그리스도를 떠나지 않고 항상 그리스도와 함께 머물러있는 것을 말한다. 장소는 그리스도가 머리이신 교회를 말하며, 시간은 항상 교회 안에서 신앙생활을 유지하는 것을 말한다. 이렇게 그리스도 안에 있는 자에게 하나님의 아들이 되게 하실 것을 창세전에 이미 택하시고 예정하신 것이 하나님의 지혜와 지식이다(엡 1:4-5). 택하사 ἐκλέγω(에클레고)는, 미완료형으로 명령하다, 주장하다, 선포하다, 부르다 등의 의미에서 유래한 선택하다, 골라내다 의 의미며, 예정 προορίζω(프로오리조)는, 앞에, 전에 와 결정, 한정, 지명, 공포하다 등의 의미에서 유래한 미리결정하다, 미리예정하다 등이다. 택하심과 예정이란 하나님께서 만세전에 그리스도 안에서 우리를 하나님의 아들을 삼으시기 위하여 이미 결정하신 것을 말한다.

여기서 우리는 중요한 사실을 알아야 한다. 택하시고 예정하심이 운명론이 아니라 방편과 계획이라는 사실이다. 운명론은 영원하다는 의미며, 방편과 계획은 우리를 하나님의 아들을 삼으시기 위한 방편과 계획을 세우신 것을 말한다. 그 방편과 계획이 그리스도 안이다. 이 말씀은 우리가 하나님의 아들이 되는 것은 절대적으로 그리스도 안에서만 가능하다는 것이며, 그리스도가 아니면 또는 그리스도를 떠나면 아들이 될 수 없다는 것이다. 이것이 그리스도 안이란 두 가지 의미다. 그리스도 안에서, 그리스도와 함께 아들이 될 수 있는 절대적인 진리를 말하며, 또한 그리스도 안에 있는 기간, 때와 그리스도 안에 머물러 있는 동안에 아들이 된다는 것이다. 이는 그리스도 밖에서와 그리스도를 떠나면 아들이 될 수 없다는 절대적인 진리다. 때문에 택하심과 예정은 영원한 하나님의 아들로 삼으시는 절대적인 결정이 아니라 하나님께서 정하신 방법 기준을 말한다. 우리를 하나님의 아들을 삼으시기 위하여 부르셨지만 우리가 그리스도 안에 있지 않고 배교하면 취소가 된다는 말씀이다. 그러므로 핵심은 그리스도 안에 있는 것이다. 그리스도 안에 있는 자만이 하나님의 아들을 삼으시기 위하여 창세전에 이미 결정하셨다는 것이다. 이는 모든 성경의 증언이며 그 중에 결정적인 본문이 마 22:14 청함을 받은 자와 택함을 입은 자다. 청함 κλητός(클레토스)는, 초대받다, 부르심을 받다 이며, 택함 ἐκλέκτος(에클렉토스)는, 골라내다, 선택하다 에서 유래한 고르고, 선택된, 가장 질이 좋은 것들을 골라내는 것을 말한다. 이는 그리스도 안에 청함을 받은 자 안에서 쭉정이는 버리고 알곡만 골라낸다는 의미다(마 3:12, 13:48). 청함을 받은 자 중에서 알곡만 골라낸 것이 택함이다. 본문의 택함은 엡 1:4-5 택하시고 예정하심과 다른 의미의 단어다. 엡 1:4-5 택하시고 예정하심이 마 22:14 청함을 받는 자이며, 그 청함을 받은 자 중에 알곡만 골라서 하나님의 아들을 삼으시는 것이 택함을 입은 자다. 때문에 성도들이 한번 구원은 영원하다는 교리에 매여 있지 말고 항상 그리스도 안에서 그리스도와 함께 살아야 한다는 것을 명심해야 한다.

3) 신령한 복

하나님의 예정은 그리스도 안에 있는 자에게 하늘의 신령한 복을 받게 하시려는 것이다. "엡 1:3 아버지께서 그리스도 안에서 하늘에 속한 모든 신령한 복을 우리에게 주시되" 그 신령한 복이 교회를 통하여 복음을 받아 그리스도께서 십자가 대속의 피를 쏟으신 그 피로 속량 곧, 죄 사함을 받아 하나님 앞에 거룩하고 흠이 없는 하나님의 아들이 되게 하는 믿음을 선물로 주시며, 성령으로 하나님나라를 상속으로 받는 보증으로 인을 쳐주시며(엡 1:3-5,13,2:8), 그리스도와 함께 죽은 자 가운데서 살리셔서 하나님 우편에 앉게 하사 하나님의 사랑받는 가족을 만드시는 것이다(엡 2:6,19). 때문에 성령 안에서 그리스도와 함께 지속적으로 교회 안에서 하나님의 가족으로 지어져 가게 하는 것이다(엡 2:22). 지어져 가는 것이 사랑으로 선을 향하는 것이며, 하나님께 영광과 찬송을 올려드리는 예배자가 되는 것이다(엡 1:6,12). 지어져 συνοικοδομέω(쉬노이코도메오)는, 동사, 직설법, 현재, 수동, 2인, 복수며, 함께, 더불어 와 집을 짓다, 만들다, 세워지다 등에서 유래한 함께 짓다, 함께 세우다 이다. 동사 직설법 현재 수동 2인 복수는 우리가 하나님의 가족이 되기 위하여 그리스도와 함께 교회 안에서 성령으로 항상 세워져 가는 것을 말한다. 때문에 그리스도와 교회를 떠나면 하나님의 가족으로 세워지지 못하고 탈락하는 것이다. 청함은 받았지만 알곡으로 만들어지지 못하고 쭉정이가 된다. 그러므로 우리는 성령의 지혜와 총명으로 우리의 마음의 눈을 밝혀서 우리의 부르심의 소망과 하나님의 뜻의 비밀을 바르게 알고 신앙생활을 해야 한다(엡 1:8,17-18). 하나님의 뜻은 우리를 하나님의 사랑받는 아들을 삼으시고 하나님의 은혜의 영광을 찬송하게 하기 위한 목적이다(엡 1:5-6). 그 목적을 성취하시기 위하여 주님께서 이 땅에 오신 것이며 (요 6:38), 이것이 하나님의 경륜이시며, 주님 안에 감추어져있는 비밀이다. 그 비밀을 기록한 것이 성경이며, 모든 성경의 메시지는 그리스도 안에서 하나님을 섬기라는 내용들이다.

4) 비밀

우리에게 하늘에 속한 신령한 복을 주시기 위하여 하나님께서 그리스도 안에 감추어주신 보화가 비밀이다(골 2:3). 비밀 μυστήριον (뮈스테리온)은, 명사, 속격, 단수며, 그리스도에게 감추어둔 것, 신비한 것 등의 의미며, 속격은 그리스도에게 속한 비밀, 그리스도께 관한 비밀, 그리스도의 비밀이란 의미다. 그 비밀이 신비한 보화들이다. 보화 θησαυρός(데사우로스)는, 보물을 넣는 창고, 하늘에 쌓는 것 등의 의미다. 이는 우리를 위하여 그리스도 안에 신비한 지혜와 지식의 보화를 보물창고처럼 쌓아두고 있다는 말씀이다. 그 보화들이 우리를 위하여 천지만물을 창조하신 것이며(골 1:16), 우리를 주님의 십자가 구속으로 죄 사함을 받아 흑암의 권세에서 건져내시고 그의 사랑의 나라로 옮기시는 것이며(골 1:13-14), 땅에 있는 것과 하늘에 있는 것들을 화목하게 하사(고 1:20), 하늘과 땅과 땅 아래에 있는 자들로 모든 무릎을 예수의 이름에 꿇게 하시고 모든 입으로 예수 그리스도를 주라 시인하여 아버지께 영광을 돌리게 하시는 것이다(빌 2:8-11). 그리고 창조하신 만물을 그의 발아래에 복종하게 하시고 교회가 만물의 머리가 되게 하사 교회를 통하여 만물을 충만하게 하시는 것이다(엡 1:22-23).

때문에 바울은 이 비밀을 교회들이 깨닫기를 바라면서 서신서를 기록한 것이다(골 2:2). 주님에게 감추어져 있는 보화는 교회를 위하여 쌓아두고 있기 때문이다(엡 3:3-4,5:32). 이는 하나님께서 만세전부터 교회를 위하여 예정하시고 감추어두신 것이다(골 1:26). 그 감추어져 있는 비밀을 이제는 교회를 통하여 성도들에게 나타나게 하신 것이다(엡 3:10;골 1:26). 그러므로 교회는 그리스도 안에 지혜와 지식의 보화를 담은 보물창고가 감추어져 있다는 사실을 깨달아야 하며, 또한 그것을 발견해야 한다. 감추어져 있는 보화에 대한 너비와 길이와 높이와 깊이가 어떠함을 깨달아 하나님의 모든 충만하신 것을 경험해야 한다(엡 3:19). 이것이 성경에 감추어져 있는 예수 그리스도의 비밀이다. 이제부터 예수 그리스도 안에 감추어져 있는 보화를 찾는 일에 도움을 드리고자 신구약 성경에서 예수 그리스도에 관하여 기록한 모든 비밀들을 상고해 보고자 한다.

구약에 감추어져 있는 예수 그리스도의 비밀

성부 하나님께서 구약성경에서 예수 그리스도에 대한 비밀에 관하여 감추어두신 것은 예수 그리스도에 관한 계시, 예수 그리스도에 대한 예언, 예수 그리스도에 대한 모형, 예수 그리스도에 대한 그림자다. 계시 ἀποκάλυψις(아포칼립시스)는, 감추어져 있는 것을 폭로하다, 드러내다 의 의미로 구약성경에서 예수 그리스도에 관하여 감추어져 있는 비밀을 드러내는 것을 말하며, 예언 προφητεία(프로페테이아)는, 앞에서 와 말하다 의 합성어며, 이는 예수 그리스도에 대한 비밀에 대하여 앞에 있는 구약성경을 통하여 전해주시는 것을 말하며, 모형 τύπος(튀포스)는, 형상, 원형, 자국, 본보기 등의 의미로 예수 그리스도에 대한 비밀에 대하여 형상, 원형, 자국, 본보기를 구약성경을 통하여 보여주는 것을 말하며, 그림자 σκία(스키아)는, 그늘, 예표, 전조 등의 의미로, 예수 그리스도에 대한 비밀에 대하여 그늘, 예표, 전조를 구약성경을 통하여 미리 보여주는 것을 말한다. 이는 아담이 장차 오실 예수 그리스도의 모형인 것 같이(롬 5:14), 구약은 장차 신약에서 성취될 예수 그리스도에 관한 비밀을 성부 하나님께서 구약성경에서 미리전해 주며 보여주는 것을 말한다. 이것이 구약성경에서 감추어져 있는 예수 그리스도에 관한 계시며, 예언이며, 모형과 그림자 곧, 성부 하나님께서 창세전에 우리를 위하여 그리스도 안에 감추어두신 지혜와 지식의 보화들이다.

1. 천지창조

성부 하나님께서 창세전에 그리스도 안에서 우리를 위하여 이미 계획하신 그 뜻을 성취하시는 것이 태초의 천지창조다. 그러므로 태초의 천지창조는 주님께서 우리를 위하여 창조하셨다는 사실이다. 이것이 그리스도 안에 감추어져 있는 보화 중에 하나다. "창 1:1 태초에 하나님이 천지를 창조하시니라" 우리가 보고 있는 개역성경에는 태초에 천지를 창조하신 분이 하나님으로 번역되어 있다. 그런데 히브리어 원어에는 천지를 창조하신 하나님은 복수형이다. 복수는 삼위일체 하나님을 말한다. 삼위일체 하나님은 한 하나님 안에서 세 위격을 가지신 세 분의 하나님이 존재하는 것을 말한다. 세 위격을 가지신 세 하나님이 성부 하나님, 성자 하나님, 성령 하나님이시다. "요일 5:7-8 이는 하늘에서 증거 하시는 이가 세 분이시니, 아버지와 아들과 성령이시요, 이 세 분은 하나이시라(킹제임스 성경)" 하늘에서 증거하는 세 분이 곧, 성부 하나님, 성자 하나님, 성령 하나님이시다. 세 분 하나님은 한 하나님 안에서 일치 하신다. 그 삼위일체 하나님이 태초에 천지를 창조하신 것이다. 그런데 삼위일체 하나님이 천지를 창조하실 때, 각각 하시는 사역이 구별되어 있음을 알아야 한다. 이것을 삼위일체 하나님의 경륜이라 부른다. 천지창조에 대한 삼위일체 하나님의 경륜은, 성부 하나님은 만물창조에 대하여 뜻을 계획하시는 분이시며, 성자 하나님은 성부 하나님께서 뜻을 계획하신 것을 그대로 실행하셔서 성취하시는 분이시며, 성령 하나님은 성자 하나님께서 성취하신 것을 완성하시는 것이 삼위일체 하나님의 경륜이다. 따라서 천지창조는 우리를 위하여 주님께서 창조하셨고 그 창조하신 만물이 살아 움직이도록 완성하신분이 성령이다. 성령이 창 1:2 영으로 수면 위에서 운행하심이다. 운행 רחף(라하프)는, 피엘, 분사, 여성, 단수며, 움직이다, 흔들다 이며, 피엘은 알을 품듯 비상하다, 배회하다 이다. 피엘 분사 여성 단수는 성령이 수면 위에서 반드시 해야 되는 창조된 만물들에 대하여 알을 품듯 비상하면서 창조된 만물들이 살아 움직이며 번성하게 하는 강력한 활동의 사역을 말한다. 그 사역이 성자 하나님께서 창조하신 만물을 완성되게 하는 것이다. 따라서 삼위일체 하나님은 세 위격을 가지신 세 분의 하나님이 서로 충돌하지 아니하시며 하나의 목적을 위하여 일치와 조화를 이루시면서 완성하신다. 그러므로 천지창조는 성자 하나님이 성부 하나님의 뜻에 따라 창조하신 것이다(골 1:16-17;히 1:2). 주님의 지혜와 지식으로 창조하셨다. 주님은 그 지혜와 지식으로 창조하신 천지만물을 통치하시고 다스리신다. 그와 같이 새 하늘과 새 땅도 창조하시며 통치하시고 다스리실 것이다. 그런데 천지창조 안에는 두 가지 의미의 비밀이 숨어있다. 하나는 문자적인 천치창조다. 문자적인 창조는 실제로 6일 만에 천지를 창조하신 것을 말하며, 다른 하나는 천지창조 안에 예수 그리스도에 대한 계시의 비밀이 숨어있는 것이다. 천지창조 안에 예수 그리스도에 관한 계시가 감추어져 있는 비밀이 있다는 의미다.

1) 첫째 날

주님께서 첫째 날에는 우리를 위하여 빛을 창조하셨다. 첫째 날에 창조하신 빛은 하나님이 보시기에 좋았던 빛이며, 이 빛은 빛과 어둠을 나누는 빛이다. "창 1:3-4 하나님이 이르시되 빛이 있으라 하시니 빛이 있었고 빛이 하나님이 보시기에 좋았더라 하나님이 빛과 어둠을 나누사 하나님이 빛을 낮이라 부르시고 어둠을 밤이라 부르시니라 저녁이 되고 아침이 되니 이는 첫째 날이니라" 그런데 첫째 날에 창조하신 빛은 하늘에 있는 일월성신의 빛과 다른 빛이다. 일월성신의 빛은 넷째 날에 창조되기 때문이다. 그렇다면 첫째 날에 창조 된 빛은 무슨 빛일까? 하는 문제다. 빛 אוֹר(오르)는, 생명의 빛, 번영의 빛, 교훈의 빛, 영광의 빛 등의 의미다. 그런데 히브리어 오르는 모두 주님에게 적용되는 단어다. 주님은 어두운 세상에 빛을 비추시기 위하여 오실 분으로(요 12:46), 주님은 세상에 불을 붙이시려 오실 분으로(눅 12:49), 주님은 광명한 새벽 별의 빛을 발하게 되실 분으로(계 22:16), 주님은 보좌에서 번개와 같은 빛을 발하실 분으로(계 4:5), 주님은 우리에게 생명의 빛으로 오실 분으로(요 8:12), 주님은 생명의 교훈의 빛을 주시기 위하여 오실 분으로(요 12:49-50), 주님은 영광의 빛으로 오실 분으로(마 25:31), 계시하는 것이다. 이는 주님께서 우리를 구원하시기 위하여 빛으로 오실 것을 천지를 창조하신 첫 번째부터 계시하는 것이다.

2) 둘째 날

주님께서 둘째 날에는 우리를 위하여 궁창을 창조하셨다. "창 1:6-

8 하나님이 궁창을 만드사 궁창 아래의 물과 궁창 위의 물로 나뉘게 하시니 그대로 되니라 하나님이 궁창을 하늘이라 부르시니라 저녁이 되고 아침이 되니 이는 둘째 날이니라" 주님은 궁창을 만드시고 궁창 아래의 물과 궁창 위의 물로 나뉘게 하셨다. 나뉘게 בָּדַל (바달)은, 와우 계속법, 히필, 미완료, 3인, 남성, 단수며, 히필은 사역동사로 분리하다, 나누다 이며, 이 단어는 성소와 지성소를 나눌 때(출 26:34), 빛과 어둠을 나눌 때(창 1:14), 정한 것과 부정한 것을 나룰 때(레 20:25), 이스라엘과 이방인을 나눌 때(레 20:24), 제사장을 구별하여 나눌 때(삼상 23:13), 하나님께 드리는 제물을 조각으로 나눌 때(레 1:17) 등에 사용되었다. 문자적으로는 궁창의 위와 아래를 나누는 것을 말하며, 계시적인 의미는 예수 그리스도께서 우리를 구원하기 위하여 십자가에서 돌아가실 것을 보여주는 비밀이다. 주님께서 초림으로 오셔서 십자가에서 성소와 지성소에 막혀있는 휘장을 찢으시고 하나님께 나아갈 길을 열어주실 것에 대하여(마 27:51), 빛과 어둠을 나누실 것에 대하여(요 12:35), 정한 것과 부정한 것을 나누실 것에 대하여(딤전 4:5) 보여주는 것이 둘째 날에 궁창 아래의 물과 궁창 위의 물로 나뉘게 한 창조에서 예수 그리스도에 대한 비밀을 계시하고 있다.

3) 셋째 날

주님께서 우리를 위하여 창조하신 셋째 날에는 물을 한 곳으로 모으시고 뭍이 드러나게 하시어 뭍을 땅이라 부르시고 물을 바다라 부르시고 땅에는 풀과 씨 맺는 채소와 씨가진 열매 맺는 나무를 창조하셨다. "창 1:9-10,13 하나님이 이르시되 천하의 물이 한 곳으로 모이고 뭍이 드러나라 하시니 그대로 되니라 하나님이 뭍을 땅이라 부르시고 모인 물을 바다라 부르시니 하나님이 보시기에 좋았더라—저녁이 되고 아침이 되니 이는 셋째 날이니라" 셋째 날에 창조하신 것은 문자적으로 땅과 바다를 나누시고 땅에는 풀과 씨 맺는 채소와 씨가 진 열매 맺는 나무를 창조하신 것을 말하며, 계시적인 의미는 우리를 위하여 십자가에서 돌아가신 주님께서 부활하실 것을 보여주는 비밀이다. 뭍이 드러나라 רָאָה(라아)는, 니팔, 미완료, 3인, 여성, 단수며, 니팔 동사는 하나님의 강한 의지로 반드시 해야 되는 강조능동으로 보여주다, 자신을 나타내다, 제공하다, 준비되다 의 의미다. 이는 그리스도를 통하여 보여주고 나타내고 제공하며 준비될 것을 보여주는 비밀을 말한다. 그 비밀은 주님께서 우리를 위하여 십자가에서 돌아가신 후에 무덤에 묻혀 있으시다가 다시 부활하실 것을 보여주고 나타내는 것을 말한다. 이것이 셋째 날에 뭍이 드러나게 한 창조에서 계시하고 있는 예수 그리스도에 대한 비밀이다.

4) 넷째 날

주님께서 넷째 날에는 우리를 위하여 하늘에 일월성신을 창조하셨다. "창 1:14—15,19 하나님이 이르시되 하늘의 궁창에 광명체들이 있어 낮과 밤을 나뉘게 하고 그것들로 징조와 계절과 날과 해를 이루게 하라 또 광명체들이 하늘의 궁창에 있어 땅을 비추라 하시니 그대로 되니라—저녁이 되고 아침이 되니 이는 넷째 날이니라" 하늘 궁창의 광명체 מָאוֹר(마오르)는, 명사, 남성, 복수며, 밝다, 빛나다 에서 유래한, 빛, 해와 달과 별들의 발광체를 의미한다. 넷째 날에는 문자적으로 하늘의 일월성신을 창조하신 것을 말하며, 계시적인 의미는 두 가지 예수 그리스도께 대한 비밀이 숨어 있다. 하나는 부활하신 주님께서 하나님의 보좌 우편에 앉으실 것에 대한 계시며, 다른 하나는 교회를 세우실 계시다. 주님은 부활하신 이후에 하나님의 보좌 우편에서 해와 같이 빛나는 영광을 받으실 분으로(요 12:23;계 4:3,22:5), 교회는 해와 같이 빛나는 생명의 옷으로 입혀주시며(계 12:1), 생명의 빛으로(계 12:1), 인도하실 것을 보여주는 계시다(계 1:20,12:1). 이것이 넷째 날에 하늘에 광명체의 창조에서 계시하고 있는 예수 그리스도에 대한 비밀이다.

5) 다섯째 날

주님께서 다섯째 날에는 우리를 위하여 궁창의 새와 바다의 물고기들을 창조하셨다. "창 1:20-23 하나님이 이르시되 물들은 생물을 번성하게 하라 땅 위 하늘의 궁창에는 새가 날으라 하시고 하나님이 큰 바다 짐승들과 물에서 번성하여 움직이는 모든 생물을 그 종류대로, 날개 있는 모든 새를 그 종류대로 창조하시니 하나님이 보시기에 좋았더라 하나님이 그들에게 복을 주시며 이르시되 생육하고 번성하여 여러 바닷물에 충만 하라 새들도 땅에 번성하라 하시니라 저녁이 되고 아침이 되니 이는 다섯째 날이니라" 다섯째 날에 물에 있는 생물과 궁창에 있는 새와 큰 바다에 있는 짐승들에게 복을 주시며 생육하고 번성하여 충만 하라는 말씀은 문자적으로는 창조하신 짐승과 생물들에게 복을 주신 것을 말하며, 예수 그리스도에 대한 계시도 숨어 있는 비밀이다. 이는 넷째 날에 세우신 교회를 통하여 하나님의 백성들이 온 세상에 번성하여 충만하게 될 계시다. 교회를 통하여 하나님의 백성들이 초림부터 재림까지 온 세상에서 충만하게 번성하게 될 것을 말한다. 이것이 다섯째 날에 생육하고 번성하여 충만 하라는 창조에서 계시하고 있는 예수 그리스도에 대한 비밀이다.

6) 여섯째 날

주님께서 여섯째 날에는 짐승과 사람을 창조하셨다. 사람을 창조의 마지막 부분에 창조하신 것은 주님께서 창조하신 모든 만물은 사람을 위하여 창조하셨다는 메시지다. 만물이 창조되기 전에 사람을 먼저 창조하시면 인간의 생활에 문제가 발생하기 때문이다. "창 1:24-31 하나님이 이르시되 땅은 생물을 그 종류대로 내되 가축과 기는 것과 땅의 짐승을 종류대로 내라 하시니 그대로 되니라-하나님이 자기 형상 곧 하나님의 형상대로 사람을 창조하시되 남자와 여자를 창조하시고 하나님이 그들에게 복을 주시며 하나님이 그들에게 이르시되 생육하고 번성하여 땅에 충만 하라, 땅을 정복하라, 바다의 물고기와 하늘의 새와 땅에 움직이는 모든 생물을 다스리라 하시니라-하나님이 지으신 그 모든 것을 보시니 보시기에 심히 좋았더라 저녁이 되고 아침이 되니 이는 여섯째 날이니라" 여섯째 날에 창조하신 사람에게 복을 주시며 생육하고 번성하여 땅에 충만 하라, 땅을 정복하라, 바다의 물고기와 하늘의 새와 땅에 움직이는 모든 생물을 다스리게 하라는 명령은 문자적인 문화명령과 함께 예수 그리스도에 대한 계시적인 비밀이 숨어 있다. 이는 주님께서 세우신 교회를 통하여 초림부터 재림까지 일어난 주의 백성들이 주님께서 재림하시면 주님의 나라에서 받게 될 복에 대한 계시다. 그 나라는 천년왕국을 말한다. 그 나라는 주의 백성들이 해함과 상함이 전혀 없이 모든 생물과 동물들을 다스리며 생육하고 번성하여 땅에 충만하며 땅을 정복하게 되는 복을 누리게 될 것에 대한 계시다(사 11:6-9, 65:17-25). 이것이 여섯째 날에 땅을 정복하라는 명령이 예수 그리스도에 대한 비밀을 보여주는 계시다.

7) 일곱째 날

주님께서 우리를 위하여 천지와 만물을 다 창조하고 일곱째 날에는 안식하셨다. "창 2:1-3 천지와 만물이 다 이루어지니라 하나님이 그가 하시던 일을 일곱째 날에 마치시니 그가 하시던 모든 일을 그치고 일곱째 날에 안식하시니라 하나님이 그 일곱째 날을 복되게 하사 거룩하게 하셨으니 이는 하나님이 그 창조하시며 만드시던 모든 일을 마치시고 그 날에 안식하셨음이니라" 주님께서 천지와 만물을 다 이루시며, 일곱째 날에 안식하시며, 그날을 복되게 하사 거룩하게 하신 것은 문자적인 창조를 다 마치신 후에 안식하신 것과 함께 예수 그리스도에 대한 계시적인 비밀이 숨어 있다. 이는 예수 그리스도 안에서 창조하신 모든 피조물들이 영원한 안식을 누리게 될 계시다. 때문에 주님은 자신이 안식일의 주인이라고 말씀하셨던 것이다(마 10:25). 태초에 창조한 천지창조는 주님께서 세상의 빛으로 오셔서 우리의 죄를 대속하시기 위하여 십자가에서 돌아가시고 부활하셔서 하늘 영광의 보좌에 앉아 계시면서 온 세상에 교회를 통하여 주의 백성들을 구원하시며, 그 백성들을 위하여 재림하셔서 주의 백성들에게 주님의 나라에서 영원한 안식을 주실 것에 대한 계시다. 이것이 천지 창조를 마치시고 일곱째 날에 안식하신 것에 대한 비밀이다.

예수 그리스도에 대한 예언

주님께서 우리에게 하늘에 속한 신령한 복을 주시기 위하여 구약에서 한 예언은 에덴동산에서 뱀이 아담과 하와를 미혹하여 그들을 타락하게 한 것에 대하여 하나님께서 뱀에게 저주하시는 내용에서부터 시작된다. "창 3:15 내가 너로 여자와 원수가 되게 하고 네 후손도 여자의 후손과 원수가 되게 하리니 여자의 후손은 네 머리를 상하게 할 것이요 너는 그의 발꿈치를 상하게 할 것이니라 하시고" 그 저주는 뱀이 여자와 원수가 되게 하고 여자의 후손은 뱀의 머리를 상하게 하는 저주다. 여기서 등장하는 여자의 후손이 곧, 예수 그리스도에 관한 비밀을 예언하는 것이다. 이 예언은 주님께서 마리아의 몸으로 오셔서 뱀의 머리를 상하게 하실 것에 대한 예언이다. 뱀의 머리 ראשׁ(로쉬)는, 근원, 꼭대기, 정상, 우두머리, 전체, 처음, 첫째, 강령 등의 의미다. 이는 아담과 하와를 미혹한 뱀의 시작과 꼭대기, 강령 등을 주님께서 상하게 하실 것에 대한 예언이다. 상하게 שׁוּף(슈프)는, 칼 미완료, 2인, 남성, 단수며, 상하게 하다, 짓뭉개다, 분쇄하다, 박살내다, 눌러부수다, 공격하다, 덮다 등의 의미다. 칼 미완료 2인 남성 단수는 주님께서 자신의 능력으로 아담을 미혹한 뱀의 간교한 지혜, 그의 거짓된 강령의 교리, 그의 시작과 꼭대기를 가진 능력 등을 공격하여 박살을 내고 눌러 부수며 심판하게 하실 것에 대한 예언이다(히 2:14). 이 비밀의 성취를 위하여 주님께서 여자인 마리아의 몸에서 사람의 모양으로 오셔서 십자가를 지신 것이다. 주님께서 십자가에서 쏟으신 피로 뱀의 유혹으로 범죄한 죄를 대속하시고 또한 피로 값을 주고 세우신 교회를 통하여 뱀을 심판하게 될 하나님의 지혜다(마 16:18;엡 3:10-11). 이것이 구약에서 예언하는 예수 그리스도의 비밀이다.

1) 고난의 예언

이사야는 주님께서 우리를 위하여 이 땅에 오셔서 받으실 고난에 대하여 예언한 선지자다. 그는 연한 순과 같을 것이며, 마른 땅에서 나온 싹과 같이 자랄 것이며, 고운 모양도 없을 것이며, 훌륭한 풍채도 없을 것이며, 흠모할 만한 아름다운 모습이 없을 것이며, 사람들에게 멸시를 받을 것이며, 버림을 받을 것이며, 고통을 많이 겪을 것이다. 그는 언제나 병을 앓을 것이며, 사람들이 그에게서 얼굴을 돌릴 것이며, 멸시를 받을 것이며, 귀하게 여기지 않을 것이란 주님께 대한 예언을 하고 있다(사 53:2-3). 이 예언은 주님께서 초림으로 세상에 오셔서 우리를 위하여 당하실 고난에 대한 예언이다. 그 예언의 성취를 위하여 주님은 처녀 마리아의 몸으로 말구유에서 탄생하셨고 나사렛 변방에서 가난한 목수의 집에서 삶을 사셨다. 그리고 주님께서 초림으로 오셔서 십자가에서 당하실 고난에 대하여 예언을 하였다. 그는 고통을 받을 것이며, 슬픔을 겪을 것이며, 징벌을 받아서 고난을 받을 것이며, 찔리고 상처를 받는 징계를 받을 것이며, 매를 맞고 굴욕을 당하고 고문을 당할 것이며, 도살장으로 끌려가는 어린 양같이 끌려

갈 것이며, 체포되어 유죄판결을 받아 형벌을 받게 될 것이며, 그러나 폭력을 휘두르지도 않을 것이며, 거짓말도 하지 않을 것이며, 죽어서 부자의 무덤에 들어갈 것이다(사 53:4-9). 그 예언의 성취가 복음서에서 증거 하는 주님의 십자가 사건이다. 주님께서 십자가에서 고난에 대한 예언을 성취하심으로 우리는 모든 죄악과 악함과 허물에서 용서함을 받아 참 평화를 누리게 되었고, 모든 병에서 고침을 받게 된 것이다.

2) 영광의 예언

주님께서 우리를 위하여 자신의 영혼을 속건 제물로 드리면서, 죽는 데까지 자기의 영혼을 서슴없이 내맡기고, 남들이 죄인처럼 여기는 것도 마다하지 않았던 것은 그 일로 인하여 우리의 죄를 대신 짊어지기 위함이며, 죄 지은 우리들을 살리려고 중재에 나선 것이다. 그 결과로 주님은 많은 자손을 볼 것이며, 오래오래 살 것이며, 세우신 뜻을 그가 이루어 드린 것이 될 것이며, 생명의 빛을 보고 만족하게 될 것이며, 많은 사람을 의롭게 할 것이며, 의로운 종들이 자기의 지식으로 많은 사람을 의롭게 할 것이며, 존귀한 자들과 함께 자기 몫을 차지하게 될 것이다(사 53:10-12). 이는 주님의 십자가 사건으로 교회를 통하여 우리들이 구원을 받게 되며, 또한 구원받은 백성들과 함께 재림이후에 주님의 나라에서 받으실 영광에 대한 예언이다(요 12:27-28). 십자가로 교회를 세우신 주님은 세세 무궁토록 영광을 받으실 것이다(계 1:6).

3) 선지자들의 예언

선지자는 장차 일어날 일들에 관하여 앞에서 미리 예언하는 자들이라 하여 선지자, 또는 예언자라 부른다. 구약성경에는 이사야 선지서부터 말라기 선지서까지 17권이 기록되어 있다. 그런데 17권의 선지서 중에 요나서와 학개 선지서만 제외하고 15권의 선지서에는 주님의 초림과 재림에 관하여 예언하고 있다. 주님께 대한 초림에 대한 예언은 신약성경 마태복음부터 유다서에서 성취될 내용들을 예언하고 있으며, 주님의 재림에 대한 예언은 계시록에서 성취될 것을 예언하고 있다. 성경에서 주님께 대한 모든 비밀은 창세기부터 계시록까지 모두 열려야 주님의 비밀을 알 수 있는 것이다. 때문에 계시록이 열리면 성경이 보인다는 것이다. 15권의 선지서 중에 특히 이사야 선지자는 주님의 초림과 재림을 모두 자세하게 예언하고 있다. 초림에 대한 대표적인 예언이 "이새의 줄기에서 한 싹이 나며 그 뿌리에서 한 가지가 나서 결실할 것이요 그의 위에 여호와의 영 곧 지혜와 총명의 영이요 모략과 재능의 영이요 지식과 여호와를 경외하는 영이 강림하시리니 그가 여호와를 경외함으로 즐거움을 삼을 것이며"(사 11:1-5) 이며, 재림에 대한 대표적인 예언이 "그 때에 이리가 어린 양과 함께 살며 표범이 어린 염소와 함께 누우며 송아지와 어린 사자와 살진 짐승이 함께 있어 어린 아이에게 끌리며 암소와 곰이 함께 먹으며 그것들의 새끼가 함께 엎드리며 사자가 소처럼 풀을 먹을 것이며 젖 먹는 아이가 독사의 구멍에서 장난하며 젖 뗀 어린 아이가 독사의 굴에 손을 넣을 것이라 내 거룩한 산 모든 곳에서 해 됨도 없고 상함도 없을 것이니 이는 물이 바다를 덮음 같이 여호와를 아는 지식이 세상에 충만할 것임이니라"(사 11:6-9) 이다. 이사야 선지자는 자신의 선지서 66장 전체에서 우리를 위하여 주님께서 초림과 재림으로 성취하실 것들에 관하여 예언들을 하고 있다. 그는 주님의 초림과 재림 때에 일어날 사건들을 예언하는 것이다.

일곱 절기

구약에는 일곱 절기들이 있다. 그런데 이 일곱 절기들은 모두 예수 그리스도에 관한 모형을 보여주는 비밀이 들어있다. "레 23:2 이스라엘 자손에게 말하여 이르라 이것이 나의 절기들이니 너희가 성회로 공포할 여호와의 절기들이니라" 여호와의 절기 מוֹעֵד(모에드)는, 정하다, 지정하다, 지명하다 에서 유래한, 여호와께서 정한 때, 여호와께서 정한 장소, 여호와께서 정한 모임, 여호와께서 정한 계절, 여호와께서 정한 절기, 여호와께서 정한 성회 등의 의미다. 이는 하나님께서 이스라엘 백성들에게 지정하신 장소, 지정하신 날에 해마다 거룩한 모임을 가질 것을 명령하신 일곱 절기를 말한다. 그런데 이 일곱 절기는 모두 주님께서 우리를 위하여 성취하실 모형을 비밀로 보여주는 것이다.

1) 유월절

유월절은 애굽에서 이스라엘 백성들을 구출할 때 시작된 절기다. "출 12:2-11 너희는 이스라엘 온 회중에게 말하여 이르라 이 달 열흘에 너희 각자가 어린 양을 잡을지니 각 가족대로 그 식구를 위하여 어린 양을 취하되-너희 어린 양은 흠 없고 일 년 된 수컷으로 하되 양이나 염소 중에서 취하고 이 달 열 나흗날까지 간직하였다가 해 질 때에 이스라엘 회중이 그 양을 잡고 그 피를 양을 먹을 집 좌우 문설주와 인방에 바르고 그 밤에 그 고기를-너희는 그것을 이렇게 먹을지니-이것이 여호와의 유월절이니라" 이스라엘 백성들이 애굽에서 구출되기 전날 밤에, 어린 양을 잡아 고기는 먹고 피는 문설주와 인방에 바르게 하는 예식이 주님의 십자가 대속을 상징하는 모형이다. "요 1:29 이튿날 요한이 예수께서 자기에게 나아오심을 보고 이르되 보라 세상 죄를 지고 가는 하나님의 어린 양이로다." 주님은 십자가를 지시는 전날 밤 성만찬에서 자신의 몸과 피는 유월절 어린 양의 모형인 것을 제자들에게 증언하셨다(마 26:26-27). 유월절에 먹는 양고기는 주님의 몸을 상징하는 모형이며, 문설주에 바르는 양의 피는 주님께서 우리를 위하여 십자가에서 흘리시는 피를 상징한다. 주님께서 십자가를 지신 것은 유월절 어린 양의 모형을 성취하신 것이다. 이것이 우리에게 베푸실 대속의 은총을 상징하는 여호와의 절기 유월절 모형이다.

2) 무교절

무교절은 유월절 다음날에 유월절을 포함하여 일주일을 지키는 절기다. 하나님께서 지정해주신 새해 첫 시작을 알리는 니산월 첫째 달 14일이 유월절이며, 그 다음날 15일이 무교절이다(출 34:18). "레 23:6 이 달 열 닷샛날은 여호와의 무교절이니 이레 동안 너희는 무교병을 먹을 것이요" 무교절을 지키는 일주일은 어린 양 고기와 누룩을 넣지 않은 빵과 쓴 나물을 먹으면서 애굽에서 당한 고난을 기념하며 지키는 절기다. 그런데 이 무교절은 주님께서 무덤에서 고난을 당하실 사건을 상징하는 모형이다. "막 14:1 이틀이 지나면 유월절과 무교절이라 대제사장들과 서기관들이 예수를 흉계로 잡아 죽일 방도를 구하며" 주님은 유월절 오후 3시에 우리를 위하여 십자가에서 운명하시고 그 다음날 무교절은 무덤에 계셨다. 때문에 무교절은 주님께서 십자가에서 돌아가신 후 무덤에서 장사지내신 바 되시는 고난을 상징하는 것이며, 여호와의 절기 무교절의 모형이다.

3) 초실절

초실절은 무교절 다음의 날이 되는 첫째 달 16일에 드리는 절기다. 초실절은 봄에 추수하는 곡물 중에 제일 먼저 첫 이삭 한 단을 흔들어 드리는 절기다. "레 23:10-11 너희는 내가 너희에게 주는 땅에 들어가서 너희의 곡물을 거둘 때에 너희의 곡물의 첫 이삭 한 단을 제사장에게로 가져갈 것이요 제사장은 너희를 위하여 그 단을 여호와 앞에 기쁘게 받으심이 되도록 흔들되 안식일 이튿날에 흔들 것이며" 초실절은 곡물의 첫 열매를 드리는 것을 말한다. 그런데 곡물의 첫 열매를 드리는 절기는 주님의 부활을 상징하는 모형이다. 주님은 무교절에 무덤에서 장사지낸바 되셨다가 초실절이 시작되는 주일날 새벽에 부활하신 것이다(마 16:21). 주님께서 죽은 자 가운데서 삼일 만에 부활하신 것은 초실절에서 보여주신 모형을 성취하신 것이며, 또한 주님께서 우리의 부활의 첫 열매로 보여주신 것이다(고전 15:20). 그리고 주님께서 주님의 부활을 믿지 못하고 의심하며 엠마오로 내려가는 두 제자에게 자신의 부활은 이미 초실절에서 나타난 모형이 성취된 것을 자세히 설명하여 주신 것이다(눅 24:27). 이것이 주님의 부활을 상징하는 여호와의 절기 초실절 모형이다.

4) 맥추절

맥추절은 곡물의 첫 열매를 드리는 초실절이 지나는 날부터 오십일째 되는 날에 지키는 절기다. 이 절기는 봄에 추수한 밀과 보리의 수확을 모두 마치고 추수를 주신 하나님께 감사하며 드리는 절기다. "레 23:15-16 안식일 이튿날 곧 너희가 요제로 곡식 단을 가져온 날부터 세어서 일곱 안식일의 수효를 채우고 일곱 안식일 이튿날까지 합하여 오십 일을 계수하여 새 소제를 여호와께 드리되" 맥추절은 초실절이 지난 오십일 째 드리는 절기라 하여 칠칠절, 또는 오순절이라고 한다. 오순절은 주님께서 부활을 상징하는 초실절이 지난 오십일 째 되는 날이다. 그런데 그 오순절 날에 성령이 강림하심으로 주님의 교회가 시작된 것이다(행 2:1-2). 오순절 성령강림은 부활하신 주님께서 지상에서 40일을 지내시고 하늘로 승천하신 후 10일 되는 시간에 일어난 사건이다(50일). 그리고 그날은 시내산에서 모세가 율법과 계명을 받은 날이며, 앞에 지키는 여호와 네 절기 중, 마지막 절기로 주님의 죽으심, 장사되심, 부활, 성령강림 등으로 초림의 주님을 상징하는 모형이다. 특히 오순절은 우리를 위하여 주님의 교회가 시작되는 출발이며, 가을에 지키는 세 절기를 시작하는 출발이며, 일곱 절기의 중심에 있는 절기다. 앞에서 지키는 주님의 구속의 은총이 오순절을 통하여 열매를 맺게 되며, 가을 절기에서 그 열매를 결실을 거두게 된다. 오순절은 그 결실을 위한 중요한 일곱 절기의 중심에 있는 것이다. 이것이 성령강림으로 주님의 교회가 이 땅에 세워질 것을 상징하는 여호와의 절기 맥추절 모형이다.

5) 나팔절

가을에 지키는 나팔절은 여러 가지 의미가 있다. 첫째는 이스라엘 백성들이 광야에서 가나안 땅을 향하여 장막을 옮길 때마다 나팔을 불었던 것을 기념하며 지키는 절기며, 둘째는 유대력으로 새해 첫날이 되는 날이 되기 때문에 새해를 선포하기 위하여 나팔을 불면서 지키는 절기며, 세 번째는 봄에 뿌린 곡물의 가을 추수를 알리는 절기다. "레 23:24 이스라엘 자손에게 말하여 이르라 일곱째 달 곧 그 달 첫 날은 너희에게 쉬는 날이 될지니 이는 나팔을 불어 기념할 날이요 성회라" 그런데 가을에 지키는 나팔 절은 주님의 재림을 알리는 모형이다. 앞에 있는 네 절기들은 주님의 초림에 대한 모형이지만 가을에 드리는 세 절기는 우리를 위하여 주님께서 재림하실 것을 보여주는 모형이다. 나팔은 여러 가지 사건들이 일어날 때 불었다. 첫째, 왕의 대관식을 알릴 때 불었다. 이는 재림으로 오실 만왕의 대관식을 알리기 위하여 나팔을 불어야 한다. 둘째, 하나님의 백성들을 소집할 때 불었다. 이는 만왕의 왕으로 오실 주님의 재림의 날에 하나님의 백성들을 소집하기 위하여 나팔을 불어야 한다. 셋째, 새해 첫날에 나팔을 불었다. 이는 주님의 재림으로 시작되는 주님의 나라가 시작되는 것을 위하여 나팔을 불어야 한다. 넷째, 하나님의 심판의 경고를 알리기 위하여 나팔을 불었다. 이는 주님께서 재림하시면 악인들과 악령들은 최후의 심판을 받게 되는 것을 위하여 나팔을 불어야 한다. 나팔절은 한 달 중에 제일 어두운 그믐날이다. 이는 계시록의 대 환난 날에 도래할 캄캄한 죄악의 세상을 상징한다(계 18:5). 그 죄악 때문에 악인들은 심판을 받는다. 다섯째, 회개를 선포할 때 나팔을 불었다. 이는 만왕의 왕의 신부로 준비시키기 위한 회개다. 주님은 일곱째 나팔을 불려고 할 때, 우리를 위하여 재림하신다(계 10:7). 일곱째 천사가 나팔을 불게 되면 주님께서 만왕의 왕으로 우리를 통치하실 것이다(계 11:15). 일곱째 나팔은 나팔 중에 마지막 나팔이다(고전 15:51). 이것이 주님의 재림을 알리는 여호와의 절기 나팔절 모형이다.

6) 속죄절

속죄절은 나팔절에서 나팔을 불기 시작되는 일곱째 달 첫날부터 10일 동안 이스라엘의 모든 백성들은 일 년 동안 하나님 앞에 범죄한 모든 죄를 회개하며 지키는 절기다. 그리고 10일째 되는 속죄절에는 모든 민족의 죄를 회개하며 속죄절을 지킨다. "레 23:27-28 일곱째 달 열흘날은 속죄일이니 너희는 성회를 열고 스스로 괴롭게 하며 여호와께 화제를 드리고 이 날에는 어떤 일도 하지 말 것은 너희를 위하여 너희 하나님 여호와 앞에 속죄할 속죄일이 됨이니라" 속죄절은 주님의 재림을 앞두고 계시록의 일곱 교회들에게 10일 동안 회개의 기회를 제공하는 모형이다. "계 2:10 너는 장차 받을 고난을 두려워하지 말라 볼지어다 마귀가 장차 너희 가운데에서 몇 사람을 옥에 던져 시험을 받게 하리니 너희가 십 일 동안 환난을 받으리라 네가 죽도록 충성하라 그리하면 내가 생명의 관을 네게 주리라" 대 환난은 일곱 교회를 위하여 재림하실 주님을 준비하는 기간이다. 일곱 교회는 대 환난

날의 고난 속에서 주님께서 일곱 교회들에게 회개를 요청한 것들을 회개하면서 주님의 신부로 준비되는 것이다. 따라서 속죄절은 주님의 재림을 준비시키는 우리의 회개를 상징하는 모형으로 지키는 여호와의 절기다.

7) 초막절

초막절은 속죄절을 지킨 후 5일 만에 지키는 절기다. "레 23:34 이스라엘 자손에게 말하여 이르라 일곱째 달 열 닷샛날은 초막절이니 여호와를 위하여 이레 동안 지킬 것이라" 일곱 절기 중에 초막절은 세 가지 특징이 있다. 첫째는 날 수다. 다른 절기는 7일을 지키지만 초막절은 8일까지 지킨다(레 23:36). 둘째는 종려나무가지와 버들로 초막을 만들어 그 안에서 거주하면서 지킨다(레 23:40-42). 이는 애굽에서 탈출하여 광야에서 초막을 짓고 살았던 과거를 추억하기 위함이며, 또는 주님의 재림 이후에 주님과 함께 거주하게 될 장막을 상징하는 것이다(계 21:3). 셋째는 가을 추수를 마치고 추수를 주신 하나님께 감사하며 드리는 절기다. 이는 주님께서 만왕의 왕으로 등극하시면 주님의 신부로 준비된 자들과 함께 베푸실 하늘의 혼인잔치에서 주님의 신부들이 감사하며 찬양 드리게 될 모형이다(계 19:7). 이것이 주님께서 재림하시면 우리를 위하여 성취될 혼인잔치의 모형으로 지키는 여호와의 절기 초막절이다.

여호와의 7대 절기는 모두 주님을 상징하는 모형이다. 유월절은 택한 우리들을 위하여 주님께서 십자가에서 대속의 피를 흘리실 것을 상징하는 모형이며, 무교절은 주님께서 우리를 위하여 무덤에서 장사지낸바 되실 것을 상징하는 모형이며, 초실절은 주님께서 무덤에서 우리를 위하여 부활하실 것을 상징하는 모형이며, 맥추절은 주님께서 부활하시고 하늘로 승천하시면서 우리를 위하여 성령을 보내셔서 주님의 교회를 시작하게 하는 모형이며, 나팔절은 하나님의 택한 우리들에게 주님의 재림을 알리는 모형이며, 속죄절은 우리들에게 주님의 재림을 준비시키는 회개를 상징하는 모형이며, 초막절은 재림하시는 주님을 맞이할 준비가 끝난 우리들을 위하여 주님께서 재림을 하실 것과 재림 이후에 성취되는 혼인 잔치를 상징하는 모형이다. 이러한 여호와의 7대 절기는 봄에 지키는 유월절과 무교절과 초실절은 주님의 초림 사역을 위한 모형이며, 초여름에 지키는 맥추절은 주님의 초림 사역을 꽃을 피우기 위하여 세우신 교회의 모형이며, 가을에 지키는 나팔절과 속죄절과 초막절은 주님의 재림을 위한 모형이다. 봄의 절기는 주님께서 십자가에서 구속의 생명의 씨를 준비하신 것이며, 여름의 절기는 그 구속의 생명의 씨를 교회를 통하여 온 세상에 뿌려서 자라게 하시는 것이며, 가을에는 교회를 통하여 온 세상에서 자라게 된 생명의 복음의 열매를 거두게 하는 것이다. 그러므로 구약의 7대 절기는 신약에서 주님을 통하여 성취하실 모형을 보여주는 것임을 알수 있다. 특별히 7대 절기 중, 가을의 세 절기는 계시록에서 성취되는 것이다. 이것이 구약에서 우리를 위하여 성취하실 예수 그리스도 안에 감추어져 있는 비밀들이다.

8) 희년

희년은 칠 년의 안식년을 일곱 번 지난 50년이 시작되는 해를 말한다. "레 25:8,10 너는 일곱 안식년을 계수할지니 이는 칠 년이 일곱 번인즉 안식년 일곱 번 동안 곧 사십구 년이라 너희는 오십 년째 해를 거룩하게 하여 그 땅에 있는 모든 주민을 위하여 자유를 공포하라 이 해는 너희에게 희년이니 너희는 각각 자기의 소유지로 돌아가며 각각 자기의 가족에게로 돌아갈지며" 희년이 되면 그 해를 거룩하게 구별하여 땅에 있는 모든 주민에게 자유를 선포하여 팔려든 각자의 땅을 돌려주며 노예를 해방시켜 자기의 가족에게 돌아가게 해야 한다. 자유는 묶여있던 몸과 마음과 물질의 속박에서 해방시켜주는 것을 말한다. 이는 주님께서 우리의 모든 죄와 사망의 포로에서 자유를 주시기 위하여 오실 은혜의 해를 모형으로 보여준 것이다(눅 4:17-19). 바울은 구약의 희년은 우리가 주님의 보혈로 죄에서 해방되어 의의 종이 되었고(롬 6:18,22), 또한 그리스도 예수 안에 있는 생명의 성령의 법으로 죄와 사망의 법에서 해방되었다고 해석하였다(롬 8:2). 이것이 예수 그리스도 안에 감추어져 있는 보화의 비밀이다.

오대제사

　구약에는 주님께 대한 모형과 함께 그림자도 보여준다. 이는 구약에서 주님에게 감추어져 있는 비밀을 보여주는 것이다. 그 비밀은 시내산에서 모세에게 전해준 율법과 계명이며, 성전에서 제사하는 오대제사다. "출 24:12 여호와께서 모세에게 이르시되 너는 산에 올라 내게로 와서 거기 있으라 네가 그들을 가르치도록 내가 율법과 계명을 친히 기록한 돌 판을 네게 주리라" 여호와께서 모세에게 친히 기록하여 주신 율법과 계명은 언약 백성들에게 주신 생명의 법이다. 그 생명의 법으로 주신 율법과 계명은 주님으로부터 성취될 그림자로 주신 것이다. 이것이 비밀이다. "히 10:1 율법은 장차 올 좋은 일의 그림자일 뿐이요 참 형상이 아니므로 해마다 늘 드리는 같은 제사로는 나아오는 자들을 언제나 온전하게 할 수 없느니라" "골 2:16-17 그러므로 먹고 마시는 것과 절기나 초하루나 안식일을 이유로 누구든지 너희를 비판하지 못하게 하라 이것들은 장래 일의 그림자이나 몸은 그리스도의 것이니라" 이는 모세를 통하여 주신 율법과 계명은 장차 그리스도 안에서 완성될 것을 보여주는 그늘, 예표, 전조, 그림자란 말씀이다. 그림자는 실체에 대한 그늘이다. 이는 율법과 계명은 우리를 위하여 주님으로부터 성취될 그늘이라는 의미다.

1) 율법

구약 율법의 제사는 제사장을 통하여 짐승의 희생제물을 하나님께 드리면서 제사를 드렸다. 그런데 그 제사는 앞으로 온전한 제사를 드리는 날이 오게 될 좋은 그림자로 주신 것이다. 주님께서 우리를 위하여 성취하실 온전한 제사의 그림자다. "히 10:1 율법은 장차 올 좋은 일의 그림자일 뿐이요 참 형상이 아니므로 해마다 늘 드리는 같은 제사로는 나아오는 자들을 언제나 온전하게 할 수 없느니라" "히 8:5 그들이 섬기는 것은 하늘에 있는 것의 모형과 그림자라 모세가 장막을 지으려 할 때에 지시하심을 얻음과 같으니" 율법에서 그림자로 드리던 제사제도를 주님께서 십자가에서 폐하시고 우리를 위하여 자신의 몸이 산 제물이 되셔서 온전한 제사로 성취하신 것이다. "히 10:9-10 그 후에 말씀하시기를 보시옵소서 내가 하나님의 뜻을 행하러 왔나이다 하셨으니 그 첫째 것을 폐하심은 둘째 것을 세우려 하심이라 이 뜻을 따라 예수 그리스도의 몸을 단번에 드리심으로 말미암아 우리가 거룩함을 얻었노라" 주님께서 그림자로 주신 율법의 제사제도를 자신의 몸으로 성취하면서 우리에게 거룩함을 얻게 하셨다. 이것이 하나님의 경륜이다. 주님은 그 뜻을 성취하시기 위하여 하늘에서 세상으로 내려오신 것이다(요 6:38).

2) 오대제사의 의미

구약성경 레위기에는 오대제사가 있다. 번제, 소제, 화목제, 속죄제, 속건제다. 번제는 제물전체를 완전히 태워서 드리는 제사다. 이

제사는 하나님의 백성들이 범죄 하여 하나님께서 하나님의 백성들에게 가졌던 진노를 돌이키게 하는 제사다. 때문에 하나님께 드리는 향기로운 제사다(레 1:9). 소제는 짐승의 피와 상관없이 유일하게 곡물로 드리는 제사다. 고운가루의 곡물로 오븐과 팬에 굽거나 또는 솥에 삶아서 드리는 제사다(레 2:4,5,7). 소제는 번제를 통하여 하나님의 진노에서 자유 함을 받은 것에 대하여 하나님의 백성들이 헌신과 봉사로 감사와 찬양을 드리는 제사다. 화목제는 하나님과 하나님의 백성들이 죄로 인하여 언약관계가 파괴되었는데 이것을 회복하게 하는 제사다. 화목 제사를 통하여 하나님과 하나님의 백성들 사이에 막혀있던 담을 허물고 참된 평화를 누리게 되는 제사다. 속죄제는 하나님의 백성들이 하나님 앞에서 범죄 한 것에 대하여 속량함을 받기 위하여 드리는 제사다. 속죄제를 통하여 하나님의 백성들의 죄가 정결하게 된다. 속죄제는 반드시 짐승의 피로 제사를 드려야 한다. 그 피가 죄를 정결하게하기 때문이다. 속건제는 죄 때문에 생긴 손해를 보상하는 제사다. 하나님께 드려야 되는 헌물, 또는 사람의 관계에서 발생한 죄로 인하여 일어난 것들에 대하여 보상하며 드리는 제사다.

그런데 레위기에서 제정된 오대 제사는 모두 주님께서 우리를 위하여 성취하실 비밀을 보여주는 그림자다. 주님은 자신의 몸을 하나님께 온전한 제물을 드림으로 하나님의 진노에서 우리를 자유하게 하셨으며, 주님은 자신의 몸이 고운가루처럼 십자가에서 온전한 헌신과 봉사의 제물이 되셔서 우리를 하나님께 감사와 찬양을 드리게 하셨다. 주님은 십자가에서 자신의 몸이 산 제물이 되셔서 하나님과 원수되었던 우리를 화평하게 하셨으며, 주님은 우리의 모든 죄를 위하여 십자가에서 피를 쏟으시면서 우리의 죄를 정결하게 하셨으며, 주님은 우리의 죄로 인하여 파생되는 모든 저주의 삶에서 해방하게 하신 것이다. 이것이 오대제사에서 숨겨진 주님께 대한 비밀이며, 그리스도 안에 감추어져 있는 보화들이다.

3) 성막

구약에서 제정하신 오대제사를 드리는 장소가 성막과 성소다. 그런데 오대제사를 드리는 성막과 성소는 예수 그리스도에 대한 그림자를 보여준 것이다. 성막과 성소는 예수 그리스도의 몸을 상징하기 때문이다(요 2:19). 주님은 구약에서 그림자로 보여주신 것을 신약에서 자신의 몸으로 성취하셨다. 그 몸이 교회다(엡 1:23). 성소의 울타리는 교회를 상징한다. 울타리는 보호를 상징한다. 교회 안에 있는 자는 주님의 안전한 보호를 받게 될 것을 보여주는 그림자다. 성소의 문은 주님의 몸을 상징하는 그림자다. 주님은 양의 문이다(요 10:7). 하나님의 백성인 우리는 주님을 통하여 생명을 얻고 더 풍성한 꼴을 얻게 된다. 성소의 번제 단은 흠이 없는 희생제물을 드리는 장소다. 이는 주님께서 십자가에서 자신의 몸으로 온전한 희생제물이 되셔서 드려질 것을 보여주는 그림자다. 번제 단은 조각목과 놋으로 만들었다. 조각목은 에덴동산에서 버려진 인간을 상징하며, 놋은 두 가지 의미로 저주와 승리를 의미한다. 이는 버려진 우리를 위하여 주님께서 번제 단에서 우리의 저주를 담당하시고 승리하실 것을 보여주는 그림자다. 번제 단을 지나면 물을 담는 그릇이 있다. 이것을 물두멍이라 부른다. 물두멍의 재료는 여인들이 쓰던 놋 거울로 만들었다. 이는 여자는 교회를 상징하며, 놋은 주님의 십자가를 상징한다. 물두멍에서 손을 씻고 성전에 들어가야 하듯 죄인은 교회를 통하여 주님의 보혈의 피로 씻음 받고 하늘 성소에 들어가게 되는 것을 보여주는 그림자다.

성소는 하나님 나라를 상징한다. 교회에서 주님의 보혈의 피로 씻음 받은 우리는 주님의 나라를 상속받게 되는 것을 보여주는 그림자다. 성소 안에는 등대와 떡상, 분향 단이 있다. 성소 왼쪽에는 금으로 만든 등대가 있다. 등대는 성소를 환하게 밝게 밝혀주는 금 촛대다. 이는 빛이신 주님과 주님의 나라를 상징한다. 주님은 세상의 빛이시며, 주님의 나라는 밝은 빛의 나라임을 보여주는 그림자다(계 22:5). 성소의 오른 편에는 떡상이 있다. 떡상은 주님을 상징한다. 주님은 생명의 떡이다(요 6:35). 주님의 나라에 들어온 우리는 주님을 통하여 영원한 생명을 얻게 되는 것을 보여주는 그림자다. 분향 단은 성소의 제일 중앙에 있다. 분향 단에는 항상 향기로운 향연을 피워 하늘로 올라가게 한다. 이는 주님의 피로 구속받은 우리들이 하나님 앞에서 예배와 찬송, 기도를 항상 올려드리는 것을 상징한다. 주님의 나라는 구속받은 우리들이 언제나 변함없이 경배와 찬양을 하나님께 드리는 것을 보여주는 그림자다(계 15:3, 22:3). 성소 안에는 지성소가 있다. 지성소는 휘장 안에 십계명 두 돌 판을 넣어둔 법궤가 있다. 지성소는 하나님께서 임재 하여 계시는 보좌다. 때문에 대제장만 일 년에 한번 대속제일 때, 들어간다. 대제사장 외에는 아무도 들어갈 수 없는 장소다. 아무나 들어가면 죽는다. 이는 주님께서 대제사장이 되셔서 우리가 하나님의 보좌에 나아갈 수 있는 길을 열어주실 것을 보여주는 그림자다. 주님은 십자가에서 영원한 대속의 제물이 되심으로 구원받은 우리들이 주님의 이름으로 하나님 보좌 앞으로 당당하게 나아갈 수 있는 길을 열어주신 것이다(히 3:1,10:20). 이것이 구약의 율법과 그 율법에서 제정한 오대제사와 그 제사를 드리는 성막과 성소는 우리를 위하여 성취하실 예수 그리스도를 상징하는 그림자며, 예수 그리스도 안에 감추어져 있는 비밀이다.

신약의 성취

신약은 구약의 성취다. 구약에는 주님께 대한 계시, 예언, 모형과 그림자를 기록한 성경이다. 신약에는 구약에서 주님께 대한 계시, 예언, 모형과 그림자를 보여준 것을 성취하는 것을 기록한 성경이다. 이것이 예수 그리스도의 비밀이며, 그 비밀 안에 그리스도의 지혜와 지식이 감추어져 있는 보화다. 이제부터는 구약에서 주님께 대한 비밀들을 상고한 내용들이 신약에서 어떻게 성취가 되었는지, 그리고 주님 안에 감추어져 있는 보화들이 어디에서 어떻게 성취되었는지 등에 대하여 상고하고자 한다.

1. 복음서

복음서에는 주님의 복음사역과 주님의 교훈들을 기록한 성경이다. 주님의 사역과 교훈들은 이미 구약에서 주님께 대한 계시와 예언한 것과 모형과 그림자 등의 비밀을 보여주신 것을 성취하는 사건들이다. 특히 마태복음에는 주님께 대한 예언의 성취가 제일 많이 기록되어 있다. 마태복음에는 주님께 대한 예언의 성취가 41회나 기록되어 있다. 성취되는 내용에서 무엇을 이루기 위함이라고 기록되어 있다.

무엇을 이루기 위함이라는 것은 구약에서 예언한 것을 주님께서 성취하신다는 의미며, 요한복음에는 특히 고난주간과 주님의 십자가에서 일어나는 사건들은 구약에서 예언한 말씀들을 성취하게 하기 위함이라고 증언하고 있다(요 13:18,15:25,17:12,18:9,32,19:24,28,19:36). 이는 복음서는 구약성경을 성취하는 사건들을 기록한 성경이라는 증거다.

1) 족보

예수 그리스도의 계보는 족보를 말한다. 마태복음에서 주님께서 아브라함과 다윗의 자손의 계보로 오셨다고 기록한 것은 구약에서 예언한 것의 성취다(마 1:1). 주님은 아브라함의 후손으로 오실 것을 약속하셨기 때문이다. "창 17:2-3 내가 내 언약을 나와 너 사이에 두어 너를 크게 번성하게 하리라-내 언약이 너와 함께 있으니 너는 여러 민족의 아버지가 될지라""창 22:18 또 네 씨로 말미암아 천하 만민이 복을 받으리니" 여호와께서 아브라함을 선택하실 때, 언약의 사람으로 부르셨다. 그 언약은 아브라함의 씨를 통하여 모든 민족이 복을 받게 하신다는 언약이다. 그 씨가 약속의 자녀 곧, 족보인 것이다. 그러므로 주님께서 아브라함의 족보로 오신 것은 그에게 약속한 것이 성취되는 것을 말한다(갈 3:16). 또한 주님께서 다윗의 후손으로 오셨다는 말씀은 주님의 왕권에 대한 예언의 성취다. 여호와께서 다윗에게 그의 후손에게 영원한 왕권을 약속하셨기 때문이다. "삼하 7:12-16 내가 네 몸에서 날 네 씨를 네 뒤에 세워 그의 나라를 견고하게 하리라-네 집과 네 나라가 내 앞에서 영원히 보전되고 네 왕위가 영원히 견고하리라 하셨다 하라" 다윗에게 약속한 영원한 왕권은 주님께서 다윗의 후손으로 오셔서 주님의 나라에서 영원한 왕권을 소유하게 될 예언이다. 때문에 주님은 그 예언의 성취를 위하여 다윗의 후손으로 오신 것이다. 아브라함에게는 그의 후손으로 만민이 복을 받게 될 약속이며, 다윗에게는 만민을 다스릴 영원한 왕을 주시겠다는 약속이다. 그 약속이 예수 그리스도에게 모두 성취된 것이다. 주님을 통하여 모든 민족이 하나님의 백성이 되는 복을 받게 되며, 그 복을 받은 우리들을 영원히 통치하시고 다스리실 왕이 예수 그리스도시다. 따라서 마태복음에서 증거 하는 주님의 족보는 구약에서 주님께 대한 예언의 성취인 것이다.

2) 탄생

주님께서 마리아에게서 성령으로 잉태하여 오시는 것은 이미 구약의 선지자들이 주님께 대하여 예언한 것을 이루기 위함이다. "마 1:18-21 예수 그리스도의 나심은 이러하니라 그의 어머니 마리아가 요셉과 약혼하고 동거하기 전에 성령으로 잉태된 것이 나타났더니– 아들을 낳으리니 이름을 예수라 하라 이는 그가 자기 백성을 그들의 죄에서 구원할 자이심이라 하니라" "마 1:22 이 모든 일이 된 것은 주께서 선지자로 하신 말씀을 이루려 하심이니" 주께서 선지자로 하신 말씀을 이루려 하심이라는 문장은 구약에서 예언한 것의 성취를 위한 내용들을 밝혀주는 말씀이다. 본문에서 주께서 선지자로 하신 말씀을 이루려 하심이라는 문장은 구약에서 이미 주님께서 성령으로 잉태하실 것과 처녀인 마리아를 통하여 탄생하실 것에 대한 예언을 이루게 하기 위함이라는 것이다(사 7:14). 따라서 주님께서 처녀인 마리아의 몸으로 탄생하신 것은 구약 예언의 말씀을 성취하신 것이다.

3) 이름

천사가 요셉에게 아들을 낳으리니 이름을 예수라 하라고 이름을 지어준 것은 구약에서 예언한 말씀을 성취하게 하려는 것이다. "마 1:21 아들을 낳으리니 이름을 예수라 하라 이는 그가 자기 백성을 그들의 죄에서 구원할 자이심이라 하니라" "마 1:22 이 모든 일이 된 것은 주께서 선지자로 하신 말씀을 이루려 하심이니" 예수라는 이름은 자기 백성을 그들의 죄에서 구원할 자라는 의미다. 자기 αὐτός(아우토스)는, 하나님 자신, 하나님 자체란 의미며, 백성 λαός(라오스)는, 하나님 백성, 하나님 무리, 하나님 족속, 이스라엘 등에 사용된 단어며, 예수란 이름은 하나님께 소유된 백성과, 하나님의 족속과 만민, 그리고 이스라엘을 구원하려 오셨다는 의미다. 자기 백성은 구약에서는 이스라엘이 백성들이며, 신약에서는 그리스도 안에서 택함을 받은 우리들이다(출 19:5-6;엡 1:4-5). 주님은 이스라엘 백성과 우리들을 구원하시기 위하여 오셨다는 말씀이다. 구원 σώζω(소조)는, 동사, 직설법, 미래, 능동, 3인, 단수며, 안전에서 유래한 구원하다, 해를 받지 않게 하다, 보전하다, 구출하다, 낫다 등의 의미다. 이 단어는 자연적인 재해, 재난 풍랑 등에서 구출하는 것, 여러 종류의 질병에서 고침을 받는 것, 죽음의 위험에서 건짐을 받는 것, 영원한 멸망에서 영원한 생명으로 건짐을 받는 것, 가난과 어려운 환경 등에서 건짐을 받는 것 등에서 사용되었다. 동사 직설법 미래 능동 3인 단수는 주님은 자신 스스로 실제적으로 자기 백성들의 모든 해로운 것에서 건져 주시려 오실 것을 의미한다. 이것이 그리스도 안에 감추어져 있는 보화며, 그 보화를 이스라엘과 이방인 중에서 택하심을 받은 우리에게 주시기 위하여 예수라는 이름으로 오셨다는 것이다.

4) 나사렛

주님은 우리를 위하여 나사렛 동네에서 약 30여 년 동안 생활을 하셨다. 그리고 그 이후에 시작되는 복음 전도 사역은 갈릴리 지역의 가버나움 중심에서 하셨다. 그런데 그 생활과 사역도 구약에서 주님에 대한 예언을 성취하신 것이다. "마 2:23 나사렛이란 동네에 가서 사니 이는 선지자로 하신 말씀에 나사렛 사람이라 칭하리라 하심을 이루려 함이러라" "마 4:13-14 나사렛을 떠나 스불론과 납달리 지경 해변에 있는 가버나움에 가서 사시니 이는 선지자 이사야를 통하여 하신 말씀을 이루려 하심이라 일렀으되" "마 4:23 예수께서 온 갈릴리에 두루 다니사 그들의 회당에서 가르치시며 천국복음을 전파하시며 백성 중의 모든 병과 모든 약한 것을 고치시니" 따라서 주님께서 우리를 위하여 나사렛 동네에서 사신 것과 갈릴리 지역에서 사역하신 것은 구약에서 예언한 것의 성취인 것이다.

5) 치유사역

주님께서 천국복음 사역에서 많은 귀신들을 쫓아내시고 많은 병자들을 치유하신 것도 구약에서 예언하신 것을 성취하신 것이다. "마 8:16-17 저물매 사람들이 귀신 들린 자를 많이 데리고 예수께 오거늘 예수께서 말씀으로 귀신들을 쫓아내시고 병든 자들을 다 고치시니 이는 선지자 이사야를 통하여 하신 말씀에 우리의 연약한 것을 친히 담당하시고 병을 짊어지셨도다 함을 이루려 하심이더라" 또한 천국복음의 말씀들을 전하신 것도 구약의 예언들을 성취하신 것이다(눅 4:16-19). 주님께서 안식일에 회당에서 늘 하시던 대로 성경을 읽으시고 말씀을 전파하신 것은 이미 구약 성경에서 예언된 내용들을 가르치신 것이다. 그리고 많은 귀신들을 쫓아내시고 병자들을 고쳐주셨다. 이것을 주님의 3대 천국복음 사역이라 부른다. 전파하시고 가르치시고 고치심이다(마 4:23). 따라서 주님은 우리를 위하여 천국복음 사역을 하신 것은 구약의 예언을 성취하신 것이다.

6) 비유

주님은 천국복음을 전파하실 때, 또는 가르치실 때, 비유를 많이 사용하셨다. 비유가 아니면 아무 것도 말씀하지 아니하실 정도로 많은 비유를 사용하셨다. 그런데 이렇게 많이 비유를 사용하신 것은 구약에서 예언한 것을 성취하시기 위함이셨다. "마 13:34 예수께서 이 모든 것을 무리에게 비유로 말씀하시고 비유가 아니면 아무 것도 말씀하지 아니하셨으니 이는 선지자를 통하여 말씀하신바 내가 입을 열어 비유로 말하고 창세부터 감추인 것들을 드러내리라 함을 이루려 하심이라" 비유 παραβολη(파라볼레)는, ~을 비교하다 와 가져오다, 나타내다, 들리다 등의 합성어에서 유래한 상징, 표상, 모형, 비유 등의 의미다. 이는 상징으로 무엇을 비교하여 전하는 것을 말한다. 주님께서 비유를 많이 사용하는 이유는 두 가지다. 하나는 우리들에게는 하나님의 말씀을 쉽게 알아듣게 하려는 것이며, 다른 하나는 믿지 않는 자들에게는 깨닫지 못하게 하려 함이다(막 4:11-12). 주님은 구약에서 예언한 말씀들의 성취를 위하여 비유를 사용하신 것이다.

7) 부활

주님께서 우리를 위하여 십자가에서 돌아가시고 무덤에 장사지내신바 되신 3일 만에 부활하신 것도 구약에서 주님의 부활에 대한 예언을 성취하신 것이다. 구약의 7대 절기 중, 초실절과 다윗을 통하여 예언한 것의 성취다(행 2:24-25,30-32). 주님은 주님의 부활을 믿지 못하고 엠마오로 내려가는 제자들에게 주님께서 구약 성경에서 주님의 부활에 대하여 예언한 말씀들을 그들에게 자세히 설명하셨다. "눅 24:24-27 또 우리와 함께 한 자 중에 두어 사람이 무덤에 가 과연 여자들이 말한 바와 같음을 보았으나 예수는 보지 못하였느니라 하거늘 이르시되 미련하고 선지자들이 말한 모든 것을 마음에 더디 믿는 자들이여 그리스도가 이런 고난을 받고 자기의 영광에 들어가야 할 것이 아니냐 하시고 이에 모세와 모든 선지자의 글로 시작하여 모든 성경에 쓴바 자기에 관한 것을 자세히 설명하시니라" 따라서 주님께서 우리를 위하여 부활하신 것은 구약에서 예언한 것의 성취다.

인자의 이름

　주님은 복음서에서 자신에 대하여 인자라고 호칭하셨다. "마 12:8 인자는 안식일의 주인이니라 하시니라" 인자는 두 단어의 합성어다. 인 ἄνθρωπος(안드로포스)는, 사람의 얼굴에서 유래한 사람, 인간, 인자 등의 의미며, 자 υἱός(휘오스)는, 사람의 아들, 하나님의 아들이다. 두 단어의 합성어는 하나님의 아들이 사람의 아들로 오신 것을 인자라 부르는 것이다. 하나님의 아들이 우리를 위하여 이 땅에 오실 때에 사람의 아들로 또는 사람의 모양으로 오셨다는 의미다(마 1:21;빌 2:7). 사람의 아들로 오셨지만 죄는 없는 분이시다(고후 5:21;히 4:15;요일 3:5). 죄가 없는 사람으로 오셔서 죄 있는 사람을 대속하시기 위하여 오신 것이다. 그러므로 우리를 위하여 사람의 모양으로 오신 주님은 죄 있는 사람들의 대속물이 되신 인자며, 잃어져 있는 사람들을 찾아서 구원하시는 인자며, 안식일의 주인이신 인자며, 재림하실 때에 알곡된 자기 백성들을 추수하시는 인자며, 재림하신 이후에 영광의 보좌에서 심판하실 인자다. 따라서 인자는 하나님께서 우리를 사랑하셔서 독생자 아들을 사람의 모양으로 보내주셔서 그 사랑을 우리에게 실천하시는 구체적인 이름이다(롬 1:3-4).

1) 대속물

주님께서 인자로 오신 것은 우리를 섬기는 일과 또한 우리의 대속물이 되기 위하여 오셨다는 이름이다. "마 20:28 인자가 온 것은 섬김을 받으려 함이 아니라 도리어 섬기려 하고 자기 목숨을 많은 사람의 대속물로 주려 함이니라" 섬기려 διακονέω(디아코네오)는, 심부름을 가다 에서 유래한 종, 집사, 대행자, 사환, 하인, 사역자, 일꾼으로 시중을 들다, 섬기다, 봉사하다, 돌보다, 간호하다, 부양하다, 일하다 등의 의미며, 대속물 λύτρον(뤼트론)은, 결박에서 풀다, 죄수를 놓아주다, 풀어주다, 죄와 사망에서 해방시키다, 자유하게 하다, 파괴하다, 부수다, 멸절시키다, 끝내다, 폐지하다, 없애다 등의 의미에서 유래한 속전을 내고 놓아주다, 속량하다, 놓아주다, 구출하다, 구원하다 등의 의미다. 이는 죄로 인하여 사망과 고통아래 있는 우리를 돌보며 섬기기 위하여 오셨다는 것이며, 그 섬기는 것이 자신의 몸을 우리의 죄와 사망에서 구출하여 해방시켜 자유를 주시기 위하여 속전으로 자신의 몸을 드렸다는 것이다. 이것을 실천하신 것이 복음서에 기록된 주님의 사역들이다. 주님은 가난한자, 병든 자, 죄인들의 친구가 되셔서 많은 사람들을 섬기셨으며, 또한 십자가에서 자신의 몸을 대속의 제물로 드렸다(마 11:19). 주님의 십자가는 우리의 죄와 사망의 죄 값을 속량하시기 위하여 자신의 몸을 드리신 것이다. 이것이 자기 백성들을 사망의 결박에서 풀어주는 것이며, 죄에서 해방시키는 것이며, 죄의 고통에서 자유하게 하는 것이다. 십자가는 우리의 죄와 사망을 파괴하고 부수고 멸절 시켜서 끝내고 폐지하여 흑암의 권세에서 하나님의 나라로 옮기신 사건이다. 이것이 그리스도 안에 있는 신령한 복이다. 이러한 사역을 위하여 하나님의 아들이 사람의 모양으로 오신 인자다.

2) 잃어버린 자

주님은 잃어져 있는 우리를 찾으시기 위하여 인자로 오셨다. "눅 19:10 인자가 온 것은 잃어버린 자를 찾아 구원하려 함이니라" 잃어버린 자 ἀπόλλυμι(아폴뤼미)는, 동분사, 완료, 능동, 대격, 중성, 단수며, 파괴시키다, 멸망시키다, 잃다, 파멸되다, 사라지다, 죽이다, 없어지다, 버리다, 망하다 등의 의미다. 동분사 완료 능동 대격 중성 단수는 스스로 잃어져서 멸망의 자리에 완전히 빠져 있는 우리를 주님께서 건져주시기 위하여 찾아오신 것을 의미한다. 누가복음 15장에는 세 부류의 잃어져 있는 자들이 있다. 첫째는 들에서 잃어져 있는 양들이다(눅 15:4-6). 들에서 잃은 양들은 에덴동산에서 이미 잃어져 있는 교회 밖에 있는 불신자들을 상징한다. 길을 잃고 있는 불신자들은 밖으로 찾으려 나가야 한다. 이것이 선교며, 전도다. 둘째는 집에서 잃어버린 동전이다(눅 15:8-10). 집에서 잃은 동전은 교회 안에서 잃어져 있는 성도들을 상징한다. 집은 교회를 상징하며(딤전 3:15), 동전은 성도들을 상징하기 때문이다. 돈은 기업이며, 성도는 하나님의 기업이다(히 9:15). 교회 안에서 잃어져있는 자는 시험에 빠진 자, 은혜를 받지 못하는 자, 가나안 성도들이 될 수 있다. 교회는 등불을 켜고 그들을 부지런히 찾아야 한다. 셋째는 탕자다(눅 15:11-24). 탕자는 교회를 떠나 있는 이스라엘 백성들을 상징하며, 큰 아들은 교회 안에 있는 이스라엘 백성들을 상징한다. 이스라엘은 하나님께서 택하신 백성들이다.

큰 아들은 주님과 제자들의 전도를 받아 교회 안으로 들어온 자들이며(마 10:6,15:24), 탕자는 아직 교회 밖에 있는 이스라엘 백성들이다. 교회밖에 있는 이스라엘 백성들은 이방인의 구원수가 차게 되면 그들이 교회로 돌아올 것이다(롬 11:25-26). 이것이 탕자가 자기 스스로 아버지 집을 찾아오는 것과 같은 경우다. 그러므로 인자는 세 부류의 잃어져 있는 모든 자들을 찾아서 구원하시기 위하여 하나님의 아들이 사람의 모양으로 오신 것을 말한다.

3) 안식일 주인

주님은 우리를 위하여 안식일의 주인이 되시기 위하여 인자로 오셨다. "막 2:28 이러므로 인자는 안식일에도 주인이니라" 안식 σάββατον (삽바톤)은, 히브리어(샤바트) 멈추다, 휴식하다, 지키다, 누리다 등의 의미에서 유래한 안식일, 안식년, 주간의 일곱 번째 날인 주일, 안식 등의 의미다. 안식일의 기원은 하나님께서 육일동안 천지만물을 창조하시고 안식하신 것과 십계명 중, 네 번째 계명에서 안식일을 지키라는 것에서 시작되었다. 주인 κύριος (퀴리오스)는, 힘, 권위 등의 의미에서 유래한, 주, 주인, 선생, 왕, 통치자 등의 의미다. 그런데 주님께서 안식일의 주인이라는 의미는 두 가지의 의미가 있다. 하나는 주님이 안식일을 창조하신 분, 또는 주님이 안식을 통치(주관, 주권)하시는 분이란 의미며, 다른 하나는 영적인 의미다. 이는 복음서에서 주님과 종교인들과 대화에서 증거를 찾을 수 있다. 종교인들은 안식일을 문자적인 의미에서 안식일에 병자를 고치는 것과 밀 이삭을 잘라먹는 것 등이 안식일을 범하는 것으로 이해했다. 그러나 주님은 안식일은 우리를 위하여 만든 것임으로 안식일에 생명을 구하는 일과 선한 일을 행하는 것이 안식일의 근본이라고 해석하신 것이다. 안식일은 생명을 구하는 일과 선한 일을 하기 위하여 주님께서 창조하셨다는 의미다(창 2:3;막 2:27,3:4). 주님은 그 생명을 주시기 위하여 오셨다. 그 생명 안에 참 안식이 있다. 그 안식은 우리의 수고하고 무거운 죄의 짐과 그 죄로 인하여 파생되는 모든 고통에서 해방과 참된 자유를 얻는 것을 말한다(마 11:28). 주님은 자기에게 나오는 우리에게 참 된 쉼을 주시기 위하여 안식일을 창조하셨다. 때문에 안식일 곧, 주일은 죄로 인하여 잃어져 있는 영혼들이 주님에게 나와서 죄에 대한 대속의 은혜를 힘입고 죄에서 해방과 자유를 얻는 것이 생명이 사는 것이며, 선한 일이다. 그리고 주일을 통하여 주님을 만나 참 안식을 얻은 자들이 매일의 삶에서 그 안식을 누리고 사는 것이 언제나 주님의 날이 되는 것이다. 그러므로 참된 안식일의 개념은 안식일의 주인이신 주님을 통하여 날마다 수고하고 무거운 짐에서 참 자유를 누리는 것이다. 이것이 주님께서 안식일의 주인이라는 의미다.

4) 알곡 추수

주님은 알곡추수를 위하여 인자로 오실 것이다. "계 14:14-16 또 내가 보니 흰 구름이 있고 구름 위에 인자와 같은 이가 앉으셨는데 그 머리에는 금 면류관이 있고 그 손에는 예리한 낫을 가졌더라 또 다른 천사가 성전으로부터 나와 구름 위에 앉은 이를 향하여-당신의 낫을 휘둘러 거두소서 땅의 곡식이 다 익어 거둘 때가 이르렀음이니이다 하니 구름 위에 앉으신 이가 낫을 땅에 휘두르매 땅의 곡식이 거두어지니라" 본문에서 인자 같은 이가 구름 위에 앉아서 땅에 있는 익은 곡식을 거두는 것이 주님께서 재림하실 때, 주님의 신부로 준비된 우리를 휴거시키는 모습이다. 알곡 성도는 세 부류에서 잃어져 있는 자들을 위하여 주님의 몸으로 대속하시고 죄와 사망에서 해방시켜 참자유를 주신 구원받은 우리들이다. 우리를 위하여 새 하늘과 새 땅을 준비하시기 위하여 주님은 부활하시고 하늘로 승천하셨다(요 14:3;행 1:9). 하늘에서 새 하늘과 새 땅의 준비가 끝나면 다시 우리를 위하여 재림하실 것이다. 주님께서 재림하실 때, 일어나는 사건들을 자세하기 기록한 책이 계시록이다. 계시록은 주님의 재림에 관하여 기록된 책이다. 그날에 주님은 알곡으로 준비된 우리를 추수하시기 위하여 인자로 재림하실 것이다.

5) 심판

주님은 모든 민족들을 심판하시기 위하여 인자로 오실 것이다. "마 25:31-33 인자가 자기 영광으로 모든 천사와 함께 올 때에 자기 영광의 보좌에 앉으리니 모든 민족을 그 앞에 모으고 각각 구분하기를 목자가 양과 염소를 구분하는 것같이 하여 양은 그 오른편에 염소는 왼편에 두리라" 인자가 모든 천사와 함께 올 때에 자기 영광의 보좌에 앉아서 모든 민족을 그 앞에 모으고 양과 염소를 구분하는 것같이 하는 심판의 시점은 주님께서 재림하실 때 일어날 사건으로 해석할 수 있다. 왜냐하면 계시록과 복음서에서 증거 하는 내용과 동일하기 때문이다. 주님께서 인자로 재림하시면 두 부류추수가 시작된다. 알곡과 쭉정이다(마 3:12). 알곡은 양들이며, 쭉정이는 염소다. 알곡과 쭉정이를 추수하실 때, 천사들을 동원하여 추수하실 것이다(마 25:30-31;계 14:16-19). 알곡은 영원한 주님의 나라에 들어가는 복을 받으며, 쭉정이는 영원한 불 못으로 들어가는 심판을 받는다(마 25:34,41). 하나님께서는 한 사람도 불 못에 떨어지는 심판을 받는 것을 원하지 않으신다(딤전 2:4). 때문에 하나밖에 없는 독생자 아들을 사람의 모양인 인자로 이 땅에 보내신 것이다. 그러므로 누구든지 인자로 오신 하나님의 아들을 믿는 믿음 안에서 알곡 성도가 되어 영원한 영생을 얻는 은혜 안에 살아야 한다. 주님은 모든 민족들 중에서 알곡과 쭉정이를 심판하시기 위하여 인자로 재림하실 것이다

인자는 하나님의 아들이 사람의 아들로 오신 것을 의미한다. 하나님의 아들이신 주님께서 이 땅에 오실 때에는 마리아의 아들로 오셨다는 의미다. 그런데 왜 하나님의 아들이신 주님께서 사람의 아들로 오셔야만 되었는지에 대하여는 성경에서 몇 가지 증거들을 찾아볼 수 있다. 첫째, 죄 있는 사람을 구원하시기 위하여 사람의 아들이 되신 것이다. 사람의 죄를 대속하기 위해서는 사람의 모습으로 십자가를 지셔야 되기 때문이다. 하나님의 아들은 십자가를 지실 수가 없기 때문이다. 둘째, 사람의 아들로 오신 것은 혈과 육을 가진 우리의 연약함을 친히 경험하시기 위함이다(히 2:11). 하나님의 아들은 혈과 육을 가진 우리들이 당하는 시험(고난, 괴로움, 두려움, 병, 죽음)들을 경험할 수 없기 때문이다. 주님은 사람의 모양으로 오셔서 우리들이 당하는 모든 시험들을 모두 친히 체험하셨다(사 53장;히 4:15). 셋째, 중보자가 되기 위하여 사람의 아들로 오신 것이다. 이는 우리들이 당하는 모든 시험을 친히 경험하신 분으로 하나님 앞에서 우리의 기도, 회개, 예배

등의 중보자가 되셔서 하나님 앞에 상달되게 하기 위함이다(히 8:6). 넷째, 대제사장이 되시기 위하여 사람의 아들이 되신 것이다. 옛 언약의 율법에서 사람으로 세운 대제사장를 폐하시고 사람의 모양으로 새 언약의 대제사장 되신 것이다. 다섯째, 만유의 상속자가 되시기 위하여 사람의 아들로 오신 것이다. 주님께서 만유를 상속하심으로 구원받은 우리들과 함께 공유하시기 위함이다(히1:2,14). 이것이 구원받은 자기 백성들이 천년왕국에서 누리는 왕 노릇이다(계 20:4,6). 이러한 목적을 위하여 주님은 사람의 아들로 오신 것이다. 사람의 아들로 오셨기 때문에 인자라 부르는 것이다. 그런데 적그리스도는 주님께서 육체로 오신 것을 부인하고 있다(요일 4:2, 요이 1:7). 이는 주님의 모든 인자 사역을 부인하기 위한 사탄의 전략이다. 때문에 적그리스도의 미혹을 받지 않도록 주의하며 그들에게는 인사도 하지 말고 집에 들어오지도 못하게 하라는 명령이다(요이 1:10).

일곱의 영적계시

공관복음과 요한복음은 공통점과 차이점이 있다. 공통점은 주님의 사역에 대한 내용에서 공관복음에 기록된 내용들이 요한복음에도 기록되어 있다는 것이며, 차이점은 공관복음에 없는 내용들이 요한복음에만 있는 것을 말한다. 공관복음에는 주님의 인자사역을 강조하고 있는 반면에, 요한복음에서는 주님의 영적인 자기계시를 강조하는 것이 특징이다. 주님의 영적인 자기계시는 일곱의 주제로 계시하고 있다. 이는 주님 안에 감추어져 있는 비밀들이다.

1) 생명의 떡

주님은 우리를 위하여 생명의 떡으로 오셨다고 자신을 계시하셨다. "요 6:35 예수께서-내가 곧 생명의 떡이니 내게 오는 자는 결코 주리지 아니할 터이요 나를 믿는 자는 영원히 목마르지 아니하리라" 생명 ζωη(조에)은, 문자적인 의미에서 육체적인 생명이 살다 이며, 상징적인 의미에서 영적인 생명이 살다, 생명, 생기 등의 의미다. 떡 ἄρτος (알토스)는, 음식으로 먹는 빵, 떡, 성전에 드려진 떡을 말하며, 상징으로 성만찬에 사용되는 주님의 몸을 의미한다. 분문에는 상징으로 주님의 몸이 생명의 떡이라는 의미다. 이는 주님께서 우리를 위하여 십자가에서 자신의 몸이 대속물이 되신 것을 말한다. 그 대속의 은혜로 주님을 믿는 우리에게 주신 것이 영적인 영원한 생명이며(요 10:28), 주님의 대속을 위하여 주신 말씀들이 생명의 양식이다. 특히 본문은 오병이어 기적의 문맥에서 하신 말씀이다. 오병이어 기적은 군중들의 육신적인 굶주림을 해결하기 위하여 베푸신 기적이다. 그 기적으로 많은 사람들은 주님에게 육신의 빵을 해결 받고자 찾아왔다. 그때 주님께서 그들에게 썩을 양식을 위하여 살지 말고 영생하도록 있는 양식을 구하기 위하여 나오라고 하셨다. 그 양식은 인자가 너희에게 주리니 인자는 하나님께서 인 치신 자니라 하시면서 그들에게 믿음을 요구하셨다. 따라서 주님께서 생명의 떡이란 의미는 주님을 믿는 우리에게 주님에게 속한 영원한 영생을 주신다는 것과 주님에게 속한 생명의 말씀을 주신다는 의미다. 생명의 떡은 영원한 영생과 생명의 말씀을 주시기 위하여 오셨다는 영적인 주님의 자기계시다.

2) 생명의 빛

주님은 우리를 위하여 빛으로 오셨다고 자신을 계시하셨다. 빛이라는 주님의 자기계시는 천지창조의 첫째 날에 빛을 창조하신 계시를 성취하신 것이다. "요 8:12 예수께서-말씀하여 이르시되 나는 세상의 빛이니 나를 따르는 자는 어둠에 다니지 아니하고 생명의 빛을 얻으리라" 빛 φῶς(포스)는, 문자적인 빛, 광채, 햇빛, 불빛, 등이며, 상징으로 구원, 복음, 생명의 빛, 행복, 진리의 지식, 선행 등의 의미다. 성경에는 빛은 죄악과 의의 대조, 멸망과 구원의 대조, 보지 못하는 것과 보는 것의 대조, 어리석음과 지혜로움의 대조, 술취함과 성령 충만의 대조, 캄캄한 밤과 새벽의 대조, 대 환난과 재림의 대조, 세상과 하나님나라 등을 대조하는 것으로 사용되었다. 그런데 주님께서 세상의 빛이시라는 의미는 세상의 죄악을 정화시키는 의의 빛, 멸망에서 생명을 주는 빛, 영적으로 보지 못하는 것을 보게 하는 빛, 어리석은 자에게 지혜롭게 하는 빛, 술취하고 방탕한자에게 성령으로 충만하게 하는 빛, 고난의 환난에서 새벽별로 오실 빛, 대 환난 속에서 재림하실 빛, 영원한 하나님나라에서 해처럼 밝은 빛이 되신다는 의미다. 주님 자신이 곧, 빛이 되심으로 주님이 계시는 곳, 주님을 따르는 곳, 주님의 복음 사역에 참여하는 우리에게 어둠의 죄가 사라지며, 사망에서 생명으로 다시 살아나며, 영적으로 보지 못하던 우리의 눈이 열려서 어리석은 무지에서 지혜 자가 되며, 육체의 방탕함에서 성령의 충만함을 받게 되며, 캄캄한 대 환난에서 재림하시는 주님을 만나게 되며, 새 예루살렘에서 영원한 빛 속에서 사는 것 등을 의미한다 (요 11:9-10,12:35-36).

바울은 주님을 믿고 따르는 우리들은 빛의 갑옷을 입는 것이며(롬 13:12), 그리스도로 옷을 입는 것으로 해석하고 있다(롬 13:14). 여기서 말하는 빛은 두 가지 의미가 있다. 하나는 예수 그리스도를 통하여 영생을 얻는 것을 말하며, 다른 하나는 예수 그리스도로 인하여 육체의 정욕을 버리는 것을 말한다. 주님은 우리가 세상에서 빛이라 하셨다 (마 5:14). 우리가 세상의 빛이란 의미는 세상에서 주님을 전파하여 세상 사람들이 주 예수를 믿어 영생을 얻게 하라는 의미며, 또한 우리들이 육체의 정욕을 버리고 착한 행실로 하나님께 영광이 되게 하라는 의미다(마 5:16). 성도가 세상에서 빛이 되기 위해서는 빛이 되시는 주님과 함께 살아야 한다. 주님이 빛이시기 때문이다. 달은 해를 통하여 빛을 받을 때, 밤하늘을 밝힐 수 있듯이 우리도 빛 되시는 주님과 함께 살게 되면 주님으로부터 빛을 받게 된다. 때문에 어두운 세상에 빛이 되는 것이다. 주님께서 세상의 빛으로 오셨다는 의미는 죄악의 세상에 살고 있는 우리들에게 생명을 주셔서 어두운 죄를 떠나 착한 행실의 삶을 살게 하기위하여 오셨다는 영적인 자기계시다.

3) 양의 문

주님은 우리를 위하여 양의 문이 되시기 위하여 오셨다고 하셨다. "요 10:7 예수께서-내가 너희에게 말하노니 나는 양의 문이라" 양 πρόβατον(프로바톤)은, 상징으로 하나님의 백성들을 의미하며, 문은 상징으로 하나님나라에 들어가는 코스를 의미한다. 이는 주님께서 우리를 하나님나라에 들어가게 하는 문이라는 말씀이다. 우리가 생명을 얻게 하는 구원의 문으로 오셨다는 말씀이다. "요 10:9 내가 문이니 누구든지 나로 말미암아 들어가면 구원을 얻고 또는 들어가며 나오며 꼴을 얻으리라" 또한 구원받은 우리는 그 문을 통하여 생명의 말씀의 꼴을 얻게 된다. 꼴 νομη(노메)는, 율법과 계명, 성경전체 등의 의미에서 유래한 목장, 목초 등의 의미다. 이는 구원받은 우리들이 먹게 되는 생명의 말씀과 주님께서 주시는 신령한 은사들을 말한다. 그 꼴은 주님으로부터 공급을 받으면서 우리의 믿음이 성장하게 된다. 그리고 그 꼴을 얻기 위해서는 우리는 주님과 지속적인 관계를 가지고 있어야 한다. 그것이 들어가며 나오면서 얻는 꼴이다. 들어간다는 것은 주님의 말씀이 선포되는 교회 예배, 제자훈련, 성경공부 모임 등에 참석하는 것을 말하며, 또한 개인적으로 말씀을 읽고 듣고 묵상하는 등을 말하며, 나온다는 것은 들어가면서 받은 은혜로 기도하다, 성취하다, 생명을 방출하다 등의 의미로 생활에서 실천하는 것을 말한다. 몸의 양식도 매일 먹어야 생명을 유지하듯, 영의 양식도 매일 먹어야 영적인 삶이 풍성하게 된다. 때문에 주님과 관계는 항상 현재형이다. 주님의 음성에 언제나 변함없이 따르는 자가 주님의 양이다(요 10:27). 양은 주님을 믿고 따르며 주님은 믿고 따르는 양들에게 언제나 변함없는 생명과 풍성한 은혜를 공급하여 주신다.

4) 선한 목자

주님은 우리의 선한목자가 되시기 위하여 오셨다고 자신을 계시하고 있다. "요 10:11 나는 선한목자라 선한목자는 양들을 위하여 목숨을 버리거니와" 선한목자는 나쁜 목자와 구별하기 위한 이름이다. 나쁜 목자는 삯군을 말하며, 선한목자는 참 목자를 의미한다. 삯군 목자는 양들을 도둑질하고 이리가 나타나면 양들을 버리고 도망을 가지만, 선한목자는 양들에게 풍성한 꼴을 먹이며 또한 이리가 나타나면 양들을 위하여 목숨을 버린다(요 10:10,12-13). 그러므로 양들은 선한목자를 알고 그의 음성을 듣고 따라다니는 것이다. "요 10:27 내 양은 내 음성을 들으며 나는 저희를 알며 저희는 나를 따르느니라" 내 음성을 들으며 ἀκούω(아쿠오)는, 동사, 직설법, 현재, 능동, 3인, 복수며, 목자의 음성에 수동적으로 반응하여 듣다, 순종하다, 동의하다, 이해하다, 깨닫다 등의 의미다. 동사 직설법 현재 능동 3인 복수는 양들은 항상 스스로 목자의 음성에 수동으로 반응하며 실제적으로 동의하며 이해하고 깨닫고 순종하는 것을 의미한다. 이러한 양들에게 영원히 멸망하지 않는 영생을 주신다는 약속이다(요 10:18). 목자의 음성이 생명의 양식이다. 주님은 구원받은 우리에게 생명의 꼴을 주시기 위하여 선한목자로 오셨다는 것이다. 따라서 주님의 양들은 주님으로부터 받은 생명의 꼴을 먹고 반응하며 동의하며 이해하고 깨닫고 순종하는 자가 주님의 양들이다. 선한목자는 순종하며 따르는 양들에게 생명의 길로 인도하기 위하여 목숨을 버렸다는 주님의 자기계시다.

5) 부활과 생명

주님은 우리를 위하여 부활과 생명으로 오셨다는 자기계시다. "요 11:25 예수께서-나는 부활이요 생명이니 나를 믿는 자는 죽어도 살겠고 무릇 살아서 나를 믿는 자는 영원히 죽지 아니하리니" 부활과 생명은 같은 동급이다. 부활은 영원한 생명으로 살아나기 때문이다. 주님은 십자가에서 돌아가신 후 3일 만에 다시 살아나심으로 부활을 확증하셨다. 주님의 부활은 다시는 죽지 않는 영원한 생명으로 살아나는 부활이다. 주님을 믿는 우리들에게도 주님과 같이 영원한 생명의 부활에 참여하게 하기 위하여 오셨다는 것이다. 때문에 주님을 믿고 따르는 우리들은 주님께서 재림하시는 날 주님과 같은 부활의 몸으로 다시 살아나게 될 것이다. "요일 3:2 그가 나타 나시면 '우리가 그와 같을 줄을 아는 것' 은 그의 참모습 그대로 볼 것이기 때문이니" 그 때가 일곱째 나팔을 불려고 할 때다(계 10:7). 일곱째 나팔은 마지막 나팔이다(고전 15:51-52). 마지막 나팔에 갑자기 우리의 몸이 변화되는 것이 부활이다. 이 부활이 주님을 믿는 우리들에게 영원한 생명으로 다시 살아나리라고 약속하신 주님의 말씀이 성취되는 것이다. 때문에 주님께서 영원한 부활의 생명을 주시기 위하여 오셨다는 자기계시다.

6) 길과 진리

주님은 우리의 길과 진리가 되시기 위하여 오셨다는 자기계시다. "요 14:6 예수께서—내가 곧 길이요 진리요 생명이니 나로 말미암지 않고는 아버지께로 올 자가 없느니라" 길 ὁδός(호도스)는, 수단, 창조, 진리의 수단, 진리의 도, 의의 도를 찾는 것 등의 의미며, 진리 ἀλήθεια (알레데이아)는, 하나님 말씀, 말씀에 대한 진실한 증언, 거짓과 반대 되는 진실에 대한 법적인 증언 등이며, 생명 ζωή(조에)는, 몸의 생명, 영원한 영생을 얻는 생명, 생기 등의 의미다. 길과 진리, 생명은 같은 동급이다. 길이 곧 진리며, 그 진리가 생명이라는 의미다. 이는 주님 께서 우리들이 아버지의 집에 갈 수 있도록 인도하는 출발점이며, 방 법이며 수단이라는 것이다. 방법과 수단은 하나님의 말씀에서 찾아야 하며, 그 방법과 수단에서 찾은 하나님의 말씀이 진실한 진리의 증언 이며, 진실한 말씀의 증언이 주님을 증언하고 있기 때문에 그 증언을 통하여 주님을 믿는 우리들에게는 생명이 된다는 것이다. 따라서 하 나님의 말씀의 증거에 의하여 주님을 믿는 것이 진리며, 생명을 얻는 것이다. 주님을 믿는 우리는 하늘에 있는 아버지의 집 곧, 천국에 들 어가는 영원한 생명을 얻는 것이다. 누구든지 주님을 통하지 않고는 하늘에 있는 천국에 들어갈 수 없다는 것이다. 때문에 주님이 곧, 길 이요 진리요 생명이 되신다는 자기계시다.

7) 포도나무

주님은 우리의 포도나무라고 계시하셨다. "요 15:5 나는 포도나무요 너희는 가지라 그가 내 안에, 내가 그 안에 거하면 사람이 열매를 많이 맺나니 나를 떠나서는 너희가 아무 것도 할 수 없음이라" 포도나무는 비유다. 주님과 우리의 관계를 상징하고 있다. 주님은 포도나무며 우리는 가지라는 상징이다. 포도나무와 가지는 절대적인 관계를 의미한다. 가지는 포도나무에 붙어있지 않고 떨어져 있으면 생명이 존재할 수 없다. 가지는 포도나무에서 영향을 공급받아서 생명을 유지하기 때문이다. 누구든지 주님에게 붙어 있지 아니하면 또는 주님과 관계를 맺지 아니하면 영원한 생명을 유지할 수 못한다는 말씀이다. 주님에게 붙어있다는 것은 주님을 믿는다는 의미며, 주님 안에 사는 것을 말한다. 따라서 주님을 믿는 자, 주님 안에 사는 자들은 주님으로부터 진리의 말씀의 꼴과 성령을 공급받기 때문에 영원한 생명의 열매를 맺는 것이다. 그런데 주님에게 붙어 있으면서 생명의 열매를 맺지 못하면 버림을 받고, 열매를 맺으면 더 많이 맺게 하신다는 약속이다(요 15:2). 주님께 붙어있으면서 열매를 맺지 못하는 것은 가지에 병이 들었든지 아니면 주님의 진리의 말씀과 성령의 은혜를 수용하지 못하는 것을 의미한다. 그러므로 우리는 주님에게 붙어서 주님께서 공급하시는 진리의 말씀과 성령의 은혜를 언제든지 수용하며 살아야 한다. 주님은 상징으로 진리의 말씀과 성령을 공급하셔서 우리들이 많은 열매를 맺게 하시는 참 포도나무가 되시기 때문이다. 이것이 주님의 포도나무 자기계시다.

주님의 일곱 가지 영적인 자기 계시는 우리에게 매우 중요한 영적인 교훈을 깨닫게 하고 있다. 그 교훈은 두 가지로 요약할 수 있다. 하나는 일곱이란 숫자다. 일곱은 완전, 충만, 전체라는 의미로 주님께서 자기 자신에 대한 영적인 계시를 충분하게, 완전하게, 전체적으로 드러내셨다는 것을 의미한다. 이는 자신에게 감추어져 있는 모든 지혜와 지식의 보화가 담긴 비밀이 그 일곱 가지 주제 안에 충만하게 완전하게 전체적으로 드러내셨다는 것이다. 다른 하나는 현재형이다. 현재형이란 일곱 가지 주제들은 모두 현재형으로 적용되는 것을 말한다. 이를테면 내가 곧 생명의 떡이니, 나는 세상의 빛이니, 나는 양의 문이니, 나는 부활이요 생명이니, 내가 곧 길이요 진리요 생명이니, 나는 포도나무요 너희는 가지라 하신 말씀들이다. 일곱 주제의 모든 말씀들은 현재형으로 적용이 안 되면 일곱 가지 주제 안에 감추어져 있는 보화는 얻을 수 없는 것이다. 생명의 떡이신 주님을 믿고 영원히 목마르지 아니하기 위해서는 항상 주님 안에 거하고 있을 때만이 가능한 것이며, 주님 안에 거하지 않으면 목마름이 단절되기 때문이다. 생명의 빛이신 주님의 빛을 받기 위해서도 항상 주님 안에 거할 때만 빛을 받게 되는 것이며, 문이신 주님으로부터 구원과 말씀의 꼴을 얻기 위해서는 항상 주님과 교제 안에 살아야 가능하며, 주님의 부활과 생명에 참여하기 위해서도 항상 주님과 교제 안에 거하고 있을 때 가능하며, 길과 진리와 생명이신 주님과 항상 같이 거하고 있는 자만이 아버지께 나아갈 수 있는 것이며, 포도나무에서 진액을 공급받는 가지는 항상 포도나무에 붙어있어야 되기 때문이다. 때문에 일곱 주제의 모든 말씀들은 항상 현재형으로 적용이 가능할 때만이 결과를 얻게 되는 것이다. 그러므로 언제나 어디서나 동일하게 주님과 함께 주님 안에 거하고 있는 자만이 주님 안에 감추어져 있는 모든 보화를 공유할 수 있는 것이다. 잠시라도 주님을 떠나면 곧 단절된다. 가지는 포도나무에 떨어지면 곧 말라버린다. 이것이 그리스도 안에 있는 것이다(바울의 증언, 그리스도 안 참조). 주님을 떠나는 것이 넘어지는 것이며, 배교다. 때문에 알곡이 되지 못하고 쭉정이가 되는 것이다. 때문에 일곱 가지 주님의 자기계시는 예수 그리스도 안에 감추어져 있는 보화며, 비밀이며, 그리스도 안에 있는 신령한 복에 대한 계시다.

아버지의 뜻

주님 안에 감추어져 있는 모든 비밀은 하늘에 계시는 아버지의 뜻이다. 아버지께서 계획하신 것을 주님은 성취하시는 것이다. 따라서 주님은 하늘에서 아버지의 뜻을 행하시기 위하여 이 땅에 오셨다고 증언하셨다. "요 6:38 내가 하늘에서 내려온 것은 내 뜻을 행하려 함이 아니요 나를 보내신 이의 뜻을 행하려 함이니라" 아버지의 뜻은 아버지께서 보내신 주님을 통하여 주님 안에 감추어져 있는 일곱 가지의 계시를 성취하는 것이다. 주님은 그 뜻을 성취하시기 위하여 하늘에서 세상으로 내려오신 것이다(요 6:40). 주님께서 아버지의 뜻을 성취하시기 위하여 오신 분이신 것을 아버지께서 친히 증언하셨다(요 5:37). 그리고 아버지는 택한 자들을 주님에게 보내주신다(요 6:30;엡 1:4). 주님은 아버지께서 보내주신 택한 자들을 결코 내어 쫓지 아니하시며(요 6:37), 영생을 얻게 하는 생명의 양식을 공급하시며, 신령한 음료를 제공하여 주신다. "요 6:55 내 살은 참된 양식이요 내 피는 참된 음료로다." 양식은 상징으로 주님의 몸과 말씀을 의미하며, 음료는 상징으로 주님의 피와 성령을 상징한다(요 6:35). 주님의 몸은 썩지 않는 참된 양식이며 주님의 피는 영원히 목마르지 아니하는 참된 신령한 음료다(요 6:55). 주님의 몸을 먹는 자와 피를 마시는 자는 영생을 얻는다(요 6:53). 먹는 것과 마시는 것은 우리가 주님을 믿고 따르는 것을 의미한다. 이것이 주님 안에 사는 것이다. "요 6:56 내 살을 먹고 내 피를 마시는 자는 내 안에 거하고 나도 그의 안에 거하나니" 이는 하늘에 계신 아버지께서 보내주신 참된 양식이며(요 6:32), 아버지의 일이며, 주님은 그 일을 위하여 하늘에서 내려오신 것이다(요 5:17). 아버지와 아들의 일은 두 가지다. 하나는 주님을 믿고 영생을 얻게 하는 일이며, 다른 하나는 아버지께서 보내주신 아들을 믿지 않는 자들에게 심판하시는 일이다(요 6:30,40). 이는 아버지와 아들은 하나이시기 때문이다(요 10:30). 하나이시기 때문에 주님은 아버지의 뜻을 성취하시기 위하여 하늘에서 세상으로 오신 것이다. 이것이 아버지의 뜻이다.

1) 메시야

주님은 우리를 위하여 메시야로 오셨다. "요 1:41 그가 먼저 자기의 형제 시몬을 찾아 말하되 우리가 메시야를 만났다 하고 (메시야는 그리스도라)" 메시야 Μεσσίας (멧시아스)는, 히브리어(마샤흐, 마쉬아흐)에서 사용된 바르다, 기름을 바르다, 기름을 붓다, 기름부음을 받은 자, 왕 등의 의미에서, 구약의 어떤 직책을 위한 의식으로 기름부음을 받는 사람에서 유래한 기름부음을 받은 자란 의미다. 구약에서 사용된 메시야는 신약에서 그리스도를 말한다. 그리스도는 기름부음을 받은 자란 의미이기 때문이다. 구약에서는 왕, 제사장, 선지자에게 기름을 부어서 직분을 수행하게 하였다. 주님을 그리스도 즉, 기름부음을 받은 자라고 칭하는 것은 구약에서 기름부음을 받아 직임을 수행하게

79

한 그 직임을 주님께서 그대로 수행하시는 분이라는 의미다. 그러므로 그리스도는 왕이시며, 제사장이시며, 선지자의 직임을 수행하시는 분으로 오셨다는 것이다. 주님은 우리를 통치하시는 왕이시며, 우리를 위한 제사장이시며, 우리에게 하나님의 말씀을 선포하고 가르치시는 선지자로 오신 것이다. 이것이 우리를 위하여 아버지의 뜻을 이루시기 위하여 오신 메시야의 이름이다. 이스라엘은 그 메시야를 기다리고 있었다(요 4:25).

2) 영적 맹인

주님께서 아버지의 뜻을 성취하시기 위하여 메시야로 오셨지만 유대인들은 알아보지 못했다. 주님께서 오신 2천년이 지난 이 시간까지도 메시야를 기다리고 있다. 그들은 보지 못하는 영적인 맹인들이었기 때문이다. "요 9:39 예수께서 이르시되 내가 심판하러 이 세상에 왔으니 보지 못하는 자들은 보게 하고 보는 자들은 맹인이 되게 하려 함이라 하시니" 본문의 말씀은 주님께서 안식일 날 맹인의 눈을 뜨게 하신 문맥에서 하신 말씀이다. 바리새인들은 안식일 날 맹인의 눈을 고치신 것은 안식을 범하는 것임으로 주님께서 맹인의 눈을 뜨게 하신 사역을 믿지 않았다. 주님께서 맹인의 눈을 고치신 것은 주님을 믿게 하려는 표적을 보여주신 것인데도 말이다. 맹인은 빛을 보지 못한다. 영적인 눈이 어두우면 빛으로 오신 주님을 보지 못한다는 것을 보여주신 표적이다(요 9:5). 보지 못하는 자들은 보게 하신다는 의미는 맹인의 눈을 뜨게 하시는 표적을 믿는 자들에게는 영적인 눈을 열어주신다는 의미며(요 9:36), 보는 자들은 맹인이 되게 하려 함이라는 의미는 주님께서 자기들이 보는 눈앞에서 믿음을 가지도록 표적을 보여 주어도 주님을 믿지 않는 그들에게는 영적인 눈을 보지 못하게 하여 믿음을 가지지 못하게 하신다는 의미다. 그들은 첫 언약인 율법만 붙잡고 두 번째 언약의 메시야로 오신 주님의 표적을 믿지 않았다. 영적인 눈이 어두워 첫 번째 율법을 완전케 하여 참된 안식을 주시려고 오신 주님을 보지 못했다. 맹인이 되어 주님을 대적하고 배척했다(요 9:16). 주님께서 영적인 눈을 열어준 자들은 어린아이와 같은 자들이다(눅 18:17). 이는 지혜 있다고 생각하는 자들에게 주님을 보지 못하도록 숨기시는 것이며, 어린아이처럼 주님을 받아들이는 자는 눈을 열어 주님을 믿게 하시는 하나님의 뜻이다(마 11:25). 주님은 어린아이처럼 주님을 간절히 믿기를 갈망하는 우리에게 영적인 눈을 열어서 주님을 믿게 하시며, 또한 주님으로부터 참된 안식의 자유를 주신다(눅 4:18-19). 그러나 자기가 믿고 의지하는 옛 종교적인 형식이나 세상의 초등학문과 철학 등으로 스스로 지혜 있다고 생각하는 자들에게는 주님을 믿지 못하게 하신다. 이것이 맹인은 보게 하고 보는 자들은 맹인이 되게 하는 비밀이다.

3) 주와 선생

주님은 어린아이처럼 자신을 믿고 따르는 우리에게는 주와 선생이 되신다. "요 13:13 너희가 나를 선생이라 또는 주라 하니 너희 말이 옳도다 내가 그러하다" 주 κύριος(퀴리오스)는, 주인, 상전, 구주, 선생, 만주 등의 의미며, 선생 διδάσκαλος(디다스칼로스)는, 가르치다, 배우다 등의 의미에서 유래한 교사, 선생, 스승 등을 의미한다. 이는 주님께서 주인, 상전, 구주가 되심으로 자신을 믿고 따르는 우리를 가르치는 선생, 스승이라는 의미다. 스승에게 가르침을 받는 우리를 제자라 부른다. 성경에는 두 부류의 제자가 있다. 하나는 주님을 믿고 따르는 모든 무리들을 말하며(마 5:1), 다른 하나는 열두 사도들을 말한다. 주님은 천국복음 사역을 맡기시기 위하여 특별한 열두 제자들을 선택하셨다(마 10:1-4). 그들에게 세 가지를 가르치셨다(막 3:14-15). 첫 번째, 주님과 함께 사는 것을 가르치셨다. 이것은 주님의 제자가 되기 위해서 제일 중요한 핵심주제다. 주님과 함께 하지 못하면 아무것도 할 수 없기 때문이다. 이것이 일곱 가지 주님의 자기계시에 대한 교훈이다 (그리스도 안에). 두 번째, 전도하는 것을 가르치기 위하여 선택하셨다. 전도 κηρύσσω(케륏소)는, 동부정사, 현재, 능동이며, 사자가 되다, 사자의 직무를 수행하다의 의미에서 전도하다, 공포하다, 알리다, 전파하다, 설교하다, 외치다, 가르치다 등의 의미다. 이는 주님의 사자가 되어 주님에게 가르침을 받은 천국복음과 하나님의 말씀을 많은 사람들에게 설교하며, 전해주며, 가르치는 것을 말한다. 동부정사 현재 능동은 제자는 항상 언제든지 어디서나 자기 스스로 천국복음과 하나님의 말씀을 설교하며, 전파하며, 가르치는 것을 의미한다. 그것을 위하여 주님과 함께 살면서 주님에게 배우는 것이다. 세 번째, 귀신을 쫓아내는 권능을 주시기 위하여 제자들을 선택하셨다. 귀신은 악령을 말하며, 권능 ἐξουσία(엑수시아)는, 능력, 힘, 권세, 권위, 보증, 선택의 자유, 권리 등의 의미다. 이는 주님께서 제자들에게 악령들을 쫓아낼 수 있는 합당한 능력, 권세, 권리를 주셔서 악령들을 쫓아내게 하신다는 말씀이다. 왜냐하면 악령들은 천국복음전파와 하나님의 말씀을 전하는 것들을 방해하기 때문이다. 주님은 주와 선생이 되어 세 가지로 제자들을 가르치신 이후에 그들을 파송하여 그들을 통하여 세워진 것이 서신서의 교회들이다. 사도행전은 제자들이 천국복음을 전파하여 세워지는 교회역사다. 주님을 그 일을 위하여 우리의 주와 선생이 되셨다.

십자가

　지금부터 상고하는 내용들은 신구약 성경에서 예수 그리스도의 비밀에 관한 말씀과 그 비밀 안에 감추어져 있는 모든 지혜와 지식의 보화들을 모두 성취하는 중요한 말씀이며, 모든 성경의 핵심이다. 그 핵심은 십자가다. 낫 놓고 기역 자도 모른다는 속담이 있다. 이와 같이 교회에서 십자가를 보면서도 그 의미를 모르고 사는 것은 낫 놓고 기역자도 모르는 것과 동일한 것이다. 교회마다 십자가 종탑이 없는 교회는 없다. 교회 안에 있는 강대상과 또는 교회 안과 다른 여러 곳들에서 흔하게 볼 수 있는 것이 십자가다. 그런데 왜 교회마다 십자가를 세워야 되는지, 그리고 주님께서는 왜 십자가를 지셨는지, 그 십자가의 의미는 무엇인지, 십자가 안에 감추어져 있는 비밀의 보화들이 얼마나 담겨져 있는지 등에 대하여 이번 단락에서 자세하게 상고해 보고자 한다.

1) 고난의 십자가

　주님께서 십자가를 지신 것은 구약의 선지자들이 예언한 것을 이루시기 위함이다. 선지자의 예언 중, 특히 사 53장은 주님의 십자가 고난에 대한 대표적인 예언이다. 주님은 그 예언을 모두 성취하시기 위하여 십자가를 지신 것이다. "마 26:55-56 그 때에 예수께서 무리에게 말씀하시되 너희가 강도를 잡는 것 같이 칼과 몽치를 가지고 나를 잡으러 나왔느냐 내가 날마다 성전에 앉아 가르쳤으되 너희가 나를 잡지 아니하였도다 그러나 이렇게 된 것은 다 '선지자들의 글을 이루려' 함이니라 하시더라" 그 예언의 성취를 위하여 주님은 십자가에서 온갖 고난을 당하셨다. 제자들에게 배반을 당하신 고난(막 14:50), 제자들 앞에서 체포되는 수모를 당하신 고난(마 26:57), 얼굴에 침을 뱉고 주먹으로 때리는 수치를 당하신 고난(마 26:67-68), 옷을 벗기는 조롱과 희롱을 당하신 고난(마 27:28-29,31), 또한 온갖 모욕을 당하신 고난(마 27:39-40), 거짓증인들을 통하여 죄인으로 정죄의 수모를 당하신 고난(막 14:56-58),하나님 아버지에게서도 버림을 당하시는 고난(마 27:46), 이단의 우두머리라는 수치스런 고통을 당하신 고난들이다(행 24:5,14). 그리고 십자가에서 온 몸으로 피를 쏟으시면서 온전한 희생제물이 되셨다. 머리에는 가시면류관으로 피를 쏟으셨으며(마 27:29), 이마에는 땀이 피가 되는 피를 쏟으셨으며(눅 22:44), 등에는 채찍으로 맞아 피를 쏟으셨으며(마 27:26), 가슴에는 갈대로 맞아 피를 쏟으셨으며(마 27:30), 양손에는 못에 박히시어 피를 쏟으셨으며(마 27:35), 허리에는 창에 찔리시어 피를 쏟으셨으며(요 19:34), 양발에도 못에 박히시어 피를 쏟으셨다(마 27:35). 머리부터 발까지 온 몸의 일곱 군데에서 완전한 피를 쏟으셨다. 이는 주님께서 한 알의 밀알이 되셔서 땅에 떨어져 죽으시는 고난이다(요 12:24).

2) 언약의 십자가

주님께서 십자가에서 온갖 수모를 당하시면서 온 몸으로 피를 쏟으시면서 고난을 당하신 것은 두 가지의 중요한 사건을 성취하시기 위함이셨다. 하나는 모든 사람들에게 대속의 은총을 베푸시기 위함이다. 모든 사람은 아담의 범죄로 인하여 죄인이다(롬 3:10,23,5:14-18). 때문에 주님께서 모든 사람들에게 죄에 대한 대속의 은혜를 베푸시기 위하여 십자가를 지신 것이다. 그러므로 이제는 누구든지 주님의 구속의 은혜를 믿음으로 받아들이면 죄 용서함을 받고 하나님의 백성이 되는 길이 열린 것이다. 이제는 더 이상 옛 언약의 죄에 대하여 기억되지 않게 하셨다(히 8:12,10:17-18). 그리고 더 이상 짐승의 제사는 폐하게 되었다(히 8:13,10:9,18). 주님께서 흠과 점이 없는 보배로운 피로 영원한 제물이 되셨기 때문이다(벧전 1:19). 짐승의 피는 온전하지 못하여 사람이 범죄 할 때마다 짐승의 피로 대속함을 받았다. 그런데 주님의 피는 온전하여 단번에 모든 죄를 대속하셨다(히 12:24). 피 흘림이 없이는 죄 사함을 받는 길이 없기 때문이다(히 9:22). 이것이 주님께서 십자가에서 온갖 수모와 피를 쏟으시는 고난으로 우리들에게 베푸신 대속의 은총이다.

다른 하나는 두 번째 새 언약을 성취하시기 위함이다. 첫 번째 언약으로 맺은 율법과 계명도 송아지 피와 염소 피를 취하여 온 백성에게 뿌리면서 언약을 맺었다. "출 24:8 모세가 그 피를 가지고 백성에게 뿌리며-여호와께서 이 모든 말씀에 대하여 너희와 세우신 언약의 피니라" 이와 같이 두 번째 언약에도 주님의 피로 새 언약을 맺은 것이다. "눅 22:20 저녁 먹은 후에 잔도 그와 같이 하여 이르시되 이 잔은 내 피로 세우는 새 언약이니 곧 너희를 위하여 붓는 것이라" 새 언약 διαθήκη(디아데케)는, 명사, 주격, 여성, 단수며, 새 율법을 세우다, 새 것으로 제정하다, 새것으로 유언하다 등의 의미에서 유래한 새 유언, 새 언약, 새 법령, 새 선언, 새 규약 등의 의미다. 이는 구약에서 주님께서 이미 예언하신 말씀의 성취다. "렘 31:31 여호와의 말씀이니라 보라 날이 이르리니 내가 이스라엘 집과 유다 집에 새 언약을 맺으리라" 첫 번째 짐승의 피로 맺은 언약은 장차 올 좋은 일의 그림자일 뿐, 온전한 언약이 되지 못했다(히 10:1). 때문에 주님께서 그날에 두 번째 온전한 새 언약을 맺게 될 것을 약속하셨다(히 8:8). 첫 번째 언약은 짐승의 피로 맺었지만 두 번째 언약은 주님의 피로 맺는 것이다. 그러므로 주님께서 십자가에서 피를 쏟으신 것은 두 번째 새 언약을 맺기 위함인 것이다(히 9:12). 주님은 자신의 피로 두 번째 새 언약을 성취하신 것이다(막 14:24;히 10:29). 첫 번째 언약과 두 번째 언약은 같은 점과 다른 점이 있다. 같은 점은 율법과 계명이다. 언약을 다시 맺는다고 하여 율법과 계명을 폐지하는 것이 아니다. 도리어 율법과 계명을 완전케 하기 위함이다. 다른 점은 피다. 첫 번째 언약에는 짐승의 피로 맺었지만 두 번째 언약은 주님의 피로 맺은 것이다. 이것이 주님께서 우리를 위하여 십자가에서 온갖 수모와 피를 쏟으시면서 고난을 당하신 두 가지 중요한 사건의 성취며, 예수 그리스도 안에 감추어져 있는 비밀이다.

3) 십자가 열매

주님께서 십자가에서 성취하신 중요한 두 가지 사건 안에는 예수 그리스도 안에 감추어져 있는 모든 비밀이 들어있다. 구약에서 주님께 관한 계시와 예언한 말씀과 그리고 모형과 그림자로 보여주신 모든 것들을 주님은 십자가에서 모두 성취하셨기 때문이다. 천지창조에서 나타난 주님의 계시, 사탄의 머리를 상하게 하는 예언, 구약의 성막과 그 성막에서 지키는 일곱 절기와 오대제사 등에서 보여주신 모형과 그림자, 또한 시내산에서 받은 율법과 계명 등을 모두 십자가에서 성취하셨다. 이는 하나님께서 우리를 사랑하심에 대한 확증을 주님께서 십자가에서 성취하신 열매들이다(요 3:16;롬 5:8). 그 열매들은 다음과 같다.

주님의 십자가는 창세전에 감추어두신 하나님의 경륜을 성취하셨다(엡 3:9). 주님의 십자가는 아버지의 뜻을 다 이루어 드리는 열매를 맺으셨다(요 19:30). 주님의 십자가는 아버지를 영광스럽게 하셨다. 주님의 십자가는 우리를 위하여 구약의 옛 시대를 마감하고 새로운 시대, 신약의 교회시대를 열어주신 열매를 맺으셨다(마 26:28;행 1:8). 주님의 십자가는 우리를 위하여 옛 언약을 폐하시고 새 언약을 맺으시는 열매를 맺으셨다(눅 22:20). 주님의 십자가는 우리를 대신하여 율법의 저주를 받으심으로 우리가 지켜야 되는 율법의 요구를 완성하신 열매를 맺으셨다(롬 3:31;갈 3:13). 주님의 십자가는 하나님과 원수가 되었던 우리를 하나님과 화해시켜 주신 열매를 맺으셨다. 주님의 십자가는 우리에게 믿음으로 구원받는 길을 열어주신 열매를 맺으셨다.

주님의 십자가는 우리의 육신이 약하여 지키지 못하는 율법과 계명을 새 언약인 성령의 법으로 지키게 하신 열매를 맺으셨다. 주님의 십자가는 우리의 중보자가 되셔서 우리가 회개할 때 우리의 죄를 항상 용서하시고 깨끗하게 씻어주시며(요일 1:9), 우리를 위하여 기도하는 길이 열린 열매를 맺으셨다(롬 8:34;히 7:25,8:6). 주님의 십자가는 우리가 하나님 앞으로 담대하게 나아가는 예배자가 되게 하신 열매를 맺으셨다(히 10:19-20,28,12:28). 주님의 십자가는 한평생 죄에 매여 죽기를 두려워하는 우리에게 죽음의 두려움에서 자유하게 하신 열매를 맺으셨다(히 2:15). 주님의 십자가는 우리의 저주와 심판과 질병과 가난에서 벗어나게 하신 열매를 맺으셨다.

주님의 십자가는 이스라엘과 이방인이 하나가 되게 하신 열매를 맺으셨다. 주님의 십자가는 할례 자와 무 할례 자가 하나가 되게 하신 열매를 맺으셨다. 주님의 십자가는 주인과 종이 하나가 되게 하신 열매를 맺으셨다. 주님의 십자가는 진리와 비진리를 구별하게 하신 열매를 맺으셨다. 주님의 십자가는 전도의 문을 열어주신 열매를 맺으셨다. 주님의 십자가는 남자와 여자가 하나가 되게 하신 열매를 맺으셨다. 주님의 십자가는 우리가 서로 사랑으로 화목하게 하신 열매를 맺으셨다. 주님의 십자가는 주님을 영광의 자리에 앉게 하시는 열매를 맺으셨다. 주님의 십자가는 주님께서 부활의 영광을 경험하게 하시는 열매를 맺으셨다. 주님의 십자가는 하늘과 땅의 모든 권세를 주님께서 받게 되시는 열매를 맺으셨다. 주님의 십자가는 악령의 세력을 무장해제 시키시는 열매를 맺으셨다. 주님의 십자가는 우리의 고난과 수모를 모두 경험하게 하신 열매다. 주님의 십자가는 우리에게 고난의 본을 보여주신 열매를 맺으셨다. 주님의 십자가는 신구약 성경에서 주님 안에 감추어져 있는 모든 비밀을 성취하시는 열매를 맺으셨다. 주님의 십자가 안에는 주님의 지혜와 지식의 모든 보화가 감추어져 있기 때문이다(선한 목자, 길과 진리, 주와 선생, 포도나무, 부활과 생명, 생명의 빛, 생명의 떡, 안식일의 주인). 주님의 십자가는 우리를 위하여 교회를 세우신 열매를 맺으셨다. 주님의 십자가는 한 알의 밀알이 기독교 2천년 역사 안에서 수많은 사람들이 구원의 열매를 맺게 하셨다. 주님의 십자가는 우리가 그리스도 안에서 하늘의 모든 신령한 복을 받을 수 있는 열매를 맺으셨다. 주님의 십자가는 성령의 시대를 열어주시는 열매를 맺게 하셨다. 주님의 십자가는 주님께서 성령으로 교회 안에 임재 하셔서 교회의 주인으로 또는 몸과 머리가 되셔서 주님 안에 있는 모든 보화들을 성령으로 우리에게 영구적으로 공급하게 하시는 열매를 맺으셨다. 때문에 주님은 그 십자가 지는 것을 방해하는 베드로에게 사탄아 내 뒤로 물러가라고 외치신 것이다(마 16:23). 이것이 주님께서 우리를 위하여 십자가에서 성취하신 많은 열매들이며, 이 열매들은 신구약 성경에서 주님께 대한 비밀의 성취다.

4) 과거와 현재

과거와 현재란 주님께서 십자가에서 과거적인 시간에서 성취하신 열매들이, 오늘이라는 현재적인 시간에서 우리가 믿음으로 수용하는 것을 말한다. 주님께서 우리를 위하여 과거에 이미 성취하신 열매들에 대하여 오늘이라는 현재적인 시간에서 믿음으로 수용하고 순종하지 아니하면 아무런 유익이 없다는 것이다. 이를테면 주님은 우리를 위하여 십자가에서 이미 구원을 성취하셨다. 주님은 이미 십자가에서 우리를 사망에서 생명으로 옮기셨다(과거 완료). 하지만 오늘이라는 시간에 주님을 믿는(현재) 자들이 영생을 얻는 것이다. "요 5:24 내가 진실로 진실로 너희에게 이르노니 내 말을 듣고 또 나 보내신 이를 믿는 자는 영생을 얻었고 심판에 이르지 아니하나니 사망에서 생명으로 옮겼느니라" 또한 주님께서 십자가에서 율법의 저주를 받으셨다. 우리는 아담과 함께 죄 아래 팔렸기 때문에 율법의 행위로는 의롭다 함을 얻을 육체가 하나도 없기 때문이다(롬 3:10). 주님께서 십자가에서 친히 우리가 받아야 되는 율법의 저주를 받으심(과거)으로 우리를 율법의 저주에서 속량하셨지만 오늘이라는 시간에 그리스도 안에 있는 (현재) 자들에게는 다시는 율법으로 정죄함을 받지 않게 하신 것이다 (롬 8:1). "갈 3:13 그리스도께서 우리를 위하여 저주를 받은바 되사 율법의 저주에서 우리를 속량하셨으니" 이것이 그리스도께서 우리에게 주신 자유며(갈 5:1), 그리스도의 법이다(갈 6:2). 다만 율법으로는 죄를 깨닫게 하여 그리스도에게로 나아가게 하는 것이다(롬 3:20). 그리고 정욕과 탐심도 동일하다. 우리의 육체에서 일어나는 정욕과 탐심을 주님께서 십자가에서 이미 못을 박았다(과거). 하지만 오늘이라는 시간에 성령을 따라 행하면(현재), 육체의 소욕을 따르지 않게 되는 것이다(갈 5:16). "갈 5:24 그리스도 예수의 사람들은 육체와 함께 그 정욕과 탐심을 십자가에 못 박았느니라" "갈 5:16 내가 이르노니 너희는 성령을 따라 행하라 그리하면 육체의 욕심을 이루지 아니하리라" 과거에 이미 십자가에서 맺으신 모든 열매들이 오늘이라는 현재적인 시간에 믿음으로 수용하고 순종할 때, 우리의 삶에서 모두 적용되는 것임을 알아야 한다. 때문에 신앙은 항상 현재진행이다.

5) 십자가의 본

서울에 계시는 어떤 원로 목사님께서 자신이 걸어오신 지난날의 목회 여정에 대하여 간증하시는 것을 들었다. 목회하시는 것이 너무 힘들어서 수 십 번도 목회를 그만두고 싶었던 심정을 고백하셨다. 그때마다 힘과 용기를 잃지 않았던 것은 자신이 아무리 힘들어도 주님께서 십자가 지신 것만큼은 힘들지 않는 것이라고 생각하면서 다시 일어났다고 하셨다. 우리는 우리가 져야 되는 자기의 십자가가 있다는 사실을 알아야 한다. 왜냐하면 주님께서 자기를 부인하고 날마다 십자가를 지고 나를 따라오라고 명령하셨기 때문이다(눅 9:23). 그렇다면 우리가 져야하는 십자가는 무엇일까? 우리의 십자가는 두 가지로 요약할 수 있다. 하나는 성령을 따라 사는 것을 방해하는 우리 안에 일어나는 육체의 정욕과 탐심을 십자가에 못 박는 것이다(갈 5:24). 육체와 정욕과 탐심을 십자가에 못 박지 아니하면 성령으로 하나님의 계명을 지키지 못하기 때문이며, 하나님과 원수가 되어 사망에 이르게 되기 때문이며(롬 8:6-7), 그리스도 안에서 영적인 예배자가 되지 못하기 때문이다(롬 12:2;엡 1:3). 따라서 자기의 십자가를 지라는 명령이다. 다른 하나는 우리의 사명을 감당하는 것이다. 우리는 그리스도의 일꾼으로 하나님의 비밀을 맡은 자의 사명을 받았다(고전 4:1). 그 사명은 교회에서, 가정에서, 직장에서, 사회생활에서 그리스도의 일꾼으로 사는 것을 말한다.

주님은 우리가 져야 되는 십자가를 지고 주님의 뒤를 따라 오도록 본을 보여주셨다. "벧전 2:21 그리스도도 너희를 위하여 고난을 받으사 너희에게 본을 끼쳐 그 자취를 따라오게 하려 하셨느니라" 따라오게 ἐπακολουθέω(에파콜루데오)는, 동가정, 1부정과거, 능동, 2인, 복수며, 함께 같은 길에 있다, 뒤따르다, 뒤쫓다, 따라가다, 등의 의미다. 이는 주님께서 십자가를 지신 뒤를 따라, 그의 길을 뒤쫓아 따라가는 것을 말하며, 동가정 1부정과거 능동 2인 복수는 앞에서 주님께서 십자가를 지신 길을 우리도 뒤쫓아 따라가면 그 결과로 그리스도의 일꾼의 열매가 나타난다는 의미다. 하지만 십자가를 지고 따라가지 아니하면 열매가 없는 것이다. 그 열매는 주님께서 십자가에서 성취하신 많은 열매들이며, 교회와 가정과 직장과 사회생활에서 그리스도의 향기, 편지, 신부가 되는 것이다(고후 2:15,3:3;계 19:7). 그런데 현대인들은 자기의 십자가를 지는 것을 거부하는 시대에 살고 있다. 때문에 교회도 가정도 직장도 사회도 무너지고 있다. 어떤 분들은 시작은 십자가로 시작했지만 마지막은 육체로 마치는 분들이 많이 있다. 일평생 교회를 섬기고 은퇴할 때, 후임문제와 명예와 물질문제로 교회와 다투는 일들을 보게 된다. 또는 성령으로 시작한 신앙생활을 세상의 물질과 향락 때문에 교회를 떠나는 자들이 많이 있다. 이러한 일들은 자기의 십자가를 거부하기 때문에 나타나는 결과들이다. 십자가를 포기하면 경건의 모양만 가지고 자기의 욕망적인 유익만 찾기 때문이다(딤후 3:1-5).

그리스도의 일꾼은 육체의 정욕과 탐심을 날마다 십자가에 못을 박아야 한다. 그리고 자신의 몸과 물질과 재능을 하나님을 섬기는 예배생활, 다른 사람들을 구원하기 위한 전도와 선교, 교회와 이웃을 섬기는 봉사와 구제, 서로 사랑하는 것들을 위하여 살아야 한다(요 13:15).

그리고 세상에 죄악이 아무리 가득해도 세상을 따라 살지 않는다. 끝까지 자기의 십자가를 지고 주님을 따라간다(계 3:11). 이것이 그리스도 안에 사는 것이다. 우리가 그리스도 안에 살도록 하기 위하여 주님께서 십자가를 지신 것이며 본을 보여주신 것이다. 주님은 십자가를 지시기 위하여 하늘의 영광의 자리를 버리시고 인간의 몸으로 내려오셨다. 그리고 십자가에서 온갖 모욕들과 수치들을 부끄러워하지 아니하시고 참으시면서 모든 물과 피를 쏟으시는 고난을 당하셨다(히 12:2). 우리의 믿음의 선조들도 극한 환난 속에서 구차하게 회피하지 않고 본을 보여주신 주님께서 지신 십자가의 길을 따라갔다(히 11:36-40). 그 길을 따라가는 것이 우리 몸에 예수의 흔적을 가지는 것이며(갈 6:17), 좁은 길, 생명의 길을 가는 길이며, 하나님께 영광을 돌려드리는 길이다(마 7:13-14;요 17:1,4). 계시록이 열리는 대 환난 날에는 믿음의 선조들이 갔던 그 길을 반드시 따라가야 한다(계 3:10,13:10,14:12). 그 십자가 안에 참 평안이 있고 진정한 행복이 있고 하늘에 신령한 복이 있다. 그 십자가 안에 주님 안에 감추어져 있는 모든 보화를 가지게 된다. 그 십자가로 주님께서 십자가를 지시고 받으신 모든 영광에 참여하게 된다.

오늘도 고난을 인내하면서 자기의 십자가를 지고 주님을 따르는 자들을 통하여 기독교 역사는 일어나고 있다. 때문에 주님은 자기의 십자가를 지고 자신의 뒤를 따라오라고 명령하신 것이다. 이제는 우리도 주님과 함께 주님과 같이 자기의 십자가를 지고 주님의 뒤를 따라가야 한다. 십자가를 지고 주님의 뒤를 따라갈 때, 주님 안에 감추어져 있는 모든 보화들을 우리도 누리게 될 것이다. 주님께서 십자가를 지심으로 받은 영광을 우리도 받게 된다. 십자가 없는 영광은 없기 때문이다. 그 영광은 영원한 기업 곧, 천국의 소유를 말한다. 천국은 사라지거나 망하거나 하는 곳이 아닌 영원한 나라다. 우리의 선조들은 그 나라를 바라보며 이 땅에서 행인과 나그네의 삶을 살면서 기뻐하였다(히 11장). 그러므로 십자가 지는 것을 방해하는 사탄을 물리쳐야 한다(마 16:23). 이제는 왜 교회종탑과 강대상 등에서 십자가를 세우게 되는지 그 이유와 의미를 알게 된 것이다. 십자가는 모든 성경의 핵심이며, 기독교의 핵심 진리다. 때문에 바울은 십자가 외에는 아무 것도 자랑하지 않겠다고 했던 것이며, 또한 십자가 외에는 다른 것은 알지 않기로 결심하게 된 것이며(고전 2:2), 그 비밀을 맡은 사도가 된 것이다.

아가파오 사랑

어버이날이 되면 부르는 노래가 있다. "나실 제 괴로움 다 잊으시고, 기를 제 밤낮으로 애쓰는 마음, 진자리 마른자리 갈아 뉘시며, 손발이 다 닳도록 고생하시네, 하늘 아래 그 무엇이 넓다 하리오, 어머님의 희생은 가이없어라" 이러한 노래를 부르면 눈시울이 뜨거워지는 감정으로 잠시라도 부모님의 은혜를 생각해 본다. 어버이날 부르는 노래를 만든 사람은 자신이 부모가 된 이후에 만들었다고 본다. 부모가 되어보니 부모님의 사랑을 깨닫게 되면서 노래를 만들어 불렀을 것이다. 세상에 모든 사람들은 부모 없이 태어난 사람은 없다. 자녀는 4살이 될 때까지 부모를 통하여 왕 같은 사랑을 받는다고 한다. 자녀에게 요구되는 모든 것을 부모가 섬겨주기 때문이다. 그런데 자녀들은 그 때에 받은 사랑을 하나도 기억하지 못한다는 것이다. 부모가 된 이후에 자녀를 사랑하게 되면서 깨닫는 것이다. 자녀들이 부모에게 받은 사랑을 알게 되면 그 누구도 부모를 거역하거나 배척할 자가 없을 것이다. 이와 같이 우리가 하나님께 받은 사랑을 깨닫게 되면 절대로 하나님을 배교하거나 거역하지 못할 것이다. 창세전에 우리를 택하심은 하나님의 사랑 때문이다. 따라서 이번 단락에서 하나님께서 우리를 어떻게 사랑하셨는지, 그리고 얼마만큼 사랑하셨는지, 그 사랑이 무엇인지, 어떻게 사랑을 지속하고 계시는지 등에 대하여 알게 되면 하나님의 은혜 앞에 무릎을 꿇고 경배를 드리게 될 것이다.

1) 천지창조

하나님께서 태초에 천지를 창조하심은 우리를 향하신 하나님의 사랑 때문이다. 이는 천지를 창조하신 사건에서 증거하고 있다. 그 증거는 하나님께서 천지를 창조하신 것을 보시고 좋아하신 것이다. "창 1:3-4 하나님이 이르시되 빛이 있으라 하시니 빛이 있었고 빛이 하나님이 보시기에 좋았더라" 하나님께서 천지를 창조하시고 창조하신 모든 창조물들에 대하여 보시기에 좋았다고 고백하셨다. 좋았더라 טוב (토브)는, 하나님께서 창조하신 천지가 선하다, 훌륭하다, 보기에 좋다, 즐겁게 하다, 아름답다, 기분이 좋다, 재미있다, 선을 행하다, 은혜를 베풀다, 공정하게 하다, 복을 주다 등에서 유래한 좋은, 선함이라는 의미며, 좋다는 것과 선하다는 의미는 두 가지 측면에서 해석하고 있다. 하나는 물질적인 면에서 결실이 좋은, 순도가 높은, 공정한, 유복한, 번영하는, 행복한, 뛰어난, 즐거운, 재미있는, 풍부한 등의 의미를 말하며, 다른 하나는 사람에 대하여 아름다움, 고급의, 훌륭한, 상당한, 고운, 총명한, 잘 생긴, 정직한, 친절한, 공정한 등의 의미를 말한다. 하나님께서 6일 동안 천지를 창조하시고 창조하신 모든 창조물들을 보시고 좋았다고 고백하신 것은 창조하신 만물을 사랑하셨다는 증거다. 하나님께서 보시기에 선하심과 좋으신 것은 창조된 만물이 하나님을 즐겁게 하며, 아름답게 보여서 기분이 좋으신 것을 말하며, 때문에 은혜를 베푸시며, 그것들에게 복을 주시는 행위들은 모두 사랑에서 나타나는 결과들이기 때문이다. 사랑의 눈으로 보면 모든 것이 선하고 아름답게 보이기 때문이다. 이것이 우리를 향하신 하나님의 사랑이 천지를 창조하여 우리에게 선물로 주셨다는 증거다.

2) 사람창조

하나님께서 천지를 창조하신 창조물 중에는 우리도 창조하셨다. 우리는 창조 중에 여섯째 날이 되는 마지막 날에 창조하셨다. "창 1:27,31 하나님이 자기 형상 곧 하나님의 형상대로 사람을 창조하시되 남자와 여자를 창조하시고-하나님이 지으신 그 모든 것을 보시니 보시기에 심히 좋았더라 저녁이 되고 아침이 되니 이는 여섯째 날이니라" 그런데 우리를 창조하신 후에는 다른 창조물보다 심히 좋아하셨다고 고백하셨다. "창 1:31 하나님이 지으신 그 모든 것을 보시니 보시기에 심히 좋았더라 저녁이 되고 아침이 되니 이는 여섯째 날이니라" 심히 מְאֹד(메오드)는, 부사며, 매우 심히 크게, 넘침, 풍부, 무수히, 극진히, 심히 기묘한, 굉장히, 엄청나게, 매우, 대단히 좋아하셨다는 말씀이다. 이는 하나님의 형상대로 창조된 우리를 보시고 매우 심히 크고 넘치게 극진히 사랑하셨다는 말씀이다. 때문에 우리에게는 생육하고 번성하며 땅에 충만하여 땅을 정복하라는 복을 주시며 또한 에덴동산을 특별히 창조하여 주신 것이다. "창 2:8 여호와 하나님이 동방의 에덴에 동산을 창설하시고 그 지으신 사람을 거기 두시니라" 우리를 위하여 에덴동산을 특별히 창조하여 주신 것은 하나님의 형상대로 지음 받은 우리를 극진히 사랑하신 결과다. 이것이 하나님의 특별하신 은혜라고 한다. 하나님의 은혜 χάρις(카리스)는, 기뻐하다, 즐거워하다, 평안하다 등에서 유래한 우아함, 매력, *끄는 힘*, 은총, 총애, 덕택, 호의, 은사, 선의, 선행, 선물, 자선, 기특한 행동, 감사, 칭찬, 아름다움 등의 의미가 있다. 이는 하나님께서 우리에 대한 사랑의 표현이며, 은혜는 사랑의 열매인 것이다(갈 5:22-23). 은혜와 사랑은 같은 동의어다. 그러므로 하나님께서 우리를 창조하신 이후에 다른 창조물보다 심히 좋아하셨다고 고백하신 것은 우리를 극진히 사랑하셨다는 증거가 되는 것이다. 이것이 하나님께서 우리를 얼마만큼 사랑하셨는지에 대한 증거다.

3) 사랑의 의미

사도요한은 하나님께서 창조하신 천지와 우리를 사랑하심에 대하여 자세하게 증언하고 있다. 그것은 하나님께서 독생자를 보내주시기까지 사랑하셨다는 것이다. "요 3:16 하나님이 세상을 이처럼 사랑하사독생자를 주셨으니 이는 그를 믿는 자마다-영생을 얻게 하려 하심이라" 세상을 κόσμος(코스모스)는, 원어적인 의미는 세상, 우주, 천지, 세계, 건설, 질서 등으로 이는 하나님께서 창조하신 모든 세계를 말한다. 하나님께서 세상을 사랑하신 것은 하나님의 창조물이기 때문일 것이다. 이처럼 οὕτω(후토스)는, 부사며, 이런 방식으로, 이렇게, 이처럼 등의 의미로 하나님께서 세상을 이런 방식으로, 또는 이처럼 사랑하셨다는 의미다. 이처럼 이런 방식이란 독생자를 보내주시기까지 사랑하셨다는 말씀이다. 그런데 하나님께서 사랑하신 세상의 중심은 우리라는 것을 알 수 있다. 왜냐하면 우리에게 세상을 다스리며 정복하는 권세를 주셨기 때문이다(창 1:28). 때문에 그를 믿는 자마다 영생을 얻게 하기 위함이라고 말씀하신 것이다. 그를 믿는 자마다 영생을 주신다는 것은 우리에게 하신 약속이다.

하나님께서 창조하신 우리들이 영생을 얻게 하기 위하여 독생자를 보내주셨다. 이는 하나님의 사랑 때문이다. 독생 μόνογενής(모노게네스)는, 오직 홀로, 혼자서와 자식, 자손에서 유래한 오직 하나밖에 없는, 유일한 독생자, 외아들을 의미한다. 헬라어 모노게네스는 단 하나의 종류를 뜻하는, 불사조(영원불멸의 상징), 유일한, 그 무엇도 비길 것이 없는 의미로 사용되는 단어다. 자 υἱός(휘오스)는, 사람의 아들, 하나님의 아들 등에 사용되는 단어지만 본문에서는 하나님의 아들을 의미한다. 따라서 두 단어를 합성하면 오직 하나밖에 없는 유일한 하나님의 아들이란 의미다. 이는 그 누구도 비길 것이 없는 불사조와 같은 아들이다. 오직 하나밖에 없는 하늘에 계시는 하나님께만 존재하는 아들인 것이다. 그 아들을 이 땅에 하나님께서 보내주신 분이 주 예수 그리스도다. 그것은 하나님께서 우리를 사랑하셨기 때문이다. 주님께서 인간의 몸으로 이 땅으로 오신 것은 하나님의 사랑의 결과다.

사랑 ἀγαπάω(아가파오)는, 동사, 직설법, 과거, 능동, 3인, 단수며, 아가파오의 의미는 두 가지로 해석할 수 있다. 하나는 단순한 단어적인 의미에서 사랑하다, 귀여워하다, 마음에 품다, 기뻐하다, 사모하다, 아끼다, 어떤 것을 요구하다, 어떤 것을 구하다, ~을 ~보다 좋아하다, 선택하다, 다른 사람보다 한 사람을 더욱 높이 평가하다, 존중하다 등의 의미며, 다른 하나는 단어에 대한 해석적인 차원에서 강요하여 그가 좋게 하며, 또는 올바르게 평가하거나 인정하는 자에게로 이끌어 가는 자발적인 힘이며, 사랑의 힘에 이끌려 자기 자신을 주거나 혹은 사랑의 원인이 되는 대상을 확고히 붙잡거나 혹은 즐거움을 주는 행동을 하는 것을 말한다. 동사 직설법은 하나님께서 실제로 우리를 마음으로 품고 아끼며 사랑하신 행동을 의미하며, 과거 능동은 하나님께서 세상을 창조하시기 이전에 이미 하나님 스스로 우리를 사랑하셨다는 의미며, 단수는 그 사랑은 단 하나 밖에 없는 아주 값진 사랑이라는 의미다. 그 사랑의 결실이 주님을 이 세상에 보내주신 것이다. 때문에 주님께서 하늘에서 이 땅에 내려오신 것은 하나님께서 창세전에 이미 우리를 사랑하심의 뜻을 성취하시기 위하여 오신 것이다. 그 뜻은 구약에서 여러 부분과 여러 모양으로 계시, 예언, 모형, 그림자로 보여주신 것을 성취하는 것이다(히 1:1).

  여기서 우리는 아가파오 사랑에 대한 원어적인 해석에서 중요한 의미를 발견할 수 있어야 한다. 그것은 아가파오에 대한 두 가지 관점의 해석이다. 하나는 하나님 편에서 일방적으로 우리를 무조건적으로 사랑하심으로 귀여워하시며, 마음에 품으시며, 기뻐하시며, 사모하며 아끼셔서 그 무엇보다 더 좋아하시며, 선택하셔서 더욱 높이 평가하며 존중하게 하시는 것을 말하며, 다른 하나는 사랑을 받고 있는 우리 편에서 사랑하시는 하나님을 좋게 평가하거나 인정하여 하나님께 이끌어 가는 자발적인 힘을 말하며, 그 사랑의 힘으로 우리자신을 하나님께 드리거나 그분을 확고하게 붙잡고 그분에게 즐거움을 주는 행동을 하는 것을 말한다. 때문에 아가파오의 사랑은 일방통행이 아니라 상호 간의 쌍방적인 사랑이라는 것을 발견해야 한다는 것이다. 이것이 하나님과 우리의 관계적인 사랑이며, 그리스도 안에서 예정하신 사랑이다. 이는 하나님께서 우리를 기뻐하며 아끼시는 사랑을 베푸심에 대하여 그 사랑은 받는 우리도 하나님의 사랑을 존중하여 자발적인 힘으로 그 사랑에 이끌려서 하나님께 확고한 믿음과 즐거움을 드리는 행동이 동반되어야 된다는 것이다. 그러므로 성경에서 관계적인 사랑을 요구하는 하나님과 우리의 관계, 부모와 자녀의 관계, 부부와의 관계, 성도와 성도의 관계 등에도 모두 아가파오 사랑의 단어를 사용하고 있는 것이다. 이것이 아가파오의 사랑이며, 창세전에 우리를 향하신 하나님의 사랑을 말한다.

우리는 대체로 하나님의 사랑을 일방적으로 받는 것으로만 오해하고 있다. 이러한 오해는 사랑의 실천을 요구하면 무거운 짐으로 여기게 된다. 다만 사랑의 출발은 위에서 아래로 시작되는 것은 분명한 사실이다. 이를테면 우리를 창조하신 것, 에덴동산을 창설해주신 것, 독생자를 보내주신 것, 우리가 아직 죄인 되었을 때에 그리스도께서 우리를 위하여 죽으심으로 하나님께서 우리에 대한 자기의 사랑을 확증해 주신것 등이다(롬 5:8). 여기는 부모와 자녀와의 관계에도 그대로 적용된다. 부모가 먼저 자녀를 출산하고 자녀가 장성할 때까지 사랑으로 돌보게 되며, 성도와 성도의 관계에서도 초신자에게 먼저 사랑을 베풀게 되는 것 등이다. 따라서 사랑은 내리사랑이라고 말한다. 그러나 아가파오 사랑의 본질은 쌍방의 사랑이 성립될 때 완전하게 되는 것을 알아야 한다. 하나님께서 아가파오 사랑으로 독생자를 보내주신 것을 우리가 사랑으로 받아드리는 것이 독생자를 믿는 것이며, 믿는 자는 영생을 얻지만, 사랑을 받아드리지 않고 믿지 않는 자는 멸망을 받는 것이다(요 3:17-18). 독생자를 믿는다는 것은 하나님께서 우리에게 영생을 주시기 위하여 무조건적으로 사랑하심에 대하여 좋게 받아들이며 그 사랑에 자신을 드리는 것을 말한다. 그런데 독생자를 믿지 않는 것은 하나님의 사랑을 배척하는 것이며, 때문에 영생을 얻지 못하고 멸망하게 되는 것이다. 그러므로 사랑에 대한 바른 이해는 너무도 중요한 문제가 되는 것을 알아야 한다. 아가파오 사랑은 우리의 영생에 관한 문제이며, 앞으로 우리가 상고하게 될, 선악과 문제, 계명과 율법, 산상수훈 등을 이해하는데 결정적인 해답이 걸려있는 것임을 알아야 한다. 동사 아가파오에서 유래된 단어가 명사 아가페다. 아가페는 사랑, 애찬(행 2:26 식탁 교제) 이란 의미다.

4) 희생과 사랑

여자는 약하지만 엄마는 강하다는 말이 있다. 생명을 걸고 출산의 고통을 인내하였고, 또한 출산한 자녀들을 기르고 교육하는 일들을 위하여 온갖 고난을 희생하기 때문에 강한 자가 된다는 의미다. 이는 사랑 때문이다. 사랑하면 강한 자가 된다. 주님도 우리를 사랑하셨기 때문에 희생과 수치와 고난의 십자가를 담당하셨다. 이는 주님께서 친히 자신의 형상대로 창조하신 사람이기 때문이다. "계 1:5 또 충성된 증인으로 죽은 자들 가운데에서 먼저 나시고 땅의 임금들의 머리가 되신 예수 그리스도로 말미암아 은혜와 평강이 너희에게 있기를 원하노라 우리를 사랑하사 그의 피로 우리 죄에서 우리를 해방하시고" 주님은 우리를 사랑하셨기 때문에 십자가에서 희생의 제물이 되셔서 우리의 죄를 위하여 피를 쏟으셨고 그 피로 우리를 죄에서 해방하신 것이다. 해방 λύω(뤼오)는, 동분사, 과거, 능동, 여격, 남성, 단수,

우리의 죄의 결박을 깨다, 열다, 파괴하다, 끝내다, 폐지시키다, 없애다, 풀어주다, 해방시켜 자유하게 하다 등의 의미며, 동분사 과거 능동 여격 남성 단수는 주님께서 십자가에서 피를 쏟으신 것은 우리의 죄의 결박을 깨뜨리시고 파괴하여 끝내시고 폐지시켜서 없애버리고 풀어서 해방시켜 자유하게 하셨다는 의미다. 이 자유는 과거와 현재와 미래까지 모두 적용되는 영원한 것이다. 이는 주님께서 우리를 사랑하신 결과다. 주님의 아가파오 사랑이 십자가를 지시기 바로직전과 십자가상에서 온갖 모욕과 수치와 부끄러움을 개의치 아니하셨고(히 12:1), 머리부터 발끝까지 온 몸으로 희생하시면서 피를 쏟으신 것이다. 왜냐하면 피 흘림이 없이는 죄를 사함 받지 못하기 때문이다(히 9:22). 때문에 이제는 우리도 죄에서 해방시켜주신 주님의 사랑을 수용해야 한다. 이것이 아가파오 쌍방의 사랑이다. 그 사랑은 과거와 현재와 미래까지 영원히 주님만을 예배하며 따르며 순종하는 것이다. 순종은 우리의 사랑과 희생으로 성취된다. 이것이 그리스도 안에 있는 신앙이다. 그런데 사랑을 받는 것만 오해하고 있으면 일생동안 주님을 섬기며 따르는 일에 고난과 희생이 따라오면 원망하고 배교해버릴 수가 있다.

5) 끝까지 사랑

아가파오는 끝까지 지속되는 사랑이다. "요 13:1 유월절 전에 예수께서 자기가 세상을 떠나 아버지께로 돌아가실 때가 이른 줄 아시고 세상에 있는 자기 사람들을 사랑하시되 끝까지 사랑하시니라" 끝까지 τέλος (텔로스)는, 제한하다 에서 유래한 성취적 의미에서 충분하게, 완전히, 마침내, 계속적으로, 끊임없이, 생의 끝까지 등의 의미다. 이는 주님께서 자기 사람들은 충분하게 계속적으로 끊임없이 사랑하신다는 의미다. 자기사람 ἴδιος(이디오스)는, 자기에게 속한 성도, 제자, 교회 등의 의미다. 자기 사람들은 두 부류다. 주님을 믿는 우리들과 주님을 따르는 제자들이다. 마 1:21 자기 백성은 성도들을 의미하며, 본문에서 말하는 자기 백성은 제자들을 의미한다. 자기 백성이란 단어자체는 우리와 제자들 모두에게 해당되는 말씀이지만 본문의 말씀에서는 주님께서 십자가를 지시기 전날에 제자들에게 발을 씻어주시기 전에 하신 말씀이기 때문에 제자들을 끝까지 사랑하셨다는 의미다. 주님은 자신을 믿고 따라온 제자들을 끝까지 사랑하심으로 그들의 발을 씻어주셨다. 그리고 부활하신 이후에도 제자들을 찾아오셨다. 이것이 주님께서 제자들을 끝까지 사랑하신 증거다.

하지만 가룟 유다는 그 사랑을 배신하고 말았다. 아가파오 사랑은 주는 자와 받는 자가 서로 쌍방으로 교통할 때만 끝까지 지속적인 사랑이 성취된다. 사랑에 대한 책임과 의무가 실천될 때, 완성이 되는 것이다. 아가파오 사랑은 자기 마음대로 하는 자유를 허용하지 않는다. 책임과 의무가 동시에 동반될 때 사랑이 성립되는 것이다. 때문에 주님께서 제자들에게 서로 사랑하라고 명령하신 것이다(요 13:34). 주님께서 우리를 사랑하심으로 십자가에서 희생하신 행동을 보여주심같이 우리도 주님의 사랑을 받아들이는 순종이 동반해야 한다. 그 순종이 믿음으로 사는 것이며, 사랑으로 주신 계명을 지키는 것이며, 끝까지 하나님만 섬기는 것이다. 이는 서로 사랑하는 것을 말한다. 이것이 아가파오 사랑이다. 주님께서는 자기 백성들을 끝까지 사랑하신다. 때문에 자기 백성들도 주님을 끝까지 사랑해야 사랑이 온전하게 완성이 되는 것을 알아야 한다(요일 4:10-11). 말과 혀로만이 아니라 진실과 행함으로 사랑해야 한다(요일 3:18). 주님은 진실과 행함으로 자기 백성들을 끝까지 사랑하시는 분이시다.

사랑의 완성

　이번 단락에서는 주님과 우리의 관계적인 아가파오 쌍방의 사랑으로 얻게 되는 결과에 대하여 상고해 보고자 한다. 결과란 주님께서 우리를 끝까지 사랑하시면서 나타나는 열매를 말한다. 주님께서 우리를 사랑하시는 과정과 끝까지 지속적인 사랑의 관계에서 우리는 어떤 결과를 갖게 되는지 등에 대하여 선지자들이 증언한 예언적인 계시에서 자세하게 찾을 수 있다. 선지자들은 신약성경에서 찾아 볼 수 없는 일곱 가지 사랑의 관계를 구체적으로 증언하고 있기 때문이다. 일곱 가지 과정을 통하여 사랑이 완성되어 성취되는 것을 말한다. 선지자들은 주님께서 우리를 어떻게 사랑하셨는지, 그리고 왜 사랑하셨는지, 그 사랑의 완성이 어떻게 결실로 맺어지게 되는지 등에 대하여 아주 명확하게 증거하고 있다. 이는 만세전부터 예비하신 삼위일체 하나님의 경륜이시며, 그 경륜에 대하여 선지자들을 통하여 예언한 것으로 볼 수 있다. 본 단락에 사용된 성구는 모두 새 번역 성경인 것을 밝힌다.

1) 버려진 상태

　태초에 주님께서 우리를 창조하시고 심히 사랑하였다. 그런데 우리는 주님의 사랑을 배교하여 주님과 에덴동산에서 버려진 상태가 되었다(창 3:24). 이때부터 우리는 잃어져버린 양이 된 것이다. 그리고 아무도 돌아보는 자도 없고 찾아주는 자가 없었다. "겔 16:4-5 네가 태어나던 날, 아무도 네 탯줄을 잘라 주지 않았고, 네 몸을 물로 깨끗하게 씻어 주지 않았고, 네 몸을 소금으로 문질러 주지 않았고, 네 몸을 포대기로 감싸 주지도 않았다. 돌보아 준 사람이 없다. 오히려 네가 태어나던 바로 그 날에, 사람들이 네 목숨을 천하게 여기고, 너를 내다가 들판에 버렸다." 네가 태어나던 날, 사람들이 네 목숨을 천하게 여기고, 너를 내다가 들판에 버렸다는 말씀은 우리의 죄로 인하여 하나님과 에덴동산에서 버려진 상태였다는 의미다. 아무도 탯줄을 잘라 주는 자가 없었고, 몸을 물로 깨끗하게 씻어 주는 자도 없었고, 몸을 포대기로 감싸 주며 돌보아 주는 자도 없는 부모 없이 우리가 고아처럼 버려진 상태였다는 것이다. 이것은 에덴동산에서 쫓겨난 이후에 잃게 된 우리의 영적인 상태를 말한다.

2) 핏덩어리 상태

부모 없이 태어난 고아처럼 버려진 우리는 핏덩어리 상태로 누워서 제발 살려달라고 주님에게 호소하였다. "겔 16:6 그 때에 내가 네 곁으로 지나가다가 핏덩이로 버둥거리는 너를 보고 핏덩이로 누워 있는 너에게, 제발 살아만 달라고 했다." 그런데 그 때에 주님께서 우리의 곁으로 지나가다가 핏덩이로 버둥거리며 누워 있는 우리에게, 찾아오신 것이 주님의 아가파오 사랑이시며, 죄인을 향하신 주님의 긍휼하심이다. 이것을 바울은 창세 전에 예수 그리스도 안에서 우리를 택하셔서 부르신 은혜라고 해석하고 있다(엡 1:4-5). 그 은혜를 베푸시기 위하여 독생자로 이 땅에 오신 것이다. 이는 주님께서 우리를 구체적으로 사랑하신 첫 번째 과정으로 주신 은혜다. 핏덩어리 상태로 영적으로 버려진 우리는 우리의 힘과 노력으로는 도저히 살아날 가능성이 조금도 없는 우리의 영적 상태를 살려주시기 위하여 찾아오신 주님의 사랑을 말한다. 그런데 우리를 살려주시기 위하여 찾아오신 주님에게 살려달라는 호소는 우리가 해야 되는 것이다. 주님께서 나를 구원하시기 위하여 오신 구세주로 인정하고 영접하는 것이 쌍방의 아가파오 사랑이다.

3) 씻어 주심

핏덩어리 고아처럼 버려진 우리에게 찾아오신 주님은 자신을 구세주로 인정하고 영접하는 우리에게 몸에 묻어있는 모든 죄악의 핏 덩어리를 깨끗하게 씻어주시고 성령으로 기름을 부어주셨다. "겔 16:9 내가 너를 목욕을 시켜서 네 몸에 묻은 피를 씻어 내고, 기름을 발라 주었다." 몸에 묻은 피를 목욕을 시켜서 씻어 내는 것이 죄를 깨끗하게 씻어주시는 것이며, 기름을 발라 주시는 것이 성령을 부어주시는 것을 의미한다(요일 1:9,2:20,27). 예수 그리스도의 피로 우리의 몸과 영혼의 죄를 깨끗하게 씻어 주신 대속의 사건이다. 때문에 우리가 믿음으로 대속의 은총을 입게 된 것은 전적인 주님의 은혜의 선물이다. 그리고 그 은혜 안에서 주님과 사랑의 관계를 지속되게 하는 것이 성령이다. 성령으로 하나님을 섬기면서 하나님의 말씀으로 주님과의 교제 안에 들어가는 것이다. 이것이 주님께서 우리를 구체적으로 사랑하시는 두 번째 과정으로 주신 은혜의 사건이다. 이 은혜는 돈으로 살 수 없는 것이며, 또한 인간의 노력으로 성취할 수 있는 것이 아니다. 전적인 주님의 은혜며, 사랑의 선물이다(엡 2:8).

4) 첫 열매

고아처럼 버려진 우리를 깨끗하게 씻어주시고 성령으로 기름을 부어주셔서 구원받은 첫 열매가 되게 하셨다. "렘 2:3 이스라엘은 여호와를 위한 성물 곧 그의 소산 중 첫 열매이니 그를 삼키는 자면 모두 벌을 받아 재앙이 그들에게 닥치리라 여호와의 말씀이니라" 여호와를 위한 성물은 거룩하게 하나님께 드려지는 제물을 의미한다. 여기서 우리는 주님께서 우리를 구원하신 목적을 두 가지 정도로 요약해 볼 수가 있다. 하나는 고아처럼 버려진 우리를 구원해 주신 것은 우리의 몸을 거룩한 산 제물로 받으시기 위함이라는 것이다(롬 12:1-2). 우리가 여호와를 위한 성물 곧, 소산의 첫 열매가 되는 것이며, 다른 하나는 지속적인 주님과의 사랑 안에서 경배와 찬양을 드리는 하나님의 가족을 삼기 위함이라는 것이다(사 43:21;엡 1:6). 가족은 부모가 사랑으로 자녀들을 보호하고 교육하고 자녀들은 자기 부모님만 존경하고 사랑하고 순종하는 공동체다. 하나님께서는 창세전에 우리를 그리스도 안에서 하나님의 가족을 삼으시기 위하여 택하시고 예정하셨다(엡 2:22). 때문에 하나님의 가족에게는 악한 자들이 삼키지 못하며, 대적하는 자들에게서 주님께서 보호해주시며 재앙으로 갚아주신다는 약속이다(요일 5:18). 그러므로 하나님께 택함 받은 우리는 끝까지 하나님의 가족으로 사는 것이 구원이며, 안전이며, 참 평안이다. 그러나

가족의 공동체에서 떠나면 보호를 받지 못하기 때문에 쭉정이가 된다. 이것이 우리를 향하신 주님의 구체적인 세 번째 과정으로 주신 아가파오의 사랑이다. 그러므로 구원받은 우리는 자신의 몸을 거룩한 산 제물로 날마다 하나님께 드리는 것이 주님의 사랑에 응답하는 쌍방의 사랑으로 성립되는 것이다. 그러기 위하여 자신의 정욕을 날마다 십자가에 못 박고 성령을 따라 살아야 한다(갈 5:16-24).

5) 양육

주님께서 우리를 성령으로 기름을 부어주셔서 구원받은 첫 열매가 되게 하셔서 하나님의 가족의 자녀로 양육하신다. 구원의 시작은 하나님의 자녀와 하나님 나라 백성의 입문이다. 하나님의 백성으로 입문했으면 이제부터는 하나님의 자녀가 되기 위한 양육이 반드시 필요한 것이다. 어떤 경우도 양육의 과정이 없는 사람은 없다. 문화인과 문명인의 구별은 양육의 문제다. 하나님의 나라 백성들에게 동일한 것이다. 하나님의 백성은 반드시 하나님의 사람으로 양육되어 가는 과정이 있다. "사 1:2 하늘이여 들으라 땅이여 귀를 기울이라 여호와께서 말씀하시기를 내가 자식을 양육하였거늘" 양육은 두 단의 합성어다. 양 גָּדַל(가달)은, 자라도록 돌보다, 기르다, 훈련시키다, 중요하게 여기다, 중시하다, 높이 평가하다 등의 의미며, 육 רוּם(룸)은, 높이다, 일어나다, 자라다, 강력하게 하다, 떠받치다, 칭찬하다 등의 의미다. 주님께서 구원받은 우리들을 하나님의 자녀로 돌보시며 훈련시켜서 자라게 하여 장성한 그리스도인이 되게 하는 것이 양육이다(엡 4:14-15). 성도의 양육을 위하여 주신 것이 율법과 계명이며, 그 계명을 기록한 것이 성경이다(딤후 3:15-17). 계명과 율법은 하나님의 자녀들을 양육하기 위하여 주신 교육의 지침서다. 교육을 통하여 장성한 그리스도인으로 이방인들과 구별된 삶을 살게 하며, 세상에서 소금과 빛이 되게 하는 것이며, 주님의 신부로 준비되는 것이다. 여기서 우리는 왜 선택받은 백성들과 율법과 계명으로 언약을 맺게 되었으며, 아담에게 선악과를 먹지 말라는 언약으로 명령을 하셨는지, 구원받은 우리들을 위하여 성경을 주셨는지 등을 깨닫게 되는 것이다. 성경은 사랑하는 자녀들을 양육하는 교과서이기 때문이다.

성경으로 하나님의 자녀들을 계명과 율법으로 양육하도록 주신 선물이 교회지도자들이다(엡 4:11-13). 이것이 하나님께서 우리를 향하신 구체적인 네 번째 과정으로 주신 사랑의 선물이다. 선물은 값없이 받는 은혜다. 이렇게 값없이 받은 사랑에 응답하는 것이 계명과 율법으로 지도자들을 통하여 하나님의 자녀로 양육을 받는 것이다. 양육의 과정이 없이 장성한 그리스도인 되는 길이 없기 때문이다. 그런데 오늘 우리는 교회에서 계명과 율법으로 교육을 얼마나 하고 있으며, 또한 얼마나 받고 있는지 돌아보아야 한다.

6) 정의와 공의

우리가 계명과 율법, 그리고 성경으로 양육을 받게 되면 장성한 그리스도인이 되어 세상에서 정의와 공의를 행하는 성숙한 사람으로 성장하게 된다. 계명과 율법의 교육을 통하여 이방인들과 구별된 삶으로 세상에서 소금과 빛으로 사는 것이며, 주님의 신부로 준비되는 것이다. "사 1:21 그 신실하던 성읍, 그 안에 정의가 충만하고, 공의가 가득하더니" 세상에서 정의와 공의를 행하는 장성한 그리스도인이 되게 하기위하여 성경과 율법과 계명을 주신 것이다. 성경과 율법과 계명이 공의와 정의의 표준이며, 헌법이다. 그 헌법으로 양육을 받았을 때, 우리의 삶에서 신실과 정의와 공의가 가득하여 하나님의 거룩한 백성으로 주님과 친밀한 사랑의 교제 안에서 살게 되는 것이다. "출 19:5-6 세계가 다 내게 속하였나니 너희가 내 말을 잘 듣고 내 언약을 지키면 너희는 모든 민족 중에서 내 소유가 되겠고 너희가 내게 대하여 제사장 나라가 되며 거룩한 백성이 되리라" 이것이 하나님께서 우리를 구체적으로 사랑하시는 다섯 번째의 과정이다.

7) 보석 같은 존재

우리가 계명과 율법과 성경으로 양육을 받아 정의와 공의를 행하는 장성한 그리스도인이 되면 하나님께 가장 아름다운 보석과 같은 존재로 인정을 받는다. "겔 16:7 내가 너를 키워 들의 풀처럼 무성하게 하였더니, 네가 크게 자라 보석 가운데 가장 아름다운 보석처럼 되었고 네 가슴이 뚜렷하고 머리카락도 길게 자랐는데 너는 아직 벌거벗고 있었다." 가장 아름다운 보석처럼 되는 것이 계명과 율법으로 양육을 받아 정의와 공의를 행하는 장성한 그리스도인에게 적용되는 비유다. 이것이 들에 있는 풀처럼 번창하여 무성하게 되는 상징이다. 번창하고 무성한 것이 성읍에서도 복을 받고 들에서도 복을 받고 몸의 자녀와 토지의 소산과 짐승의 새끼와 소와 양의 새끼가 복을 받는 것이며, 광주리와 떡 반죽 그릇이 복을 받는 것이며, 들어와도 나가도 복을 받는 것이며, 적군들이 한 길로 치러 들어왔으나 일곱 길로 도망하게 하는 것이며, 창고와 손으로 하는 모든 일에 복을 받는 것이며, 하나님의 성민이 되어 땅의 모든 백성이 두려워하는 것이며, 몸의 소생과 가축의 새끼와 토지의 소산을 많게 하시는 것이며, 많은 민족에게 꾸어줄지라도 꾸지 아니하는 복을 받는 것이며, 머리가 되고 꼬리가 되지 않게 되며, 위에만 있고 아래에 있지 않게 되는 것이다(신 28:1-15). 그리고 주님으로부터 항상 생명의 꼴을 공급받는다(요 10:9-10). 이것이 여섯 번째의 과정으로 받는 하나님의 구체적인 사랑이다. 이러한 하나님의 사랑의 단계를 구체적으로 알고 그리스도의 장성한 성도로 자라가야 하나님의 사랑이 쌍방으로 성립이 되는 것이며(히 5:14), 주님에게 보석 같은 존재로 여김을 받는다.

8) 주님의 신부

우리가 계명과 율법과 성경으로 양육을 받아 정의와 공의를 행하는 아름다운 보석과 같은 존재로 인정을 받게 되면 최고의 영광인 주님의 사랑받는 신부가 된다. "겔 16:8 내가 네 곁으로 지나가다가 너를 보니 너는 한창 사랑스러운 때였다. 내가 네 몸 위에 나의 겉옷 자락을 펴서 네 벗은 몸을 가리고, 너에게 맹세하고, 너와 언약을 맺어서, 너는 나의 사람이 되었다." 너는 한창 사랑스러운 때에 내가 네 몸 위에 나의 겉옷 자락을 펴서 네 벗은 몸을 가리고, 너에게 맹세하고, 너와 언약을 맺어서, 너는 나의 사람이 되었다는 말씀은 신랑과 신부로 결혼한 상태를 상징하는 것이다. "사 54:5-6 이는 너를 지으신 이가 네 남편이시라 그의 이름은-여호와이시며-이스라엘의 거룩한 이시라―여호와께서 너를 부르시되―아내 곧 어릴 때에 아내가 되었다가 버림을 받은 자에게 함과 같이 하실 것임이라" 우리를 결혼할 대상으로 주님의 사랑받는 신부로 삼기 위한 목적으로 여러 가지 과정으로 양육한다는 사실이다. 한 나라의 왕세자로 책봉을 받으면 어릴 때부터 철저한 교육과 훈련의 과정을 이수하는 것과 같은 경우다. 신부로 삼기 위하여 장성한 그리스도인으로 양육하시는 것이다. 어린 아이는 신부가 될 수 없기 때문에 장성해야 된다. 이것이 일곱 번째 단계로 받는 하나님의 아가파오 사랑이시다. 일곱은 완전, 전체, 충만 이란 의미다. 하나님의 사랑을 완전하게 그리고 전체적으로 충만하게 완성되는 것을 말한다. 그 완성이 주님의 신부가 되는 장성한 그리스도인이 되는 것이 목적이다. 주님의 신부로 준비된 자들이 주님의 혼인잔치에 참여하게 된다(계 19:7;렘 2:2;겔 16:4,8).

9) 신부의 옷

주님의 혼인잔치에 참여하기 위하여 주님의 신부로 준비된 우리에게 주님께서 입혀주는 옷이 있다. "겔 16:10 수놓은 옷을 네게 입혀 주었고, 물개 가죽신을 네게 신겨 주고, 모시로 네 몸을 감싸 주고, 비단으로 겉옷을 만들어 주었다." 주님은 자신의 신부에게 최고의 값비싼 옷을 입혀 주시고, 물개 가죽신으로 만든 신으로 신겨 주시고, 비단으로 된 겉옷을 만들어 입혀주신다. 이 옷이 깨끗하고 빛나는 세마포 옷이다(계 19:8). 우리가 깨끗하고 빛나는 세마포 옷을 입게 되면 다시는 죽는 일이 없는 몸으로, 다시는 늙고 병드는 일이 없는 몸으로, 다시는 죄를 짓는 더러움에서 자유하게 되는 거룩한 부활의 몸으로 변화를 받는다(벧전 1:4). 깨끗하고 빛나는 세마포 옷은 주님께서 재림하시면 성취되는 주님의 나라에서 주님과 함께 영원한 천년왕국의 기업을 얻게 되는 것을 상징하는 것이다. 이는 신부로 준비된 우리를 위하여 예비하신 영원한 영광을 의미한다. 주님은 자신이 신부로 준비된 우리를 위하여 재림하실 것이다. 계시록에는 주님께서 일곱째 나팔을 불려고 할 때, 재림하신다고 증언하고 있다(계 10:7). 일곱째 나팔은 대 환난 날 여섯째 나팔을 불고 나면 부는 나팔이다(계 11:14-15).

10) 왕 노릇

주님의 혼인잔치에 참여하는 신부는 주님께서 만왕의 왕으로 재림하시면 왕비가 된다. "겔 16:11-13 내가 온갖 보물로 너를 장식하여 두 팔에는 팔찌를 끼워 주고 목에는 목걸이를 걸어 주고 코에는 코걸이를 걸어 주고, 귀에는 귀걸이를 달아 주고, 머리에는 화려한 면류관을 씌워 주었다. 이렇게 너는 금과 은으로 장식하고, 모시옷과 비단 옷과 수놓은 옷을 입었다. 또 너는 고운 밀가루와 꿀과 기름으로 만든 음식을 먹어 아주 아름답게 되고, 마침내 왕비처럼 되었다." 만왕의 왕이신 주님의 왕비는 온갖 귀한 보물로 장식하여 팔에는 팔찌를 끼워 주고 목에는 목걸이를 걸어 주고 코에는 코걸이를 걸어 주고, 귀에는 귀걸이를 걸어 주고, 머리에는 화려한 면류관을 씌워 주고 금과 은으로 장식하고, 모시 옷과 비단 옷과 수놓은 옷으로 입게 된다. 이는 우리가 주님께서 재림하시면 주님의 나라에서 만왕의 왕이신 주님과 함께 왕 같은 영화를 누리는 것을 의미하며(계 11:15,20:6), 신부로 단장된 새 예루살렘 성에 참여하는 영광을 의미한다(계 21:2,10-24). 그

곳은 귀한 보석과 금으로 장식된 성이다. 그 성에는 깨끗하고 빛나는 세마포 옷을 입은 자들만 들어가는 곳이다. 하나님께서 우리를 결국에는 이곳에 인도하시기 위하여 우리를 구원해 주신 것이다. 그러므로 우리는 그 성을 바라보면서(히 11:10), 이 땅에 소망을 두지 말고 인내하며 믿음으로 계명과 율법으로 주님의 장성한 신부로 양육되어야 한다. 주님의 왕비가 되면 최고의 명성을 얻는다. "겔 16:14 네 아름다움 때문에 네 명성이 여러 이방 나라에 퍼져 나갔다. 내가 네게 베푼 화려함으로 네 아름다움이 완전하게 된 것이다." 온갖 귀한 보물로 장식하며 머리에는 화려한 면류관을 씌며, 금과 은으로 장식하고, 모시 옷과 비단 옷과 수놓은 옷으로 단장한 왕비는 최고의 명성을 얻게 되는 것이다. 그리고 그 명성은 영원한 것이다. "계 22:5 다시는 밤이 없고, 등불이나 햇빛이 필요 없다. 그것은 주 하나님께서 그들을 비추시기 때문이다. 그들은 영원무궁 하도록 다스릴 것이다." 이것이 만세전부터 우리를 위하여 사랑으로 예정하신 삼위일체 하나님의 경륜이시다. 그 경륜은 예수 그리스도 안에서, 예수 그리스도로 말미암아 선택받고 준비된 모든 자들에게 베푸시는 하나님의 은혜와 사랑이다. 그러므로 우리는 그날까지 그리스도 안에서 변절하지 말아야 하며, 계명과 율법을 기록한 성경으로 하나님의 가족으로 양육을 받아 장성한 그리스도인으로 자라가야 한다(엡 4:12-13).

계명과 율법

　많은 사람들이 던지는 질문이 있다. 왜! 하나님께서 선악과를 만들어 놓고 아담과 하와가 그것을 따먹게 하셨을까? 또는 왜! 하나님께서 어렵고 복잡한 율법과 계명을 주셨을까? 때문에 여기에 대한 여러 가지 해석들이 많이 있는 것 같다. 그동안 이러한 질문을 받았을 때, 명확하게 답변을 드릴 수가 없어서 매우 혼란한 점도 있었다. 그리고 계명과 율법에 대한 갈증과 고민은 말할 수가 없었다. 때문에 관련된 서적들과 신학교 강의를 통하여 해답을 찾아보려고 했지만 시원하게 해결되지 않았다. 그런데 출 20장에 있는 십계명으로 사경회를 인도하는 기회가 주어졌다. 십계명으로 교회에서 매일 밤 40일 사경회를 인도하면서 모세오경의 중심주제인 계명과 율법이 어떤 의미이며, 계명과 율법이 어떤 관계이며, 또는 계명과 율법이 전 성경에서 어떻게 적용되고 있는지에 대하여 많은 문제들을 선명하게 찾을 수가 있었다. 그리고 계시록이 열리면서 예수 그리스도에 대한 비밀에서 명확한 해답을 찾을 수가 있었다. 따라서 이번 단락에서는 계명과 율법의 관계, 계명과 율법의 의미, 계명과 율법의 성취, 왜 계명과 율법으로 언약을 맺으셨는지, 계명과 율법이 예수 그리스도의 비밀에서 어떻게 해답이 있는지 등에 대하여 상고해 보고자 한다.

1) 여호와의 친필

계명과 율법은 다른 성경과 구별되는 특징이 있다. 그 특징은 다른 성경들은 사람들을 성령으로 감동하여 기록하게 한 점이라면 계명과 율법은 여호와 하나님께서 친히 기록하셨다는 점이다. 여호와께서 친히 쓰신 계명과 율법을 시내산에서 모세에게 전해주신 것이다. "출 24:12 여호와께서 모세에게-너는 산에 올라 내게로 와서-내가 율법과 계명을 친히 기록한 돌판을 네게 주리라" 시내산에서 모세에게 전해주신 계명과 율법은 이스라엘 백성들과 언약을 맺기 위함이다. 그들은 애굽에서 모세를 통하여 구출되어 약속의 땅으로 들어가기 위하여 잠시 머물고 있을 때였다. "출 20:2 나는 너를 애굽 땅, 종 되었던 집에서 인도하여 낸 네 하나님 여호와니라" 인도 נָשָׂא (야차)는, 히필, 완료, 1인, 남성, 단수며, 이끌어내다, 인도해 내다, 데리고 나오다 이며, 히필 완료 1인 남성 단수는 여호와께서 능동적으로 애굽에서 종살이 하던 이스라엘 백성들을 이끄시며 인도하여 데리고 나오셨다는 의미다. 이것이 부모 없이 태어난 고아처럼 버려진 핏덩어리 상태로 제발 살려달라고 하나님께 호소하는 그들을 인도하신 것을 의미한다(출 2:23,3:7-8). 그들을 시내산으로 인도하시고 그 곳에서 언약을 맺은 것이다(출 19:1-8). 그 백성에게 여호와께서 친히 쓰신 계명과 율법으로 언약을 맺으셨다.

2) 내 언약

하나님께서 언약을 맺으신 이스라엘 백성들은 애굽에서 종살이하던 곳에서 구출하여 내신 이후에 시내산에서 맺으신 것이다(출 19:1-8). "출 19:5-6 세계가 다 내게 속하였나니 너희가 내 말을 잘 듣고 내 언약을 지키면 너희는 모든 민족 중에서 내 소유가 되겠고 너희가 내게 대하여 제사장 나라가 되며 거룩한 백성이 되리라 너는 이 말을 이스라엘 자손에게 전할지니라" 내 언약 בְּרִית (베리트)는, 잘게 자르다, 먹다, 선택하다 등에서 유래한 자르다 는 뜻에서 언약, 계약, 언약과 계약의 조건, 협정, 법령, 서약, 동맹하다 등의 의미다. 내 언약이란 동등한 권리를 소유한 쌍방간의 협정은 아니지만 언약에 대한 단어적인 의미에서 확인할 수 있는 대로 쌍방이 선택하여 서로 동맹하는 협정을 말한다. 언약의 주체는 여호와 하나님의 주권에서 시작되었지만 언약을 맺는 백성들도 하나님의 의도하심에 자발적으로 동의하여 맺게 된 것이다(출 19:8). 마치 부모가 갓난아이에게 그 아이의 건강과 양육을 위하여 아이에게 행동을 요구하는 것과 같은 위치다. 부모가 갓난아이하고 어떻게 논의할 수 있는가? 아이는 자신을 위하여 자발적으로 부모의 의견에 따르게 된다. 이것이 아가파오 사랑이다. 여호와께서 애굽에서 이스라엘 백성들을 인도하여 나오신 것은 그들을 사랑하셨기 때문이다. 사랑하셨기 때문에 그들을 구원하셨고 구원받은 백성들이기 때문에 주님의 백성으로 양육하게 하기 위하여 교과서로 주신 것이 계명과 율법이다. 사랑하는 주님과 사랑을 받은 백성들이 쌍방 동맹으로 맺은 것이 언약이다. 계명과 율법은 사랑의 관계를 유지하는 방편이며 수단이다. 사랑의 주권도 주님께서 먼저 하신 것이며, 언약의 주권도 주님께 먼저 하신 것이다. 때문에 주님께서 계명과 율법을 친히 기록하여 주신 것이며, 내 언약이라고 하신 것이다.

그런데 내 언약은 여호와 하나님께서 창조하신 사람에게만 맺으셨다. 우주만물이 모두 하나님의 창조물이지만 그 어떤 피조물과도 언약을 맺으신 적이 없다. 사람에게만 언약을 맺으신 것이다. 왜 사람에게만 언약을 맺으셨을까? 여기는 여러 가지 해석들이 나올 수 있겠지만 우리가 이해할 수 있는 길은 오직 사람만이 여호와 하나님의 형상대로 지음을 받았기 때문이다. 여호와께서 창조하신 모든 피조물 중에 유일하게 사람만 여호와의 형상대로 지음을 받았다. 여호와 하나님의 형상대로 지음을 받았기 때문에 지속적인 사랑의 관계를 유지하는 방편으로 언약을 맺으신 것이다. 이는 여호와께서 사람을 창조하실 때, 그 목적이 하나님의 가족으로 사랑의 관계를 맺기 위하여 창조하신 것이다. 이는 앞 단락에서 상고한 일곱 가지 사랑의 완성이 증거다. 때문에 최초의 사람 아담에게 언약을 맺은 것이 선악과다. 선악과는 여호와 하나님의 형상대로 지음 받은 아담과 지속적인 하나님의 가족으로 사랑의 관계를 유지하기 위한 방편으로 맺은 것이다. 그런데 그 언약을 깨뜨리고 선악과를 먹음으로 하나님의 가족으로 사랑의 관계가 단절된 것이다. 때문에 에덴동산에서 쫓겨나 하나님의 가족으로 단절된 잃어버린 양이 된 것이다. 이러한 사실을 모르면 왜 선악과를 만들어 아담을 먹게 했느냐? 왜 계명과 율법을 주셨냐? 반문하게 되는 것이다. 언약이 없는 사랑은 방종을 낳는다. 사랑은 언약 안에서 참 자유를 누린다. 그러므로 여호와 하나님의 언약은 아담, 이스라엘 백성, 신약의 우리에게 동일하게 적용된다는 사실을 잊으면 안 된다. 이는 모든 신구약 성경의 증언이다. 우리에게 주신 구약(舊約), 신약(新約)은, 여호와 하나님과 맺는 언약이란 의미다.

3) 여호와 하나님

우리를 여호와 하나님의 형상대로 지으신 하나님은 복수다. "창 1:27 하나님이 자기 형상 곧 하나님의 형상대로 사람을 창조하시되" 하나님 אֱלֹהִים(엘로힘)은, 명사, 남성, 복수며, 복수는 삼위일체 하나님을 의미하며, 형상 צֶלֶם(첼렘)은, 삼위일체 하나님을 닮은 사람, 삼위일체 하나님 형체의 사람, 삼위일체 하나님의 모양처럼 지은 사람 등을 의미한다. 이는 우리는 다른 창조물들과 구별되게 삼위일체 하나님과 동일한 모양, 동일한 형체, 동일한 본성과 인격을 가지도록 창조하셨다는 말씀이다. 때문에 우리에게만 하나님의 가족으로 언약을 맺으시고 복을 주셔서 생육하고 번성하여 땅에 충만하여 창조하신 모든 만물을 다스리며 정복하며 다스리게 하신 것이다(창 1:28). 그런데 창세기는 우리를 창조하신 기사가 두 번나온다. 창 1:26 과 창 2:7이다. 창세기 1장에서는 삼위일체 하나님께서 우리를 하나님의 형상대로 창조하셨다고 선언하시는 창조의 총론적인 내용이며, 2장에서는 각론적으로 우리를 창조하신 하나님은 삼위일체 하나님 중에 여호와 하나님께서 창조하셨다고 밝혀주고 있다. "창 2:7 여호와 하나님이 땅의 흙으로 사람을 지으시고 생기를 그 코에 불어넣으시니 사람이 생령이 되니라" 여호와 하나님께서 땅의 흙으로 우리를 지으시고 생기를 그 코에 불어넣으셔서 우리가 생령이 되게 하셨다. 그런데 우리에게 요구되는 것은 우리를 하나님의 형상대로 지으신 여호와 하나님은 삼위일체 하나님 중에 어떤 분이신가 하는 점이다. 이 문제에 대하여 아는 것이 지금까지 우리가 전 성경에서 상고하게 된 예수 그리스도의 비밀과 전 성경을 이해하는 중요한 열쇠가 된다. 여호와 하나님에 대한 이

해는 도입부분에서 밝힌 대로 계시록이 열리면서 선악과, 계명과 율법, 예수 그리스도의 비밀과 함께 알게 된 것이다.

　그렇다면 여호와 하나님은 삼위일체 하나님 중에 어떤 하나님이실까? 여호와 יהוה(예호와)는, 고유명사로, 여호와, 야훼로 번역하여 구약에서 약6,000번 등장하는 단어다. 그런데 여호와에 대한 정확한 발음은 중세시대에 잃어버렸기 때문에 알 수가 없다고 한다. 때문에 우리는 성경에서 해석을 찾아야 한다. 첫째는 삼위일체 하나님의 경륜이다. 하나님의 경륜 οἰκονομία(오이코노미아)는, 관리, 지도, 업무, 배열, 질서, 계획 등의 의미다. 이는 삼위일체 하나님께서 사람을 하나님의 형상대로 창조하기 위한 관리, 지도, 업무, 배열, 질서, 계획 등에 따라 창조하셨다는 의미다(엡 3:2). 여기서 우리는 삼위일체 하나님의 경륜이 성경에서 실행된 사실들에서 여호와 하나님은 성자 하나님이신 것을 알 수 있다. 성부 하나님은 우리의 창조에 대한 계획을 주도하신 분이시며, 성자 하나님은 성부 하나님께서 세우신 계획대로 우리를 창조하신분이시며, 성령 하나님은 성자 하나님께서 창조하신 우리를 완성되게 하신 것이다. 이러한 하나님의 경륜대로 성취된 사실들이 신구약 성경에서 기록된 예수 그리스도의 비밀이다. 예수 그리스도의 비밀이란 삼위일체 하나님의 경륜대로 성취되는 것을 말한다. 따라서 여호와 하나님은 성자 하나님이신 예수 그리스도이심을 알 수 있는 것이다. 주님은 자신의 형상대로 우리를 창조하셨으며(롬 8:29) 성령 하나님은 성자 하나님이 우리를 흙으로 창조하셨을 때, 그 코에 생기를 불어넣은 분이시다. 생기는 바람, 숨, 호흡, 성령, 영혼 등으로 번역되는 단어다. 이는 흙으로 창조된 우리의 코에 성령 하나님이 생기를 불어넣으시니 생령이 되는 사람으로 완성하게 된 것을 말한다. (고전 2:10 성령은 하나님의 경륜을 살피심, 새번역) 생령은 살아있는 영혼이다.

둘째는 이름이다. 예수 그리스도의 이름을 예수라고 지은 것은 주님께서 마리아의 몸으로 초림으로 오실 때 천사가 요셉에게 계시한 이름이다(마 1:21-22). 예수 Ἰησοῦς (이에수스)는, 자기 백성을 죄에서 구원할 자라는 의미이지만 예수라는 이름은 히브리어 여호와를 헬라어로 음역한 이름이다. 구약에는 여호수아로 번역하기도 한다. 때문에 우리를 흙으로 창조하신 여호와 하나님은 예수님이심을 알 수 있는 것이다. 따라서 구약에서 사용된 6,000번의 여호와는 주님의 이름이심을 알아야 한다. 셋째는 창조기사다. 창세기에서 태초에 천지를 창조하신 분이 삼위일체 하나님 중에 주님이시기 때문이다(요 1:1-3). 이에 대한 자세한 해석은 본서의 천지창조의 비밀에서 상고한 것을 참조할 수 있다. 그러므로 하나님의 형상대로 우리를 창조하신 분은 삼위일체 하나님 중에 성자 하나님이시라는 사실을 알 수 있는 것이다. 주님은 천지와 우리를 창조하신 분으로 만세전에 삼위일체 하나님의 경륜에 따른 여호와 하나님이시다(사 37:26;미 5:2). 그분이 자신의 형상대로 창조하신 우리의 모습 그대로 이 땅에 오셨으며, 그 모습으로 앞으로 재림하실 것이다. 그리고 죄로 인하여 자신이 창조하신 에덴동산에 버려져 있는 우리를 위하여 십자가를 지시면서 우리의 모든 죄를 속량해 주셨다. 주님의 이러한 사랑을 받아들이며 믿음을 가진 자에게 죄를 속량해 주시고 그들과 하나님의 가족의 관계의 언약을 맺으셔서 그 언약으로 자신의 신부로 양육하셔서 천년왕국에서 영원히 왕 노릇 하게 하실 것이다. 자신의 신부로 양육하시기 위하여 맺으신 언약이 계명과 율법이다. 이것이 주님께서 우리를 향하신 아가파오의 사랑이다.

계명과 율법의 관계

　이번 단락에는 언약 백성들과 맺은 계명과 율법에 대한 관계성에 대하여 상고해 보고자 한다. 계명과 율법은 언약 백성들과 일시적인 언약으로 맺은 것이 아니라 하나님의 가족으로 대대로 지키도록 맺은 언약이다. 때문에 돌판에 기록하여 지성소에서 보관하였다. 계명 מִצְוָה (미츠와)는, 규정하다, 지명하다, 명령하다, 맡기다, 허락하다, 금하다, 베풀다, 다스리다, 말씀하다 등의 의미에서 유래한 지휘, 지배, 명령, 가르침, 교훈, 훈계, 규례, 법도 등의 의미며, 율법 תּוֹרָה (토라)는, 기초를 놓다, 가르치다, 교훈하다, 알게 하다 등에서 유래한 교훈, 교리, 규례, 계명, 법, 법도, 법률, 말씀 등의 의미다. 계명과 율법의 원어적인 의미는 넓은 의미에서는 동일한 것이다. 계명이 율법이며, 율법이 계명이다. 이것이 계명과 율법의 관계성이다. 그런데 좁은 의미에서 계명과 율법은 차이점도 있다. 계명은 하나님의 가족에게 명령으로 규정하고 지명해주신 총론적인 말씀이며, 율법은 구체적인 각론으로 계명을 자세하게 해석해주는 규례와 법도다. 율법은 하나님의 가족에게 계명으로 교육하여 지키게 하기위한 구체적인 해석서다. 이는 헬라어에서 증언하고 있다. 헬라어 율법 νόμος(노모스)는, 할당하다, 분배하다, 지정하다 에서 유래한 법(Law)과 규범(norm)으로 질서, 관습, 관용법, 전통 등 폭넓은 의미로 사용되는 단어다. 이는 종교적인 것과 인간적인 면에서 구체적인 제사제도, 사상, 결혼, 가정, 학교, 식생활 등 모든 방면에서 적용되었다. 때문에 학자들은 율법을 도덕법, 시민법, 의식 법으로 나누어 해석하기도 한다.

1) 십계명

십계명은 언약 백성들인 하나님의 가족이 대대로 지켜야 되는 것으로 규정하고 지명하여 명령으로 주신 말씀이다. 명령은 반드시 지켜야 되는 문법이다. 왜냐하면 반드시 지켜야 하나님의 가족으로 주님의 소유가 되며, 제사장 나라가 되며 거룩한 백성이 되기 때문이다(출 19:5-6). 내 언약을 지키면 שָׁמַר(샤마르)는, 와우 계속법-칼 완료, 2인, 남성, 복수며, 인정하다, 지키다, 관찰하다, 기억하다, 마음에 두다, 준수하다, 보존하다, 감시하다, 주의하다, 충만하다 등의 의미며, 와우 계속법-칼 완료는 미완료로 바꾸어 해석하는 문법이다. 미완료는 계속하여 대대로 지켜야 되는 것을 말한다. 이는 언약을 맺는 순간부터 지속적으로 하나님의 언약을 인정하며 마음에 두고 기억하여 대대로 지키며 보존하는 것을 말한다. 대대로 지켜야 하나님의 소유가 되기 때문이다. 내 소유 סְגֻלָּה(세굴라)는, 귀중한 소유물, 특별한 소유, 기업, 보배로운 등의 의미며, 성경에서 이 단어는 계명을 마음을 다하고 뜻을 다하여 지키는 자에게 약속된 단어다. 신랑 신부가 결혼식을 올릴 때, 반드시 하는 서약이 있다. 무슨 일이 있어도 신랑은 신부를 신부는 신랑을 절대로 버리지 않겠다는 언약이다. 그 서약이 쌍방으로 지켜질 때, 행복한 가문의 기업을 잇게 된다. 십계명도 언약 백성들이 주님의 소유가 되며, 제사장 나라와 거룩한 백성이 되게 하는 영원한 생명의 서약서다. 그런데 아담은 그 언약을 파괴하여 인류가 죄인이 되게 하였으며(롬 5:12), 노아, 아브라함, 다윗은 그 언약을 지켜서 하나님의 소유가 되었고 제사장 나라와 거룩한 백성이 된 것이다. 때문에 십계명은 언약 백성들이 대대로 반드시 지켜야 되는 명령으로 주신 생명의 말씀임을 잊지 말아야 한다(요 12:5). 십계명은 하나님을 사랑하라는 명령이며(1-4 계명), 이웃을 사랑하라는 명령이다(5-10 계명). 출 20:3-17

2) 율법

율법은 언약 백성들인 하나님의 가족이 지킬 수 있도록 십계명을 구체적으로 해석해 주는 규범이다. 모세오경에서 율법의 구체적인 말씀들이 출 21장부터 신명기까지다. 출 21-23장은 이웃을 사랑하라고 주신 십계명을 해석한 율법이다. 이것을 사회법이라고 칭한다. 언약 백성들이 사회생활에서 이웃에게 지켜야 되는 십계명을 해석해 주는 규례들이다. 출 25-40장까지는 십계명에서 하나님을 사랑하라는 명령에 대한 말씀을 지켜야 되는 구체적인 율법들이다. 하나님을 섬기기 위하여 성막을 건축하는 규례들과 성막에서 하나님을 섬길 때, 인도자를 세우는 제사장에 대한 규범이다(제사법). 레위기에 있는 오대제사는 성막에서 하나님을 섬길 때에 요구되는 제물들과 절기들에 대한 율례와 언약 백성들이 거룩한 삶을 위하여 지켜야 되는 율례와 규범들이다(성결법). 민수기는 언약백성들이 시내산에서 받은 계명과 율법으로 광야에서 불순종한 결과에 대한 심판이며, 신명기는 광야에서 받은 심판의 원인을 해석하는 모세의 설교다. 그 설교는 광야백성들처럼 심판을 받지 않기 위하여 시내산에서 맺은 계명과 율법에 순종하라는 것이다. 그 순종을 위하여 자녀들에게 부지런히 가르치라고 명령하였던 것이다(신 6장). 그러므로 창세기부터 신명기까지를 모세오경 토라(율법)라고 부르고 있다.

3) 성경의 강령

주님께서 시내산에서 언약 백성들과 맺은 계명과 율법이 모든 성경의 강령이라고 증언하셨다. 주님께서 말씀하시는 모든 성경은 구약을 말한다. 신약은 아직 완성되기 전이다. "계 22:40 이 두 계명이 온 율법과 선지자의 강령이니라" 본문의 두 계명이 하나님사랑과 이웃사랑이다(마 22:37-39). 이것이 십계명이다. 온 율법과 선지자는 모세오경과 역사서, 시가서, 선지서다. 강령 κρεμάννυμι(크레만뉘미)는, 달다, 매달리다 라는 의미로 십계명과 율법이 모든 성경에 매달려있다는 뜻이다. 이는 모든 성경은 십계명과 율법에 대한 말씀들이라는 의미다. 그 증거를 구약에서 찾아보면 다음과 같다. 첫째, 모세오경이다. 창세기부터 신명기까지를 모세오경이라 부른다. 모세오경은 주님께서 언약 백성들과 맺으신 십계명과 율법을 증거 하는 성경이다. 둘째, 역사서다. 역사서는 여호수아부터 에스더까지다. 역사서는 언약 백성들이 십계명과 율법으로 살았던 역사들을 증언하는 성경이다. 언약 백성들이 십계명과 율법을 지켰을 때는 나라와 개인이 평안하고 안전하게 복을 받았던 증언들이며, 십계명과 율법에 불순종하며 살았을 때는 나라와 개인이 심판을 받았던 증언들이다. 셋째, 시가서다. 시가서는 욥

기부터 아가서 까지다. 시가서는 역사서 안에 살았던 언약 백성들의 기도와 찬양, 또는 신앙 간증과 고백들을 증언하는 성경이다. 여기는 왕과 백성들이 십계명과 율법의 말씀대로 순종하며 살았을 때는 복을 받은 간증과 찬양, 불순종 했을 때는 하나님의 심판에서 회개하는 기도와 교훈들이다. 넷째, 선지서다. 선지서는 이사야부터 말라기까지다. 선지서는 역사서 안에 살았던 왕과 백성들이 십계명과 율법에 불순종할 때, 심판과 회개를 외쳤던 선지자들의 증언이다. 때문에 구약은 언약 백성들이 십계명과 율법으로 살았던 역사를 증언하는 성경이다. 주님은 이것을 이 두 계명이 온 율법과 선지자의 강령이라고 하신 것이다. 성경의 강령에 대하여 요약한 네 가지의 의미와 내용을 잘 이해하면 구약성경은 쉽게 열릴 수 있다.

산상수훈

　이번 단락에서는 구약에서 하나님의 가족인 언약 백성들과 맺으신 계명과 율법이 신약에서는 어떻게 계승되고 있는지 상고해 보고자 한다. 우리가 앞에서 상고한 바대로 구약은 신약에서 성취할 계시, 예언, 모형, 그림자를 보여준 것이다. 이는 계명과 율법도 동일하다. 구약에서 언약 백성들을 애굽에서 구출한 사건이 신약에 교회의 모형이며, 그림자다. 구약의 언약 백성들과 시내산에서 맺은 계명과 율법이 신약에 교회도 동일하게 적용되고 있다. 이것을 증언하는 성경이 산상수훈이다. 산상수훈은 마 4:4:23-25 문맥에서 시작된다. 주님께서 온 갈릴리에서 천국복음을 전파하실 때, 갈릴리와 데가볼리와 예루살렘과 유대와 요단강 건너편에서 수많은 무리가 따라왔다. 이는 모세를 통하여 언약 백성들을 애굽에서 구출한 사건과 동일하다. 주님은 모세를 상징하며, 모세는 주님을 상징한다(히 3:1-2). 모세를 통하여 구출한 백성들을 시내산에서 계명과 율법으로 언약을 맺음같이 천국복음을 듣고 따라온 수많은 무리들에게 주님께서 산에서 계명과 율법을 가르쳐 주신 것이 산상수훈이다. 산상수훈이란 산에서 주님께서 무리들에게 계명과 율법을 해석하여 가르쳐주신 것을 말한다. 그리고 구약의 언약 백성들이 계명과 율법을 지킬 때, 비로소 하나님의 소유와 제사장 나라와 거룩한 백성이 되는 것과 같이 주님께서 산에서 가르치신 계명과 율법을 지키는 자가 그 집을 반석위에 짓는 지혜로운 하나님의 가족이 된다는 말씀과 동일한 말씀이다(마 7:24).

산상수훈은 기독교 2천년 역사에서 많은 분들의 해석들이 있었다. 대체적으로 산상수훈은 성도의 윤리, 세상 모든 사람들의 윤리, 현세에 대한 윤리, 하늘나라에 대한 윤리, 복음과 율법 등으로 해석하고 있다. 이러한 해석들은 마 5-7장 본문만 한정한 것에서 나오게 된 것으로 볼 수 있다. 하지만 산상수훈은 구약의 계명과 율법과 상관없이 주님께서 다시 다른 계명을 제정하셔서 가르치신 교훈이 아니라는 것이다. 구약의 계명과 율법을 완전하게 해석하신 것이다. 주님께서 친히 돌판에 기록하여 시내산에서 구약의 언약 백성들에게 주신 계명과 율법을 신약의 언약 백성들에게 친히 인간의 몸으로 내려오셔서 돌판에 기록하신 계명과 율법을 해석하여 가르치신 것이 산상수훈이다. 이는 주님께서 친히 증언하신 것이다(마 5:17-19). 산상수훈은 시내산에서 구약의 언약 백성과 맺은 계명과 율법이 신약의 언약백성 우리들에게 구약의 계명과 율법을 해석하여 완전하게 하는 것이다. 때문에 본 단락에서는 주님께서 구약의 계명과 율법을 어떻게 해석하여 가르치시고 있는지, 그 의미가 무엇이며, 그 가르치심이 신약에 어떻게 적용되고 있는지 등에 대하여 상고해 보고자 한다.

1) 팔복

팔복은 주님께서 산에서 자신을 따라온 많은 무리들에게 가르치신 여덟 가지 복이다. "마 5:1-2 예수께서 무리를 보시고 산에 올라가 앉으시니 제자들이 나아온지라 입을 열어 가르쳐 이르시되" 주님을 찾아온 무리들은 마 4:23-25 수많은 무리들이다. 그들에게 주님은 산에 올라가 앉으셔서 팔복을 가르치신 것이다. 이는 주님께서 시내산에서 모세에게 돌판에 기록한 계명과 율법을 주시기 위하여 모세를 만나주신 모형의 성취다(출 24:12). 시내산에서 모세를 만나신 여호와 하나님이 주님이시기 때문이다. 시내산에서 모세에게 친히 쓰신 십계명을 기록한 돌판을 주셨던 여호와 하나님이 이제는 갈릴리와 많은 지역에서 모여든 수많은 무리들에게 자신이 친히 쓰신 계명과 율법을 가르치시기 위하여 산에 앉으셨다는 것이다. 입을 열어 가르쳐 διδάσκω(디다스코)는, 동사, 직설법, 미완료, 능동, 3인, 단수며, 기본 동사 배우다 라는 사역적 연장형으로 천국복음에 대하여 찾아온 수많은 무리들에게 입을 열어 가르쳐주신 것을 말한다. 동사 직설법은 주님께서 실제적으로 가르치신 사역을 의미하며, 미완료는 현재와 미래에 계속적으로 진행되는 가르침을 의미한다. 이는 계명과 율법은 언제든지 가르쳐야 되는 말씀이라는 것이다. 언제든지 어느 시대든지 누구든지 주님께 나오는 자들은 대대로 배워야 된다는 의미다. 여기까지 내용에서 우리는 매우 중요한 두 가지를 발견하게 된다. 하나는 구약의 출애굽은 시내산에서 계명과 율법의 말씀으로 언약을 맺기 위하여 이스라엘 백성들을 애굽에서 건져내셨다는 것을 알 수 있는 것이며, 다른 하나는 언약 백성들과 맺은 계명과 율법은 천국복음이라는 것이다. 때문에 주님은 자신을 찾아온 무리들에게 천국에 들어가는 자가 받는 복을 가르쳐주신 것이다. 그러므로 계명과 율법은 천국복음으로 주신 영원한 영생의 말씀인 것을 주님께서 해석하여 가르쳐 주신 것이다(요 12:50).

팔복은 심령이 가난한 자, 애통하는 자, 온유한 자, 의에 주리고 목마른 자, 긍휼히 여기는 자, 마음이 청결한 자, 화평하게 하는 자, 의를 위하여 박해를 받는 자들은 천국을 소유하는 복을 받는다는 것이다. 천국을 소유하는 복을 받는 것이 언약 백성들이 계명과 율법을 지킬 때, 여호와 하나님의 소유가 되는 것과 동일한 말씀이다(출 19:5). 팔복은 마 5-7장 산상수훈의 총론적인 내용이다. 총론에서는 산상수훈의 전체적인 내용을 요약하여 천국에 들어갈 수 있는 자의 자세와 자격에 대한 가르침이다. 천국에 들어가는 자의 자세에 대한내용이 심령이 가난한 자, 애통하는 자, 온유한 자, 의에 주리고 목마른 자이며, 천국에 들어가는 자격에 대한 내용이 긍휼히 여기는 자, 마음이 청결한 자, 화평하게 하는 자, 의를 위하여 박해를 받은 자들이다. 천국을 소유하기 위해서 주님을 찾아온 무리들이 제일 첫 번째 가져야 되는 자세는 심령이 가난해야 한다. 심령이 가난하다는 것은 어린 아이처럼 천국복음에 대한 가르침을 그대로 받아들이는 마음을 말한다(막 10:15). 받아들이는 마음이 옥토의 마음이며(마 13:8), 받아들이는 자가 온유한 자이며(약 1:21), 온유한 자는 천국복음을 듣고 자신의 죄와 무능함에 대하여 애통하는 자이며(눅 5:8), 애통하는 자는 천국복음의 말씀에 순종하기를 갈망하여 의에 주리고 목마른 것이다. 이러한 자세로 천국복음에 대한 가르침을 받는 자들의 삶에서 나타나는 열매들이 긍휼히 여기는 자, 마음이 청결한 자, 화평하게 하는 자, 의를 위하여 박해를 받는 자가 되는 것이다. 이것이 주님께서 우리에게 가르치시는 산상수훈의 전체적인 총론이다.

2) 각론

각론은 시내산에서 십계명을 자세하게 해석하여 주신 율법과 같은 것이다. 산상수훈의 각론은 주님께서 십계명을 구체적으로 해석하여 주신 것이다. 십계명에서 하나님을 사랑하는 계명들이 나 외에 다른 신을 섬기지 말라, 우상을 만들어 절하지 말라, 여호와 하나님의 이름을 망령되게 부르지 말라, 안식일을 거룩하게 지키라 라는 계명이다. 나 외에 다른 신을 섬기지 말라는 말씀은 천국백성으로 선택받은 우리는 하나님의 가족으로 하나님만 섬기라는 의미다. 하나님만 섬기는 예배에 대한 요소들을 해석하여 가르치신 내용들이 마 5-7장의 주기도문, 보물을 하늘에 쌓은 것, 찾고 구하고 두드리는 것, 기도와 구제를 외식으로 하지 말고 신령과 진정으로 하는 것 등을 말하며, 우상을 섬기지 말라는 계명의 해석은 두 주인을 섬기지 않는 것이며, 안식일을 거룩하게 지키는 것은 먼저 그의 나라와 의를 구하는 것이며, 하나님의 이름을 망령되게 부르지 말라는 계명은 헛맹세를 하지 않는 것이다. 이웃을 사랑하는 계명은 부모를 공경하라, 살인하지 말라, 간음하지 말라, 도둑질하지 말라, 이웃에게 거짓 증거하지 말라, 탐내지 말라 라는 계명이다. 하나님의 가족인 우리가 부모를 공경하는 것은 집안에 빛이 되는 것이며, 살인하지 않는 것은 형제에게 노하지 않는 것, 라가라 하지 않는 것, 미련한 놈이라 하지 않는 것이며, 간음하지 않는 것이 음욕을 품지 않는 것이며, 도둑질 하지 않는 것이 남을 먼저 대접하는 것이며, 거짓 증거를 하지 않는 것이 악한 자를 대적하지 않는 것, 형제를 비판하지 않는 것이며, 남의 것을 탐내지 않는 것이 이혼하지 않는 것이다. 그리고 우리가 이웃을 사랑하는 구체적인 행동

들이 빛과 소금이 되어 이웃의 잘못을 용서하는 것, 오른편 뺨을 치거
든 왼편도 돌려 대는 것, 속옷을 요구하면 겉옷까지도 주며, 억지로 오
리를 가게하면 십리를 동행하는 것들이다. 이러한 것들을 우리가 실
천하는 현장에서 나타나는 현실이 주님 때문에 욕을 먹고 박해를 받
는 것이며, 거짓으로 악한 말을 들을 때에 기뻐하고 즐거워하는 것이
며, 거룩한 것을 개에게 던지지 않는 것이며, 좁은 문으로 들어가는 것
이며, 거짓 선지자를 삼가는 것이다. 이것이 하나님의 가족으로 아버
지의 온전하심과 같이 우리도 온전한 것이며, 아버지의 뜻대로 사는
것이며, 반석위에 집을 짓는 지혜로운 건축자가 되는 것이다(마 5:11-
7:20).

계명은 천국백성인 우리들의 삶에서 나타나는 열매들이다. 열매는
산상수훈의 팔복으로 천국백성의 자세와 자격이 갖추어진 자들에게
나타나는 결과다. 산상수훈의 구체적인 내용들이 구약의 언약 백성들
이 계명과 율법으로 하나님을 섬기는 신앙에 대한 교훈들이며(제사법),
언약 백성들이 사회생활에서 지켜야 되는 윤리에 관한 교훈들이며(사
회법), 언약 백성들의 거룩한 삶에 대한 교훈들이다(성결법). 이것이 팔
복에서 가르치신 천국백성들의 자세와 자격이다. 산상수훈은 시내산
에서 돌판에 기록하여 주신 계명과 율법의 의미를 자세하게 해석하여
가르쳐주신 주님의 교훈이시다. 그리고 주님은 교훈만 하신 것이 아
니라 실제로 생활에서 실천하시면서 우리에게 본을 보여주셨다(요
13:15;벧전 2:21). 본을 보여주신 것을 증언하는 성경이 복음서다. 주님
은 성령으로 출생하여 나사렛 동네에서 30년을 육신의 부모와 형제들
과 함께 생활하신 것, 성령의 충만으로 공생애 3년 반의 사역에 대한

증언이다. 공생애 3년 반은 산상수훈으로 사역하신 증거들이다. 그것이 천국복음을 전파하신 사역, 가르치신 사역, 치유하는 사역들이다. 그리고 교회시대를 위하여 제자들을 양육하셨다.

3) 완전하게

주님은 시내산에서 돌판에 기록하여 주신 계명과 율법을 폐하려 오신 것이 아니라 도리어 완전하게 하시기 위하여 오셨다. "마 5:17 내가 율법이나 선지자를 폐하러 온 줄로 생각하지 말라 폐하러 온 것이 아니요 완전하게 하려 함이라" 폐하려 καταλύω(카탈뤼오)는, 풀다 라는 동사에서 유래한 율법을 파괴하다, 율법을 폐지하다, 율법을 무효화하다, 해체시켜 멸하다 등의 의미다. 이는 주님께서 오셔서 산에서 가르치시는 산상수훈은 구약의 율법과 선지자를 풀어서 파괴하고 폐지하며 무효화시켜 해체하는 것이 아니라는 말씀이다. 폐하는 것이 아니라 도리어 완전하게 하시는 것이다. 완전하게 πληρόω(플레로오)는, 율법을 완성하다, 율법을 완전하게 하다, 율법을 충족시키다, 율법을 성취하다, 율법을 완전히 지불하다, 율법을 이행하다 등의 의미다. 이는 두 가지로 해석된다. 하나는 주님께서 오신 것은 시내산 언약인 계명과 율법을 지키지 못하는 죄의 대가를 지불하시기 위하여 오셨다는 의미며, 다른 하나는 새 언약으로 계명과 율법을 완전하게 완성하시기 위하여 오셨다는 의미다. 때문에 십자가를 지신 것이다. 십자가에서 율법의 저주를 받으시고 율법으로 범한 모든 죄를 속량하셨으며 율법을 완전하게 하셨으며(롬 3:31;갈 3:13), 새 언약을 세우신 것이다. 새 언약으로 천국백성인 우리의 마음에 성령을 부어주셔서 성령으로 옛 언약인 계명과 율법을 완전하게 성취하게 하신 것이다. 때문에 성령으로 출생하여 성령 충만의 사역으로 본을 보여주신 것이다(마 1:18;눅 4:1). 이것이 천국백성인 우리에게 성령의 법으로 하나님과 이웃을 사랑하게 하여 계명과 율법의 산상수훈이 완전하게 성취되게 하신 것이다(롬 3:31,13:8-10). 때문에 천지가 없어지기 전에는 율법의 일점일획도 결코 없어지지 아니하고 다 이루리라고 하신 것이다(마 5:18). 천국백성인 우리는 주님께서 완성하신 계명과 율법을 성령으로 지키게 되는 것이다.

4) 하지 말라 와 하라

주님의 산상수훈에서는 명령형으로 하신 말씀들이 많이 있다. 그 중에 두 가지 명령에 대하여 상고해 보고자 한다. 하지 말라 와 하라는 명령이다. 첫째는 하지 말라 이다. 이 명령은 천국백성인 우리들이 땅에서 생활할 때, 요구되는 의식주에 대한 말씀에서 하셨다. "마 6:31 그러므로 염려하여 이르기를 무엇을 먹을까 무엇을 마실까 무엇을 입을까 하지 말라" 이는 우리가 앞에서 상고하게 된 팔복의 삶을 살고 있는 천국백성들에게 하신 명령이시다. 천국백성인 우리는 의식주 문제 때문에 염려하지 말라는 명령이시다. 하지 말라는 명령은 두 단어의 합성어다. 하지 λέγω(레고)는, 동분사, 현재, 능동, 주격, 2인, 남성, 복수며, 일반적인 의미는 글로 말하다, 표현하다, 명령하다, 지시하다, 주장하다 등의 의미며, 말라 μή(메)는, 불변사 부사로 아니, 하지 않도록, 하면 안 되므로 등의 의미다. 두 단어의 합성어는 천국백성인 우리는 의식주 문제로 염려하면 안 된다는 주님의 지시와 절대적인 명령이시다. 동분사 현재 능동 주격 2인 남성 복수는 천국백성인 우리는 언제든지 어떠한 현실의 삶을 만나도 의식주 문제 때문에 자기 스스로 염려하지 말라는 의미다. 염려하지 말라는 것은 네 가지 의미로 해석할 수 있다. 하나는 의식주 문제에 염려하게 되면 팔복의 삶을 살지 못하는 방해요소가 되기 때문에 염려하지 말라는 것이다. 그것을 증언하는 것이 가시떨기와 같은 마음 밭을 가진 자에 대한 비유다. "가시떨기에 뿌려졌다는 것은 말씀을 들으나 세상의 염려와 재물의 유혹에 말씀이 막혀 결실하지 못하는 자요"(마 13:22). 두 번째는 생활의 염려보다 먼저 그의 나라와 그의 의를 구하라는 것이다. 생활의 염려에 빠지면 그의 나라와 그의 의를 구하지 못하기 때문이다. 그의 나라는 천국을 말하며, 의는 계명과 율법을 해석한 산상수훈을 말한다. 의식주는 잠시 누리는 땅에 대한 것이지만 그의 나라와 그의 의는 영원한 것이다. 천국백성인 우리들이 생활의 염려에 빠지면 마음이 둔하여져서 그의 나라와 그의 의는 관심이 없고 방탕하게 살게 된다 (눅 21:34). 이것이 노아가 살았던 시대 사람들의 삶이다(마 24:37-39). 염려하지 말라는 것은 생활 자체를 포기하고 백수건달처럼 살라는 것이 아니다. 영원한 것부터 먼저 구하는 일을 하라는 것이다. 우리가 먼저 그의 나라와 그의 의를 구하면 생활에 요구되는 의식주 문제는 하나님께서 채워주신다. 세 번째는 의식주는 이방인들이 구하는 것이다(마 6:31). 천국백성들은 이방인들과 구별되게 살아야 되기 때문이다. 때문에 계명과 율법을 주신 것이다. 네 번째는 천국백성들에게 요구되는 의식주는 하늘에 계시는 하나님께서 다 알고 계시기 때문이다(마 6:31). 다 아신다는 의미는 하나님께서 채워주시겠다는 의미다. 이 말씀은 신 28장을 해석하신 말씀으로 볼 수 있다. 신명기 28장은 언약 백성들이 계명과 율법에 순종할 때 약속된 복과 심판에 대한 말씀이다. 아시느니라 εἴδω(에이도)는, 동사, 직설법, 완료, 능동, 3인, 단수며, 알고 있다, 보고 있다, 느끼다, 감지하다, 인지하다, 주목하다, 알아채다, 관찰하다, 발견하다, 찾아보다, 생각하다 등의 의미다. 동사 직설법 완료 능동 3인 단수는 하나님께서 천국백성들의 의식주에 요구되는 모든 것을 이미 실제로 완전히 준비하고 계시다는 것을 말한다. 때문에 주님은 우리에게 믿음을 요구하시는 것이다. "오늘 있다가 내일 아궁이에 던져지는 들풀도 하나님이 이렇게 입히시거든 하물며 너희일까보냐 믿음이 작은 자들아"(마 6:30).

주님께서 산상수훈에서 명령하신 많은 말씀 중에 우리가 상고하는 두 가지 명령에서 둘째는 하라 라는 명령이다. "마 7:6 거룩한 것을 개에게 주지 말며 너희 진주를 돼지 앞에 던지지 말라 그들이 그것을 발로 밟고 돌이켜 너희를 찢어 상하게 할까 염려하라" 천국백성들이 생활에 요구되는 의식주 문제는 염려를 하지 말라 라고 명령하신 반면에 이번에는 염려를 하라는 것이다. 그 명령이 거룩한 것을 개에게 던지는 것과 진주를 돼지 앞에 던져서 돼지가 진주를 발로 밟고 찢어 상하게 할까 염려하라는 것이다. 그렇다면 여기서 말하는 거룩한 것과 진주는 무엇을 상징하는 것일까? 하는 문제다. 이 문제의 해답은 성경과 산상수훈에서 찾을 수 있다. 산상수훈에서 거룩한 것은 팔복으로 천국백성이 되는 자세와 자격을 가진 신분을 말하며, 성경에서는 믿음으로 의롭게 된 자들의 거룩한 행실을 말한다(롬 6:29). 진주는 팔복의 신분으로 반석위에 집을 짓는 지혜자를 상징하는 것이며, 성경에서 진주는 주님 안에 감추어져 있는 지혜와 지식의 보화를 소유한 것을 상징한다(마 13:45-46;골 2:3). 따라서 거룩함과 진주는 예수 그리스도를 믿는 믿음과 믿음으로 소유한 천국과, 천국백성들에게 가르치신 산상수훈으로 요약할 수 있다. 개에게 주지 말며 δίδωμι(디도미)는, 동사, 명령, 과거, 능동, 2인, 복수며, 거룩한 것을 개에게 넘겨주다, 맡겨주다, 돌려주다, 포기하다 등의 의미며, 동사 명령 과거 능동 2인 복수는 거룩한 천국백성이 된 우리는 자기 스스로 믿음과 산상수훈의 교훈을 개에게 넘겨주어 잃어버릴까 염려하라는 절대적인 명령이며, 돼지 앞에 던지지 βάλλω(발로)는, 동사, 명령, 과거, 능동, 2인, 복수며, 진주를 돼지에게 던져버리다, 돼지 앞에 두다, 돼지에게 뛰어내리다, 돼지에게 갇히다, 돼지에게 흔들리다 등의 의미며, 동사 명령 과거 능동 2인 복수는 천국의 보화를 찾게 된 우리는 자기 스스로 천국의 보화를 돼지 앞에 던져서 천국보화를 돼지가 발로 밟아 찢지 않도록 염려하라는 주님의 절대적인 명령이시다.

개는 성경에서 악한 무리(시 22:16), 미련한 자(잠 26:11), 이방인들(마 15:26), 성도들의 영혼을 도둑질 하는 이단들과 배교자(빌 3:2;벧후 2:22), 새 예루살렘 성에 들어갈 수 없는 자들을 상징하고 있으며(계 22:15), 유대인들은 개를 썩은 음식을 먹고 토했던 것을 도로 먹으며, 탐욕이 심하며, 도덕적, 영적으로 악한 자를 상징한다고 한다. 돼지는 부정한 짐승(레 11:7), 귀신들이 좋아하는 짐승(막 5:12), 탕자의 일터(눅 15:15), 믿음의 배신자에게 사용된 상징이다(벧후 2:22). 개와 돼지에 대하여 사용된 상징들을 요약하면, 개는 악인들, 미련한 자, 믿지 않는 불신자, 이단들과 믿음을 배신한 배교자들이며, 돼지는 부정한 것, 귀신들이 좋아하는 더러운 것, 방탕하게 하는 일자리, 믿음의 배신자인 것을 알 수 있다. 따라서 주님께서 거룩한 것을 개에게 주지 말며 진주를 돼지 앞에 던지지 말라는 의미는 악인들과 미련한 자와 믿지 않는 불신자들과 이단들과 믿음을 배신한 배교자들과 부정하고 귀신들이 좋아하는 더러운 것들과 방탕하게 하는 일자리와 믿음의 배신자에게 우리가 소유한 거룩한 믿음과 천국백성들에게 주신 산상수훈의 교훈을 빼앗기지 않게 염려하라는 것이다. 이는 이미 천국백성이 된 우리는 자기가 소유하게 된 믿음의 보화를 배교하는 자리와 환경들에게 실족하여 넘어지게 될까 염려하라는 주님의 절대적인 명령이시다. 왜냐하면 넘어지면 지옥에 떨어지기 때문이다. 때문에 내가 올 때까지 굳게 잡으라(계 2:25), 네가 가진 것을 굳게 잡아 아무도 네 면류관을 빼앗지 못하게 하라(계 3:11). 주님 앞에 서는 그날까지 넘어지지 말고 이기라 명령하신 것이다(계 3:12). 주님께서 두 가지의 염려에 대한 명령은 카이로스 종말을 사는 천국백성인 우리는 더욱더 마음 판에 새겨야 한다. 미혹하는 상황들이 많이 일어나기 때문이다(마지막 주자의 요한 계시록 해석 3권 참조). 이것이 염려하지 말라와 염려하라 의 명령이며, 염려하지 말아야 되는 의식주를 염려하면 염려해야 되는 거룩한 것과 진주를 빼앗길 수 있기 때문에 주님께서 명령하신 것이다. 진 자는 이긴 자의 종이 되기 때문이며, 개가 그 토하였던 것에 돌아가고 돼지가 씻었다가 더러운 구덩이에 도로 눕는 행위이기 때문이다(벧후 2:19,22).

5) 천국과 지옥

주님은 산상수훈에서 천국과 지옥에 대한 분명한 확신과 증언을 하셨다. 천국과 지옥은 산상수훈의 총론적인 팔복에서와, 각론적인 가르치심에서 증언하셨다. 그리고 신약성경에서 천국이란 단어가 38회 모두 마태복음에서만 사용하고 있으며, 디모데후서에 한번 나온다. 다른 신약성경에서는 천국을 하나님 나라로 10회 정도기록하고 있다. 지옥에 대한 증언은 마태복음에서 7회, 다른 신약성경에서 6회 정도다. 신약성경에서 천국과 지옥이란 단어는 사용하지 않지만 많은 말씀들 중에서 천국과 지옥을 간접적으로 증언하고 있다. 그렇다면 누가 어떤 자가, 어떻게 하면 천국과 지옥에 들어가는 지에 대하여 성경 단어만 찾아보고자 한다. 주님께서 천국에 들어들 갈 수 있는 자들에 대하여 마태복음에서 이렇게 증언하고 있다. 자기 백성(마 1:21), 회개하는 자(마 3:2, 4:17), 알곡(마 3:12), 심령이 가난한 자(마 5:3), 의를 위하여 박해를 받는 자(마 5:10), 형제의 잘못을 용서하는 자(마 6:14-15), 먼저 그의 나라와 그의 의를 구하는 자(마 6:33), 좁은 문으로 들어가는 자(마 7:13-14), 아버지의 뜻대로 행하는 자(마 7:21), 반석위에 집을 지은 자(마 7:25), 주님을 믿는 믿음이 있는 자(마 8:11-12), 아브라함과 이삭과 야곱(마 8:11), 주님을 사람들 앞에서 시인하는 자(마 10:32-33), 세례요한(마 11:11), 침노하는 자(마 11:12), 주님과 함께 멍에를 메는 자(마 11:28-20), 성령으로 귀신을 쫓아내는 자(마 12:28), 제자들(마 13:11), 옥토의 마음 밭을 가진 자(마 13:8), 자기소유를 팔아 천국을 사는 자(마 13:44), 의인(마 13:43), 좋은 고기(마 13:12, 13:48), 복음을 위하여 십자가를 지는 자(마 16:25), 어린아이처럼 자기를 낮추는 자(마 18:3), 스스로 고자가 된 자(마 19:12), 열매 맺는 백성(마 21:43), 택함을 받은 자(마 22:14), 충성되고 지혜로운 종(마 24:45, 25:21), 끝까지 견디는 자(마 24:13), 데려감을 당한 자(마 24:40-41), 깨어서 준비된 자(마

24:42,44, 25:13), 등과 기름을 준비한 자 등이다(마 25:4).

지옥에 들어가는 자들은 자기 백성이 아닌 자(마 1:21), 회개하지 않는 자(마 4:17,11:22-24), 의가 서기관과 바리새인보다 더 낫지 못한 자(마 5:20), 주여주여 하면서 아버지의 뜻대로 행하지 않는 자(마 7:21), 불법을 행하는 자(마 7:23), 형제에게 노하는 자, 라가라(얼간이) 하는 자, 미련한(바보) 놈이라 하는 자(마 5:22 라가라, 미련한 놈은 형제에게 노할 때 사용되는 행동), 마음으로 음행을 품게 하는 눈과 손으로 실족하는 자(마 5:29-30,18:9), 믿는 자를 순교하게 하는 자(마 10:28), 성령을 모독하고 거부하는 자(마 12:30-31), 천국복음을 듣고 깨닫지 못하는 자(마 13:19), 악한자의 아들들(마 13:38), 악인 들(마 13:50), 쭉정이와 가라지, 못된 고기로 비유된 자들(마 13:12,13:30,48), 어린 아이와 같이 되지 않는 자(마 18:8), 눈과 손과 발로 실족하게 하는 자(마 18:8-9), 물질 때문에 주님을 떠난 부자(마 19:23), 천국잔치 초청에 거부한 자(마 22:7), 예복을 입지 않는 자(마 22:12-13), 외식하는 서기관들과 바리새인들(마 23:15,33), 버려둠을 당한 자(마 24:40-41), 기름을 준비하지 못한 미련한 처녀들(마 25:8-10), 깨어서 준비하지 못한 자(마 24:43), 무익한 종(마 24:51,25:30), 왼편의 염소들(마 25:26)등이다. 계시록에는 지옥에 들어가는 자들에 대하여 요약하며 정리하고 있다. "두려워하는 자들과 믿지 아니하는 자들과 흉악한 자들과 살인자들과 음행하는 자들과 점술가들과 우상 숭배자들과 거짓말하는 모든 자들은 불과 유황으로 타는 못에 던져지리니 이것이 둘째 사망이라"(계 21:8). "개들과 점술가들과 음행하는 자들과 살인자들과 우상 숭배자들과 및 거짓말을 좋아하며 지어내는 자는 다 성 밖에 있으리라"(계 22:15). 지옥은 천국에 들어가지 못하는 자들이 가는 장소다. 천국에 들어가지 못하고 이탈된 자들은 모두 지옥에 떨어진다. 이 외에 다른 성경에서도 증언들이 있지만 본 단락에서는 산상수훈을 상고하는 시간이기 때문에 마태복음에서 사용된 단어들만 찾아 본 것이며, 다른 성경에는 천국을 하나님나라로 지옥을 음부로 사용하여 등장하지만 마태복음에서 증언한 내용들과 동일한 것으로 본다.

우리가 사용하고 있는 번역본 성경으로는 천국과 하나님 나라 그리고 지옥과 음부에 대한 의미를 명확하게 이해할 수 없다. 따라서 이번 단락에서는 천국과 지옥에 대한 원어에서 명확한 의미를 찾아보고자한다. 천국과 하나님 나라는 두 단어의 합성어다. 천 οὐρανός(우라노스)는, 하나님께서 계시는 장소를 말하며, 국 βασιλεία(바실레이아)는, 통치하다, 다스리다 에서 유래한 왕권, 영토, 나라 등으로 하나님의 통치가 나타나는 곳을 말한다. 따라서 천국은 하늘에 계시는 하나님께서 다스리시는 통치가 나타나는 곳을 말한다. 때문에 마태복음 외에는 하나님 나라 라고 하는 것이다. 하나님 나라는 하나님께서 통치하시고 다스림이 나타나는 곳을 말하는 천국과 같은 의미다. 하나님의 통치가 나타나는 곳이 첫째는 주 예수님을 믿는 자들의 마음이다. 이것이 심령이 가난한 자는 천국이 저희 것이라는 말씀이다. 마음이 어린 아이처럼 주님을 믿음으로 받아들이는 자는 그 마음에 하나님의 통치가 나타나는 심령천국이다(마 5:3;막 10:15;눅 17:21). 둘째는 낙원이다. 낙원은 심령천국이 이루어진 성도가 끝까지 믿음으로 사는 자들이 세상을 떠날 때, 그의 영혼이 들어가는 장소다. 그 곳에서 영혼이 하나님의 통치를 받기 때문에 낙원이 천국이다(눅 23:43;고후 12:4). 셋째는 주님께서 재림하시면 주님께서 왕으로 통치하시는 천년왕국이다. 천년왕국은 낙원에 있던 성도들의 영혼이 부활하여 들어가는 장소다. 부활한 성도들이 천년왕국에서도 하나님의 통치를 받는 곳이기 때문에 그 곳이 천국이다(계 2:7,20:6). 넷째는 새 예루살렘 성이다. 새 예루살렘 성에도 하나님의 다스리심과 통치가 나타나는 곳이기 때문에 천국이 되는 것이다(계 21:10-25). 그러므로 천국은 반드시 죽음 이후에 들어가는 것만이 아니라 이 땅에서 주님을 믿는 우리는 이미 천국을 소유하고 있다는 사실을 알아야 한다. 천국을 소유한 자들이 죽음 이후에 가는 곳이 낙원이다.

지옥과 음부는 같은 점도 있고 차이점도 있다. 같은 점은 천국에 들어가지 못하는 악인들이 최종적으로 들어가는 장소이기 때문이며, 차이점은 영혼이 들어가는 장소와 몸으로 부활하여 들어가는 점이 차이점이다. 지옥 γέεννα(게엔나)는, 악인들이 최후에 들어가는 장소며, 음부 ᾅδης(하데스)는, 무저갱, 지하세계, 스올, 음부, 무덤 등의 의미로 악인들의 영혼이 들어가는 장소다. 음부에 들어가 있던 악인들의 영혼이 몸으로 부활하여 최후의 행위심판을 받아 들어가는 장소가 지옥이다. 그곳에는 영원토록 불과 유황불이 타고 있는 둘째사망 곧 불못이다(계 20:12-15). 천국에도 심령, 낙원, 천년왕국, 새 예루살렘 성으로 과정과 차례가 있듯이 지옥에도 음부에서 지옥으로 들어가는 과정과 차례가 있는 것을 볼 수 있다. 그러므로 같은 점도 있고 차이점도 있다는 것이다.

주님께서 천국과 지옥에 들어가는 자들에 대한 증언에서 우리는 중요한 세 가지의 진리를 찾을 수 있다. 첫째는 천국과 지옥은 반드시 있다는 사실이다. 그런데 교회 안에서도 천국과 지옥을 부정하는 자들이 많이 나타나고 있는 것을 보기 때문에 우리는 속지 말아야 한다. 둘째는 천국과 지옥은 반드시 사람의 행위에 따른 결과로 결정된다는 것이다. 그렇다고 하여 행위로 천국을 가는 것은 아니다. 주님을 믿는 자들은 그의 믿음의 열매가 행위로 나타나야 한다는 것이다. 때문에 주님께서 산상수훈을 가르치신 것이며, 주님께서 가르치신 교훈이 생활의 열매가 나타나는 자들이 천국에 들어가는 백성이며, 그 교훈을 따르지 않는 자들은 지옥에 떨어지는 것이다. 천국백성의 열매가 반드시 행위로 증명되어야 한다는 것이다. 이것이 산상수훈을 받는 자세와 자격이다. 이것을 부정하는 것이 니골라 당의 교훈이다. 셋째는 천국에 들어가는 자와 지옥에 떨어지는 자들의 결과는 한 단어에 속한다는 것이다. 그 단어는 회개다. 회개한자, 또는 회개하는 자들이 천국에 들어갈 수 있는 자들이며, 지옥은 회개하지 않기 때문에 떨어진다. 주님은 죄인을 불러 회개시키시기 위하여 오셨다(눅 5:32). 때문에 천국복음 사역을 시작하시는 첫 번째 메시지부터 회개를 선포하신 것이다(마 4:17). 회개는 계명과 율법을 범한 죄를 말한다. 그 주님의 명령을 듣고 회개하기 위하여 찾아온 무리들에게 교훈하신 것이 산상수훈이다. 그리고 계시록 22장에서 회개를 명령하시고 모든 성경을 결론으로 마치셨다(계 22:14). 회개하는 자들이 주님께서 재림하시면 예비하신 새 하늘과 새 땅에 들어가는 것이다. 회개는 주님의 복음사역의 시작이며 마지막이다.

회개는 아담의 범죄로 인하여 우리가 죄인된 것과 천국백성들과 맺은 언약의 계명과 율법을 범한 죄를 주님의 보혈의 피로 씻는 것이다. 회개는 두 부류가 있다. 회개 한자와 회개하는 자다. 회개한 자는 주님의 보혈의 피로 씻음 받기 위해서 믿음을 가진 자다(과거). 주 예수를 믿는 자는 죄 용서를 받은 것이다. 회개하는 자들은(현재) 산상수훈의 가르침에서 자신이 죄인인 것을 깨닫고 그 죄를 회개하는 것이며, 회개하는 심령에 주님께서 성령을 부어주셔서 성령으로 산상수훈을 행하게 하는 것이다. 이것이 아버지의 뜻대로 사는 것이며, 반석위에 집을 짓는 지혜로운 건축자가 되는 것이다. 따라서 미련한자는 죄와 심판을 업신여기며 조롱하지만 지혜 있는 자는 회개를 은혜로 여긴다 (잠 14:9). 회개한 자와 회개하는 자는 주님의 피로 죄가 씻음 받았기 때문에 천국에 들어가는 것이며, 죄를 씻음 받지 못했기 때문에 지옥에 떨어지는 것이다. 회개하지 않으면 자신의 죄 때문에 지옥에 떨어지는 것이다. 그러므로 천국과 지옥은 회개라는 한 단어 안에 속하여 있다는 것을 알 수 있다. 주님께서 재림하실 때에도 회개하는 자들이 주님께서 예비하신 새 하늘과 새 땅에 들어갈 수 있다(계 22:14). 그런데 이렇게 중요한 회개를 현대교회는 왜 듣지 못하며, 또한 회개를 외치면 왜 사람들이 도망을 가는 것일까! 우리는 천국에 들어가기 위하여 또는 천국백성으로 날마다 자신을 돌아보며 산상수훈의 교훈대로 살지 못하는 것을 회개하며, 성령으로 충만하여 산상수훈이 우리의 삶으로 열매가 나타나야 천국에 들어 갈 수 있다는 사실을 잊지 말아야 한다.

바울의 율법

    사도행전은 교회역사를 기록한 성경이며, 서신서는 사도행전의 교회역사에 속한 성경이다. 복음서는 모세오경과 동일하게 주님께서 계명과 율법의 의미를 해석하여 가르치셨고 그 계명과 율법을 완전하게 하시기 위하여 십자가를 지신 사건들을 기록한 성경이다. 주님은 첫 언약 백성들에게 친히 돌판에 계명과 율법을 기록하여 주신 분이다. 첫 언약은 모형과 그림자였다(히 10:1). 그 모형과 그림자를 완전하게 하시기 위하여 주님께서 친히 사람의 모양으로 오신 것이다. 십자가에서 아담이 선악과를 범한 죄와 첫 언약의 백성들이 계명과 율법을 범한 죄를 모두 속량하시고 육신이 연약하여 계명과 율법을 지키지 못하는(롬 8:3), 정욕을 십자가에 못 박으시고(갈 5:24), 속량함을 받은 언약 백성들에게 새 언약으로 맺은 것이다. 이것이 성령의 법이다(롬 8:1). 성령의 법은 육신이 연약하여 지키지 못하는 계명과 율법을 성령께서 지키게 하는 법이다(롬 13:8-10). 사도행전은 주님께서 완전하게 하신 계명과 율법을 성령의 법으로 완성하게 하기 위하여 사도들을 통하여 세우신 교회역사다. 구약의 역사서와 동일하다. 구약의 역사서가 계명과 율법으로 언약의 백성들의 삶을 증언하는 것과 동일하게 신약은 사도행전에서 주님께서 완전하게 하신 계명과 율법이 성령의 법으로 신약의 백성들에게 성취된 것을 증언하는 성경이다. 구약의 시가서와 동일하다. 서신서는 교회역사에서 일어난 사건들을 기록한 성경이며, 계명과 율법을 대표적으로 기록한 성경이 로마서, 고린도 전후서, 에베소서, 갈라디아서, 골로새서, 히브리서다. 계시록은 계명과 율법으로 심판하는 성경이다. 구약의 선지서와 동일하다. 계시록의 일곱 교회가 성령의 법으로 계명과 율법을 지키지 못하는 부분은 구약의 선지자와 동일하게 두 증인들을 통하여 회개를 외치게 하며, 계명과 율법을 범한 교회와 세상은 심판을 외치는 성경이다. 회개와 심판의 기준은 구약과 동일하게 계명과 율법이다. 계명과 율법(모세오경)이 구약성경전체의 중심이듯, 신약성경도 계명과 율법(산상수훈)이 중심이 되는 것이다. 그러므로 신구약 모든 성경은 계명과 율법이 핵심이다(마 22:37-39).

1) 바울서신

서신서에서 계명과 율법이 성취되는 역사를 기록한 성경은 바울서신이다. 바울서신은 바울이 쓴 13권의 서신서를 말한다. 주님께서 구약의 언약 백성들에게 모세를 통하여 주셨던 계명과 율법이 신약에는 바울을 통하여 계명과 율법을 교회에 성취하게 하셨다. 그런데 바울은 서신서에서 계명과 율법에 대한 용어를 율법이란 한 단어로 많이 사용하고 있다. 때문에 바울이 사용한 율법에 대한 용어를 분별하는 지혜가 요구되는 것이다. 바울은 계명과 율법을 분리하여 사용하지 않고 율법이란 한 단어 안에 계명이란 단어를 함축하여 사용하고 있기 때문이다. 계명과 율법을 하나의 단어로 율법이라는 점이다(마 5:18-

19). 때문에 분별을 잘 못하면 율법주의로 해석할 수 있으며, 또한 율법 폐기론으로 해석할 수 있는 것이다. 율법주의와 율법 폐기론은 기독교 2천년 역사 안에서 많은 논란의 대상이 되었으며, 지금까지도 그 영향이 교회 안에 나타나고 있는 것을 볼 수 있다. 율법주의는 구약의 율법을 신약에도 그대로 지켜야 된다는 이론이며, 율법 폐기론은 율법은 버려야 된다는 이론이다. 때문에 신학에서 율법문제는 어려운 문제가 되어 많은 혼란이 일어났으며 그 혼란을 해석하기 위하여 많은 연구들이 나오게 된 줄로 알고 있다. 우리가 앞에서 계명과 율법의 단어를 원어로 해석한 바와 같이 계명과 율법은 넓은 의미로는 동일한 것이다. 때문에 바울이 계명과 율법을 율법이라는 한 단어로 사용하는 것이 잘 못된 것은 아니지만 계명과 율법이 좁은 의미로는 차이점도 있기 때문에 분별하는 지혜가 요구되는 것이다. 왜냐하면 바울 서신에는 영원히 지켜야 되는 율법도 강조하면서 폐하여진 율법도 강조하기 때문이다. 때문에 율법주의와 율법 폐기론이 나오는 것이다.

2) 영원한 율법

바울은 십계명으로 주신 율법은 영원히 지켜야 되는 것을 강조한다. 십계명은 하나님의 뜻을 알려주는 지식과 진리이기 때문이다. "롬 2:18,20 율법의 교훈을 받아 하나님의 '뜻'을 알고 지극히 선한 것을 분간하며-율법에 있는 지식과 진리의 모본을 가진 자로서" 바울은 율법의 교훈으로 지극히 선한 것을 분간하는 지식으로 하나님의 뜻을 알게 된다는 것이다. 율법이 아니면 하나님의 선하신 뜻을 알 수 없기 때문이다(롬 7:12;딤전 1:8). 그리고 그 율법을 십계명으로 연결시키고 있다. "롬 2:21-22 도둑질하지 말라 선포하는 네가 도둑질하느냐 간음하지 말라 말하는 네가 간음하느냐 우상을 가증히 여기는 네가 신전 물건을 도둑질하느냐" 십계명은 하나님의 뜻을 알려주는 지극히 선한 말씀이기 때문에 영원히 지켜야 되는 계명이다(시 119:44,89,93,111,112). 이는 하나님의 아가파오 사랑으로 주신 말씀이다. 아가파오 사랑은 쌍방의 관계적인 사랑이다. 그 관계적인 사랑을 어떻게 실천해야 되는지 알려주는 것이 십계명이다. 때문에 주님께서 그것을 성취하시기 위하여 오신 것이며, 그것을 천국백성들에게 가르쳐주신 것이 산상수훈이다.

3) 폐하여진 율법

그리고 바울은 폐하게 된 율법도 강조하고 있다. 이러한 점에서 바울이 사용한 율법이 무엇을 말하는지를 분별해야 한다는 것이다. 구약에서 율법으로 주신 선민법, 제사법, 음식법 등은 폐지되었다는 것이다. "엡 2:15 법조문으로 된 계명의 율법을 폐하셨으니" 폐하셨으니 καταργέω(카타르게오)는, 계명의 율법이 활동하지 못하게 하다, 율법을 못쓰게 만들다, 율법을 폐지하다, 율법을 무효로 하다, 율법을 치워버리다 등의 의미다. 본문의 율법은 구약율법의 선민 법을 폐지한 것을 말한다. 구약의 선민들은 이스라엘 백성들이었다. 그 선민의 징표로 받는 것이 할례다. 그런데 주님께서 그 율법을 폐하셨기 때문에 이방인들은 할례를 받지 않아도 믿음으로 선민이 되는 자유를 주셨다는 것이다(엡 2:13-14;골 2:11-14) 그리고 구약율법의 제사법도 폐지되었다. "히 7:18 전에 있던 계명은 연약하고 무익하므로 폐하고" 본문의 율법은 구약의 제사법을 폐지하신 것이다. 이것이 주님께서 첫째 것은 폐하시고 둘째 것을 세우신 것이다(히 10:9). 따라서 신약에는 구약의 오대제사와 절기를 지키는 것에서 자유를 얻게 된 것이다. 그리고 구약율법의 음식법도 폐지되었다. "골 2:16-17 그러므로 먹고 마시는 것과 절기나 초하루나 안식일을 이유로 누구든지 너희를 비판하지 못하게 하라 이것들은 장래 일의 그림자이나 몸은 그리스도의 것이니라" 주님께서 십자가에서 우리를 거스르고 불리하게 하는 법조문으로 쓴 증서를 지우시고 제하여 버리사 십자가에 못 박으시고 음식법에서 자유를 주신 것이다(골 2:14). 이와 같이 바울서신에서 바울이 사용한 율법이 무엇을 말하는지를 명확하게 알면 율법주의와 율법 폐기론에서 자유하게 될 것이다.

4) 율법의 기능

율법의 기능이란 율법이 가지고 있는 고유하고 특수한 역할과 능력을 말한다. 바울은 서신서에서 주님께서 언약 백성들과 맺은 율법에 대하여 해석하고 있다. 이것이 율법의 기능이다. 이 기능에 대하여 바울이 해석한 서신에서 찾아보면 다음과 같다. 첫째, 율법은 하나님의 뜻을 알려주는 기능이 있다. 이는 율법이 아니면, 또는 율법이 없으면 하나님의 뜻을 알 수 없다는 의미다. 때문에 언약 백성인 하나님의 가족에게 율법을 주셨다는 논리다. "롬 2:18 율법의 교훈을 받아 하나님의 '뜻을 알고' 지극히 선한 것을 분간하며" 율법이 지극히 선한 하나님의 뜻을 알려주는 것임으로, 율법에서 그 선한 뜻을 분별하게 하는 역할을 한다는 것이다. 때문에 율법을 알면 우리는 무엇이 선하고 악한 것인지를 구별할 수 있다. 이는 율법(십계명)을 지키는 것이 선이며, 율법(십계명)을 버리는 것이 악한 것이다. 그러므로 율법은 선과 악을 분별하지 못하는 맹인들의 길을 인도하는 안내자며, 어둠에 갇혀 있는 자에게 빛이 된다(롬 2:29).

둘째, 율법은 죄를 인정하게 하는 기능이 있다. 율법이 언약 백성인 하나님의 가족에게 무엇이 죄가 되는지를 알려준다는 것이다. 이는 율법이 선과 악을 구별하는 기준이기 때문이다. "롬 5:13 죄가 율법 있기 전에도 세상에 있었으나 율법이 없었을 때에는 죄를 죄로 여기지 아니 하였느니라" 율법이 있기 전에도 죄는 존재하고 있었지만 그 죄가 죄로 인정되지 않았다. 그런데 율법이 들어오면서 죄가 드러나게 된 것이다. 율법이 탐내지 말라 하지 아니하였더라면 탐심이라는 죄가 존재하고 있었지만 죄가 되는 줄을 몰랐는데 율법으로 탐심이 죄가 되는 줄을 알게 되었다는 것이다(롬 7:7). 이는 율법으로 주신 십계명을 언약 백성들이 어기는 것이 죄가 된다는 사실을 알게 하는 것이다. 때문에 율법은 죄가 무엇인지를 알려주는 기능이 있는 것이다. 마치 교통법규라는 법이 없을 때는 교통법규를 위반해도 죄로 여기지 않았지만 교통법규라는 법이 들어옴으로 교통위반이 죄가 된다는 사실을 아는 것과 같은 경우다.

셋째, 율법은 심판하는 기능이 있다. 율법이 선과 악을 분별하며 언약 백성들이 선을 행하는 자와 악을 행하는 자를 심판하게 된다는 것이다. 마치 교통법규를 만든 것은 그 법규를 통하여 사람의 생명을 안전하게 보호하기 위함이다. 그런데 그 법규를 지키면 생명이 안전할 수 있지만 지키지 못하면 벌칙을 받게 되는 것과 같은 경우다. 때문에 언약 백성들이 하나님의 선한 뜻으로 주신 율법(십계명)을 지키면 영원한 하나님의 생명 안에 살게 되지만 율법(십계명)을 범하면 하나님의 선하신 뜻을 버리게 됨으로 하나님의 심판을 받게 된다는 것이다. 이것이 하나님의 사랑과 공의다. "롬 2:12-13 무릇 율법 없이 범죄한 자는 또한 율법 없이 망하고 무릇 율법이 있고 범죄한 자는 율법으로 말미암아 심판을 받으리라 하나님 앞에서는 율법을 듣는 자가 의인이 아니요 오직 율법을 행하는 자라야 의롭다 하심을 얻으리니" 언약 백성들이 율법을 행하면 하나님의 의로운 백성으로 인정을 받지만 만일에 율법을 범하게 되면 율법이 정한 심판을 받는 것이다. 이는 모든 신구약 성경의 증언이다(롬 4:15).

넷째, 율법은 우리의 노력으로는 의인이 될 수 없다는 사실을 알려주는 기능이 있다. 율법으로 하나님의 선한 뜻을 알려주셔서 그것을 지켜야 하나님의 의로운 백성이 되지만 우리의 육신은 언약하여 율법을 지킬 수 없기 때문에 아무도 의인이 없다는 것을 알게 하는 것이다. "롬 3:10-12 기록된 바 의인은 없나니 하나도 없으며 깨닫는 자도 없고 하나님을 찾는 자도 없고 다 치우쳐 함께 무익하게 되고 선을 행하는 자는 없나니 하나도 없도다."(시 14:1-3,53:1-3) 이는 바울의 고백에서 찾을 수 있다. 바울은 율법이 신령한 것인 줄은 알고 있지만 그 율법을 행할 수 있는 능력이 없다는 것을 알았다. 때문에 오호라 나는 곤고한 사람이로다. 이 사망의 몸에서 누가 나를 건져내랴 하고 탄식한 것이다. 바울이 율법을 지킬 수 있는 능력이 없는 자신을 탄식하는 이유는 자신이 육신에 속하여 죄 아래에 팔렸기 때문이었다. 따라서 마음으로는 하나님의 가족으로 선을 행하고 싶지만 육신 안에 있는 죄가 율법을 범하는 악을 행하게 된다는 사실이다. 율법은 선하고 신령한 것임으로 행하고 싶지만 육신이 연약하여 지키지 못한다는 것이다(롬 7:14-24,8:3). 그러므로 우리가 의인이 될 수 없다는 사실을 알게 되는 것이다.

다섯째, 율법은 믿음의 법이 올 때까지 중보자, 그림자 역할을 하는 기능이다. 언약 백성들이 율법으로 의인이 될 수 없기 때문에 준비된 법이 믿음의 법이다. 그 믿음이 법이 예수 그리스도를 믿음으로 의인이 되는 법을 말한다. 따라서 율법은 예수 그리스도께서 나타나시기 이전까지 하나님과 언약 백성사이에서 중보자와 그림자 역할을 한 것이다(갈 3:19-21). 중보자는 율법이 믿음의 법으로 연결을 시켜주는 역할을 하는 것을 의미하며, 그림자는 장차 믿음의 법으로 성취될 것을 보여주는 것을 말한다. 이것이 언약 백성들과 맺은 제사법이다. 제사법은 장차 주님께서 오셔서 성취하실 것을 보여주는 그림자였다(히 10:1-4).

여섯째, 율법은 예수 그리스도에게 인도하는 기능이다. 이것을 몽학선생이라 부른다. "갈 3:24 이같이 율법이 우리를 그리스도에게로 인도하는 몽학 선생이 되어 우리로 하여금 믿음으로 말미암아 의롭다 함을 얻게 하려 함이니라" 몽학선생을 개역개정판에는 초등교사로 번역하고 있다. 몽학선생 παιδαγωγός (파이다고고스)는, 아이를 책임진 사람, 관리자, 가정교사, 아이를 인도하여 행동일체를 보살피는 사람 등의 의미다. 이는 주님께서 오시기 전까지 율법은 언약 백성들을 돌보는 관리자, 교육을 담당하는 교사의 직무를 감당했다는 의미다. 율법이 하나님의 선하신 뜻이 무엇이며, 무엇이 죄가 되는지, 어떻게 의롭게 되는지 등에 대하여 알려주는 임무를 수행한 것이다. 이것이 중보자와 그림자역할이다. 그런데 율법이 그리스도에게로 인도하는 몽학선생이라는 의미는 율법이 그리스도에게로 인도하는 안내자 역할을 한다는 것이다. 이것이 믿음의 법이다. 육신이 죄 아래 팔려서 언약한 육신으로 율법을 지킬 수 없기 때문에 주 예수 그리스도를 믿음으로 의롭게 되는 길로 인도하는 것이다. 때문에 바울은 주님으로 말미암아 하나님께 감사를 드리는 것이다(롬 7:25). 왜냐하면 주님에게 나가면 율법으로 범한 죄를 용서받고 결코 정죄함을 받지 않기 때문이며(롬 8:1), 또한 주님께서 보내주신 성령의 법으로 율법을 지킬 수 있게 되기 때문이다(롬 8:2). 때문에 율법은 몽학선생이 되어 언약 백성들을 믿음의 법으로 인도하여 믿음으로 율법을 굳게 세워지게 하는 것이다(롬 3:27,31). 그러므로 이제는 믿음이 법이 온 후로는 믿음으로 의롭다 함을 받았음으로 율법의 몽학선생 아래에 있지 아니하고 주님 안에서 하나님의 아들이 된 하나님의 가족의 신분으로 성령의 법으로 율법을 지키게 되는 것을 말한다(갈 3:25-26).

일곱째, 율법은 우리의 할 일과 갈 길을 인도하는 기능이다. "롬 3:31 그런즉 우리가 믿음으로 말미암아 율법을 파기하느냐 그럴 수 없느니라 도리어 율법을 굳게 세우느니라" 율법이 우리를 믿음의 법으로 인도하였다고 하여 율법이 파기되는 것은 아니다. 도리어 믿음으로 율법이 굳게 세워진다. 세우느니라 ἵστημι 히스테미)는, 동사, 직설법, 현재, 능동, 1인, 복수며, 율법을 굳게 세우다, 율법을 확실히 고정하다,

율법을 똑바로 세우다 등의 의미며, 동사 직설법 현재 능동 1인 복수는 믿음으로 율법을 파기하는 것이 아니라 도리어 믿음으로 율법을 항상 우리의 삶에서 스스로 굳게 세우고 보존하며 지키는 것을 말한다. 율법이 믿음으로 사는 우리에게 갈 길과 할 일을 인도하는 것을 말한다(렘 42:3). 율법은 믿음으로 하나님의 가족이 된 우리에게 어떻게 살아야 되며 무엇을 해야 되는지에 대하여 가르쳐준다. 항상 하나님을 사랑하며 섬기는 길(출 20:3-11), 항상 그리스도 안에 사는 길(엡 1:3-7), 항상 성령을 따라 사는 길(갈 5:16-23), 항상 쉬지 않고 기도하며 하나님의 뜻대로 사는 길(살전 5:16-18) 등과 이웃을 사랑하며 섬기는 일들을(출 20:12-17), 가르치고 인도한다(시 119:105). 율법이 인도하는 길을 따라 사는 것이 항상 그리스도 안에서 하나님의 가족으로 양육을 받아 장성한 그리스도인이 되는 것이다. 이것이 우리에게 주신 율법의 기능이다.

여덟 번째, 율법은 언약 백성의 표징이 되는 기능이다. "겔 20:20 또 나의 안식일을 거룩하게 할지어다 이것이 나와 너희 사이에 표징이 되어 내가 여호와 너희 하나님인 줄을 너희가 알게 하리라 하였노라" 율법은 언약 백성과 여호와 하나님과 사이에 표징이 되어 언약 백성들이 율법을 행하면서 여호와 하나님이 하나님이신 것을 알게 되며, 또한 이방인들에게 하나님을 나타내는 표징이 되는 것이다. 표징 אוֹת(오트)는, 표시하다 에서 유래한 두 사이의 표시, 징조, 예고, 표적 등의 의미다. 그러므로 율법은 언약 백성들에게 무거운 짐으로 주신 것이 아니라 하나님께서 사랑하신다는 표시, 증표, 싸인 이며, 또한 하나님께 사랑받은 백성의 표시, 표적으로 주신 것이다. 때문에 언약 백성들은 하나님의 가족으로 하나님께 받은 사랑에 동의하여 감사한 마음과 뜻을 다하여 하나님을 섬기는 것이다(마 22:37). 이것이 아가파오 쌍방의 사랑으로 맺은 율법이다. 그러므로 율법을 지키는 것이 하나님을 사랑하는 것이며, 율법을 버리는 것은 하나님의 사랑을 버리는 것이며, 또한 하나님께 사랑받는 백성의 자리를 버리는 것이다. 때문에 율법을 버리면 방자히 행하며, 율법을 버리면 여호와 하나님께 버림을 받는 것이다(호 4:6). 모든 성경은 이것을 증언하고 있다. 구약에서는 이스라엘 백성들에게 율법을 표적으로 주셨지만 신약에 성도들에게 산상수훈이 표징이다. 구약의 이스라엘 백성들을 신약의 성도들의 모형과 그림자로 삼으신 것이다. 구약의 이스라엘을 신약의 성도들의 첫 열매로 선택한 것이다(렘 2:3).

5) 율법과 사랑

사랑은 방종을 허용하지 않는다. 사랑은 법 안에서 자유다. 사랑하는 자와 결혼할 때, 반드시 서약을 한다. 서약은 사랑은 일방통행이 아니라 상호 간의 쌍방적인 관계적인 사랑을 지킬 것을 약속하는 언약이다. 이는 하나님과 우리의 관계를 나타내는 비유다. 하나님께서 우리를 기뻐하시며 아끼시는 사랑을 베푸심에 대하여 그 사랑을 받는 우리도 하나님의 사랑을 존중하게 여기며 자발적인 힘으로 그 사랑에 이끌려서 하나님께 확고한 믿음과 즐거움을 드리는 행동이 동반되어야 된다는 것이다. 이것이 쌍방통행의 아가파오 사랑이다. 아가파오 사랑은 주님께서 먼저 자발적인 사랑으로 우리를 자신의 형상대로 창조하셨고 창조하신 우리를 실제로 사랑하셨고 그리고 계속하여 사랑하고 계신다는 의미다. 그런데 주님께 사랑을 받고 있는 우리도 주님의 사랑에 반응하여 믿는 것이며, 믿음으로 주님을 마음과 성품을 다하고 힘을 다하여 사랑하며 예배하는 것이며(신 6:5,13:4), 주님과 언약으로 맺은 계명(시 119:47)과 율법(시 119:97)을 지키는 것이며, 이것이 선과(암 5:15), 진실과 화평(슥 8:19)을 추구하는 것이다. 하나님의 사랑에 반응하는 관계가 형성되면 그 사랑이 온전한 하나님의 가족으로 성립이 되는 것이다. 그런데 주님의 사랑을 오해하여 일방적인 사랑에만 매달려 있으면 주님을 섬기는 것과 말씀에 순종하는 삶을 버리게 된다. 이것을 보여주는 것이 일곱 교회들이 니골라 당의 교훈, 발람과 이세벨의 교훈을 받은 것이며, 주님은 니골라 당의 교훈을 미워하시며(계 2:6), 발람과 이세벨의 교훈을 회개하라 명령하신 것이다. 그러므로 율법은 사랑의 관계를 지속하기 위하여 맺은 법이다. 때문에 사랑은 방종을 허용하지 않는 것이다.

6) 생명의 법

국가의 헌법도 나라와 국민과 사회의 생명과 안전을 보호하기 위하여 세워진 법이다. 그런데 국민이 헌법을 지키지 않으면 안전이 무너진다. 율법과 계명도 천국백성들의 생명과 안전을 보호하기 위하여 주신 것이다. 법이 없는 사랑은 방종을 낳기 때문이다. 율법은 생명을 지키는 복이다. "잠 29:18 묵시가 없으면 백성이 방자히 행하거니와 율법을 지키는 자는 복이 있느니라" 묵시 חָזוֹן(하존)은, 하나님께서 자신을 드러내실 때, 보다, 주시하다 이며, 또는 선지자들을 통하여 하나님의 뜻을 전달하실 때, 자세히 보다, 선택하다, 경험하다 등에서 유래한 신탁, 꿈, 신적인 계시를 말한다. 이는 하나님과 맺은 언약인 계명과 율법을 자세히 보고 선택하여 지키는 것을 말한다. 때문에 본문의 후반 절에서 율법을 지키는 자는 복이 있다는 것이다. 방자히 פרע (파라)는, 니팔, 미완, 3인, 남성, 단수며, 고삐가 풀린, 제어할 수 없는, 내버려두다 등의 의미다. 니팔 미완 3인 남성 단수는 율법이 없는 자는 자동적으로 언제나 고삐가 풀려서 자기 마음대로 사는 것을 의미한다. 때문에 하나님께서 자신이 선택하신 우리들이 고삐가 풀린 자처럼 자기 마음대로 살지 못하도록 하기위하여 맺은 것이 계명과 율법이다. 그런데 우리는 율법을 무거운 짐으로 여기고 있다. 하지만 율법은 우리에게 무거운 짐을 지우기 위하여 주신 것이 아니라 도리어 율법 안에서 생명과 안전과 자유를 주시기 위하여 주신 사랑하는 하나님의 가족과 맺은 언약임을 알아야 한다. 우리는 그리스도 안에서 사랑받는 자녀들이기 때문이다. 아담과 맺은 선악과도 동일한 원리다.

7) 요약

구약의 언약 백성들에게 맺은 계명과 율법을 신약의 천국백성인 우리에게 해석하여 가르치신 것이 산상수훈이다. 그 산상수훈을 바울을 통하여 교회에 성취되게 하는 것이 바울의 율법이다. 바울은 서신서를 통하여 주님께서 가르치신 산상수훈을 교회들을 위하여 자세하게 해석하였다. 주님께서 산상수훈으로 가르치신 계명과 율법을 따르지 못하는 원인을 서신서에서 성령을 따라 살지 않고 육신을 따라 사는 자들이라고 해석하고 있다. 주님은 언약 백성인 유대인으로 율법아래에서 나셨고 십자가에서 율법의 저주를 받으심으로 율법의 요구를 완성하셨으며(갈 1:4,3:13,4:4-5), 우리가 육신이 연약하여 계명과 율법을 지키지 못하는 죄를 십자가에서 속량하셨고 속량을 받은 심령에 새 언약의 성령을 부어주셔서 계명과 율법을 완성하게 하신 것이다. 이 것이 믿음의 법이며, 성령의 법이다. 따라서 주님은 율법을 폐하거나 무효화시키신 것이 아니라 도리어 십자가에서 모든 율법을 완전하게 하신 것이다. 그러므로 우리 안에 일어나는 육신의 소욕을 날마다 십 자가에 못을 박아야하며, 성령을 따라 살아야 한다(갈 5:22-24). 십자 가에 못을 박는 것이 육신의 소욕이 일어날 때마다 회개하는 것이며, 회개하는 자에게 주님께서 성령을 부어주셔서 성령의 열매가 나타나 게 하신다. 성령의 열매를 따라 사는 것이 온 율법을 성취하는 것이며 (롬 13:8-10;갈 5:14), 산상수훈이 성취되는 것이며, 다시는 종의 멍에 를 메지 않는 것이다(갈 5:1). 주님께서 오시기 전에는 우리가 율법아 래서 종노릇하고 살았다. 이제는 주님께서 우리에게 성령으로 자유를 주셨기 때문에 다시는 종의 멍에를 메지 말라는 것이다(갈 4:3). 이는 육신의 소욕을 따라 살지 말라는 의미다. 육신으로 짓는 죄를 정죄하 는 율법이 우리를 그리스도에게 인도하게 했으니 그리스도를 믿는 믿 음으로 성령을 따라 하나님과 이웃을 사랑하여 산상수훈이 성취되게 하라는 말씀이다. 이는 우리가 믿는 것과 아는 것이 하나가 되어 장성 한 그리스도인이 되는 것을 말하며(엡 4:12-13), 성령의 법으로 사는 것이다. 성령의 법으로 사는 자들이 천국백성이며, 천국백성들이 하 나님의 가족이며, 하나님의 가족이 가는 곳이 하늘나라다. 이것이 모 든 신구약 성경 안에 감추어져 있는 예수 그리스도의 비밀이며, 그 비 밀 안에 감추어져 있는 예수 그리스도의 지혜와 지식의 보화들이다. 그 보화는 그리스도 안에 있는 자에게 성취된다.

성령 충만

사도행전은 주님께서 십자가에서 돌아가신 후 3일 만에 부활하시고 하늘로 승천하시면서 제자들에게 명령하신 것을 실천한 제자들의 역사다. 주님은 이때를 위하여 3년 동안 제자들을 3가지 방법으로 양육하셨다. 그리고 주님은 하늘로 승천하시기 전에 제자들을 세상으로 파송하셨다(마 28:19-20). 주님에게 파송을 받은 자들이기 때문에 제자들을 사도라 부른다. 사도는 보내심을 받았다는 의미다. 주님은 사도들을 세상으로 파송하시면서 사도들이 주님께서 명령하신 사역을 잘 수행할 수 있도록 하기 위하여 성령을 그들에게 부어주셨다. 주님께서 부어주신 성령을 받은 사도들의 사역으로 나타난 열매가 교회다. 따라서 사도행전은 3가지 역사가 기록된 책이다. 사도들의 역사, 성령의 역사, 교회의 역사가 그것이다. 서신서는 사도행전 이후에 기록된 교회역사다. 사도행전은 복음서에서 탄생한 성경이며, 서신서는 사도행전에서 탄생한 성경이다. 그러므로 사도행전은 복음서와 서신서를 이어주는 징검다리 역할을 한다. 복음서에서 사도행전이 탄생되었으며, 사도행전에서 서신서가 탄생되었기 때문이다. 이제부터 사도행전과 서신서에서 어떻게 성령의 역사가 시작되었는지, 그 성령의 역사가 예수 그리스도 안에 감추어져 있는 비밀과 또한 계명과 율법이 교회에서 어떻게 완전하게 성취하게 되는지 등에 대하여 상고하고자 한다.

1) 성령 충만의 비밀

주님께서 사도들에게 성령을 부어주신 사건에 대하여 학자들은 두 가지 해석으로 많은 논쟁을 하고 있는 것을 볼 수 있다(최갑종. 성령과 율법. 21-183p). 하나는 선 중생, 후 성령 세례로 보는 해석이며, 다른 하나는 중생과 이신 칭의 와 동일한 사건으로 보는 해석이다. 선 중생 은 성령 충만과 함께 믿음을 가지는 것을 말하며, 후 성령 세례는 믿음 을 가진 후에 다시 성령 충만을 받는다는 의미다. 중생과 이신 칭의 와 동일하게 보는 것은 성령이 임하는 동시에 믿음을 가지게 되는 것을 말한다. 후 성령세례에 대한 성경적인 증거는 제자들과 고넬료, 에베 소 교회성도들에게 임한 성령사건이다. 제자들과 고넬료 에베소 교회 성도는 이미 믿음을 가진 후에 성령이 임하였기 때문이다. 중생과 이 신 칭의 와 동일한 사건으로 보는 해석은 예루살렘 교회와 사마리아 교회, 또는 바울을 통하여 세워진 이방교회들이 증거다. 예루살렘 교 회와 사마리아 교회, 이방교회는 성령의 역사와 동시에 믿음을 가지 게 된 교회들이기 때문이다. 따라서 학자들의 두 가지 해석들은 성경 적인 증거가 명확하기 때문에 모든 교회에서 두 가지 해석에 지지하 며 수용하고 따르고 있는 줄 알고 있다. 하지만 사도행전에 임한 성령 충만의 사건에 대한 학자들의 해석은 사도행전에서 임한 성령사건으 로 나타난 열매에만 국한 된 해석이다. 사도행전의 성령임재 사건은 전 중생, 후 성령세례 해석의 차원을 넘어서는 더 큰 의미가 숨겨져 있 다. 이것이 성령 충만의 비밀이다. 이는 신구약 성경에서 계시되어 있는 삼위일체 하나님의 경륜을 아는 것에서 성령 충만의 비밀을 알 수 있는 열쇠가 된다.

성경은 삼위일체 하나님의 경륜이 성취되는 것을 기록한 책이다(엡 3:2). 따라서 사도행전에서 제자들에게 임한 성령사건은 삼위일체 하나님의 경륜을 완성하시기 위한 사건이라는 것을 알아야 한다. 사도행전은 주님께서 하늘로 승천하시면서 사도들에게 자신의 사역을 위임하셨고 사도들은 그 명령에 순종하면서 나타난 열매다. 주님은 사도들이 자신이 명령하신 사역을 감당할 수 있도록 부어주신 것이 성령 충만의 사건이다. 따라서 사도행전에 나타난 성령사건은 주님께서 성부 하나님께서 창세전에 이미 예정하신 뜻을 성취하신 것을 사도들의 사역을 통하여 완성되게 하기 위하여 부어주신 것이다. 그러므로 사도행전에서 나타난 성령 충만 사건은 삼위일체 하나님의 경륜을 완성하시기 위하여 일어난 사건인 것을 알 수 있다. 사도들에게 임한 성령사건은 이미 구약에서 예언된 것의 성취다(욜 2:28). 구약에서 예언되어 있는 성령을 주님께서 사도들에게 보내주시겠다고 약속하셨다(요 14:16). 이것이 성부 하나님의 뜻을 성자 하나님께서 성취하시는 것이다.

그러므로 사도들에게 성령이 임하기 전에는 복음사역을 금지하셨고 성령이 임하도록 기다리라고 명령하셨다(눅 24:19;행 1:4-5). 왜냐하면 성령이 주님의 사역을 완성하실 분이시기 때문이다. 때문에 주님께서 약속하신 그 성령을 부어주신 것이다. "행 2:1-3 오순절 날이 이미 이르매 그들이 다 같이 한 곳에 모였더니-그들이 다 성령의 충만함을 받고 성령이 말하게 하심을 따라 다른 언어들로 말하기를 시작하니라"

오순절 날에 사도들에게 부어주신 성령은 이미 구약성경에서 예언된 말씀의 성취며, 주님께서 약속하신 것의 성취며, 구약 칠칠절 절기에서 보여준 모형의 성취다. 이 모든 성취는 삼위일체 하나님의 경륜에 따라 성취되는 것이다. 오순절 날에 사도들에게 임한 성령 충만 πλήθω (플레도)는, 동사, 직설법, 1부정과거, 수동, 3인, 복수며, 완전히 채우다, 가득하다, 충만하다, 다 되다, 차다 이며, 동사 직설법은 성령이 실제적으로 사도들에게 충만하게 임한 것을 의미하며, 수동은 100% 주님께서 사도들에게 성령을 부어주신 것을 의미하며, 1부정과거는 이미 삼위일체 하나님의 경륜 안에서 계획하신 것을 부어주셨다는 의미와 또는 사도들에게 부어주신 성령은 한번만 부어주는 단회적인 사건으로 끝나는 것이 아니라 사도들의 사역의 현장에서 지속적으로 부어주시겠다는 의미다. 충만하다 의 단어의 의미에서 다 되다, 차다 라는 의미는 두 가지 해석이 가능하다. 하나는 주님께서 사도들에게 성령을 부어주기를 약속하신 시간이 다 되다 라는 의미 와 또는 주님께서 사도들에게 성령을 부어주기를 약속하신 시점이 다 차다 라는 의미이며, 다른 하나는 이제부터는 전적인 성령의 시대가 다 되었다는 의미와 또는 이제부터는 전적인 성령의 시대가 다 차다 라는 의미다. 이것이 성령 충만의 대한 비밀이며, 그 비밀이 이제부터 열리는 것이다. 전적인 성령의 시대란 지금까지 구약성경에서 계획하신 삼위일체 하나님의 경륜에 대하여 이제부터는 성령이 완성하실 시대가 다 되었다, 또는 그 시대가 찼다 라는 것이다.

구약에서는 특정한 시대에서 특정한 사람에게 특정한 사역을 위하여 성령이 임하셨다. 천지를 창조하신 사건, 성막을 만드는 사건 등, 그리고 왕과 선지자들에게 임하셨다. 신약에서도 주님과 제자들의 사역에 성령이 함께 하셨다. 그런데 구약과 복음서에서 임한 성령은 영구적인 것이 아니라 특별한 사역을 위하여 일시적으로 임한 것이다(요 7:39). 이것이 전적인 성령시대와 차이점이다. 성령시대가 임하기 전에 임한 성령은 앞으로 성령의 시대가 도래 할 것을 보여주는 표징이다. 그런데 이제부터는 주님께서 십자가에서 새 언약을 맺으신 이후부터 전적인 성령시대가 되었다는 것이다. 때문에 주님께서 십자가를 지시기 전날에 내가 떠나가는 것이 너희에게 유익이라 내가 떠나가지 아니하면 보혜사가 너희에게로 오시지 아니할 것이요 내가 가면 그를 너희에게로 보내리니 라고 말씀하신 것이다(요 16:7). 전적인 성령의 시대를 위하여 성령이 영구적으로 영원히 제자들과 함께 할 수 있도록 보내주신다는 약속이다(요 14:16). 그 약속대로 제자들에게 보내주신 사건이 오순절 성령강림이다. 오순절 성령강림은 주님께서 십자가에서 아버지의 뜻을 성취하시고 부활하셔서 승천하신 이후부터 일어난 사건이다. 이는 주님께서 십자가에서 성취한 아버지의 뜻을 이제는 성령으로 완성하시기 위하여 전적인 성령의 시대를 열어주신 것이다. 이것이 오순절에 일어난 성령 충만의 비밀이다. 따라서 오순절 성령 충만의 사건을 선 중생, 후 성령세례, 또는 중생과 이신 칭의 와 동일한 사건으로 보는 해석들은 성령으로 나타나는 열매인 것은 분명한 사실이지만 오순절 성령 사건은 이보다 더 깊고 오묘한 하나님의 경륜이 들어있음을 알아야 한다.

2) 성령과 교회

오순절 날에 사도들에게 임한 성령 충만은 사도들에게 영구적으로 함께 하심으로 복음을 전파하여 교회가 시작되었다. 이는 성령께서 사도들의 사역을 통하여 교회가 세워지게 하신 것이다. 이제부터 전적인 성령의 시대가 시작된 것이다. 성령은 사도들이 가는 곳마다 교회를 세웠다. 성령으로 예루살렘 교회가 세워졌으며(행 2장), 성령으로 사마리아 교회가 세워졌으며(행 8장), 성령으로 고넬료의 집 가정교회가 세워졌으며(10-11장), 성령으로 사도바울을 통하여 이방교회가 시작되었다(행 13:1-3). 성령은 계속하여 전 세계에 교회가 세워지게 하셨다. 이것이 사도행전의 역사며, 성령의 역사며, 전 세계 교회역사다. 때문에 성령의 시대는 전적인 교회를 세우는 시대다. 구약에서 주님께 대한 계시와 예언과 모형과 그림자로 보여준 비밀을 성령의 시대에 성령을 통하여 교회에게 완성되게 하는 것이다. 그리고 주님은 성령으로 교회 안에 계시면서 자신이 성취하신 인류 구원을 완성되게 하시는 것이다. "요일 3:24 주는 그의 안에 거하시나니 우리에게 주신 '성령으로 말미암아 그가 우리 안에 거하시는 줄을' 우리가 아느니라" 주님께서 성령으로 교회 안에 계시는 것이 세상 끝 날까지 사도들과 함께 하시는 것이며, 우리와 함께 계시는 것이다. 주님은 성령으로 우리와 함께 계시면서 주님께 대한 비밀을 교회를 통하여 또는 교회에게 모두 완성하시는 것을 말한다. 따라서 사도행전에는 몇 가지 비밀이 숨어 있다. 그 비밀은 주님께 대한 비밀이다. 첫째, 주님께서 성령으로 우리에게 오신 비밀이며, 둘째, 성령이 주님에게 감추어져 있는 지혜와 지식의 보화의 비밀을 완성시키시는 비밀이며, 셋째, 성령이 주님께 대한 비밀을 교회를 통하여 그리스도 안에 있는 자에게 완성하게 하는 비밀이다.

　왜 주님께서 성령으로 교회 안에 계시는가? 교회는 주님께서 십자가에서 자신의 피로 사셨기 때문이다. "행 20:28 성령이 그들 가운데 여러분을 감독자로 삼고 하나님이 '자기 피로 사신 교회' 를 보살피게 하셨느니라" 교회 ἐκκλησία(엑클레시아)는, ～로부터 와 부르다 에서 유래된 회중, 모인 무리가 교회다. 엑클레시아가 구약에서는 이스라엘 민족의 회중, 또는 종교적인 의식을 위한 모임 등에 사용되었다. 애굽 땅에 있는 그들을 하나님께서 불러낸 민족이기 때문이다. 신약에서는 세상에 있는 택한 우리들을 부르셔서 신앙의 공동체를 만든 것이 교회다. 그런데 교회는 두 가지 목표를 가지고 있다. 첫째는 부르심을 받은 백성들이 하나님을 섬기는 일을 목표로 두고 있는 신앙 공동체이며, 둘째는 세상에 있는 택한 백성들을 불러서 주 예수님을 믿게 하는 복음전파를 위한 공동체이다. 첫 번째 목표는 이스라엘 민족에게 적용이 가능하며, 두 번째 목표는 이방민족들에게 적용된다. 주님께서 이스라엘과 이방인이 하나의 신앙공동체를 만드시기 위하여 세운 것이 교회다(창 12:3). "엡 2:12-13 그 때에 너희는 그리스도 밖에 있었고 이스라엘 나라 밖의 사람이라 약속의 언약들에 대하여는 외인이요 세상에서 소망이 없고 하나님도 없는 자이더니 이제는 전에 멀리 있던 너희가 그리스도 예수 안에서 그리스도의 피로 가까워졌느니라" 바울은 이것이 하나님께서 창세전에 이미 감추어두신 경륜이라는 것이다(엡 3:6,9).

주님은 이 목표를 성취하시기 위하여 십자가에 자신의 피로 값을 주고 교회를 사셨다(계 5:9). 사신 περιποιέομαι (페리포이에오마이)는, ~에 대하여와 만들다, 행하다, 이루다, 일으키다, 완수하다, 자신을 위하여 ~을 하다 등의 의미에서 유래한 삼다, 얻다, 보전하다, ~을 소유하다 등의 의미다. 이는 주님께서 자신의 피로 자신을 위하여 교회를 만들다, 보전하다, 소유하다 등을 말한다. 때문에 교회는 주님께서 주인이시다(마 16:18;엡 1:23;골 1:18). 하나님께서 영원부터 계획하신 뜻에는 크게 두 가지의 비밀이 감추어져 있음을 알 수 있다. 하나는 주님을 교회의 주인으로 세우셔서 만물이 주님에게 복종하게 하는 것이며, 또한 주님 안에서 만물을 충만하게 하실 것에 대한 것이며(엡 1:22-23), 다른 하나는 주님을 통하여 첫 번째 언약을 폐하시고 두 번째 새 언약을 성취하시려는 뜻이다. 첫 번째 언약은 이스라엘 백성들에게 하신 언약이며, 두 번째 새 언약은 이스라엘과 이방인이 하나가 된 교회를 통하여 성취하실 뜻을 말한다. 교회를 통하여 만물을 통치하는 것과 하나님의 율법과 계명이 성취되게 하는 것이다. 이는 주님의 몸 된 교회의 지체로 부르심을 받은 우리를 통하여 성취될 것이다(엡 5:30). 따라서 교회는 주님의 몸의 지체들이 모여서 주님께서 성취하신 일들을 세상 속에서 완성시켜나가는 공동체가 교회다. 주님은 이러한 하나님의 뜻을 성취하시기 위하여 십자가에서 자신의 피를 쏟으셔서 교회를 세우신 것이다.

교회는 주님께서 십자가에서 자신의 피로 사셨기 때문에 주님은 교회의 몸과 머리시다. "엡 1:23 교회는 그리스도의 몸이며 어디서나 모든 것을 넘치도록 채워 주시는 분이 계신 곳이다(현대인성경)." 교회가 주님의 몸과 머리가 되는 것은 주님께서 피로 값을 주고 사셨기 때문이다. 그 교회를 사도들을 통하여 세우신 것이다(마 16:18). "골 1:18 그리스도께서는 자신의 몸인 교회의 머리와 시작이 되시며 죽은 사람들 가운데서 먼저 살아나셔서 모든 것의 으뜸이 되셨다(현대인성경)." 머리는 주님께서 교회를 통치하시고 지도하신다는 의미다. 그리고 우리는 그 몸에 붙은 지체들이다. "고전 12:27 너희는 그리스도의 몸이요 지체의 각 부분이라" 몸의 지체란 절대적인 머리의 통치를 받는다는 의미다. 몸에 붙어있는 지체이기 때문에 머리되시는 주님의 통치와 지도를 절대적으로 받는다는 말씀이다. 우리가 주님의 통치와 지도를 받게 되면 주님 안에 감추어져 있는 모든 보화를 넘치도록 누리는 것이다. 이것이 포도나무 되시는 주님에게 붙어 있는 자에게 약속한 많은 열매들이다(요 15:5). 넘치도록 채워 πληρόω(플레로오)는, 동분사, 현재, 중간, 속격, 남성, 단수며, 가득하게 하다, 충만하게 하다, 완성하다, 이루다, 성취하다, 채우다, 끝내다, 완전하다 등의 의미다. 이는 주님에게 붙어있는 자에게 주님 안에 감추어져 있는 모든 보화들을 가득하게, 충만하게, 채워주신다는 말씀이다. 동분사 현재는 초림부터 재림까지 항상 주님에게 붙어있는 자에게 주님 안에 감추어져 있는 많은 보화들을 넘치도록 채워주신 다는 의미다. 그 보화는 믿음으로 대속함을 받아 하나님의 자녀가 되는 은혜를 받는 것이며, 하나님의 자녀에게 부어주시는 새 언약의 성령의 법으로 하나님의 계명을 성취하는 것이며, 하늘의 신령한 복을 받는 것 등이다(엡 1:3). 이것이 교회 머리이신 주님에게 붙어있는 자에게 머리로부터 넘치도록 채우심을 받는 보화들이다(엡 3:19). 그리고 주님께서 교회의 주인이란 의미는 성령으로 교회 안에 임재 하여 계신다는 의미다. 주님은 우리의 눈으로는 보이지 않지만 성령으로 교회 안에 항상 임재 하여 계신다(요일 3:24;계 2:1). 성령으로 교회 안에 임재 하여 계시기 때문에 교회 주인이 되시며, 몸과 머리가 되시는 것이다. 언제나 동일하게 계신다(히 13:8). 교회 안에 계시면서 우리에게 공급하여 주신다(요 7:37-39). 그러므로 교회는 어떤 나라 어떤 지역에 있든지 주님의 보화들이 가득하게 넘치는 곳임을 알아야 한다.

3) 새 언약

주님께서 십자가에서 쏟으신 피는 우리의 모든 죄를 대속하신 것과 죄로 인하여 더러워진 마음과 양심을 깨끗하게 씻어주셔서 하나님을 섬기는 하나님의 백성들이 되게 하셨다. "히 9:13-14 염소와 황소의 피와 및 암송아지의 재를-육체를 정결하게 하여 거룩하게 하거든 하물며 영원하신 성령으로 말미암아 흠 없는 자기를 하나님께 드린 그리스도의 피가 어찌 너희 '양심을' 죽은 행실에서 '깨끗하게' 하고 살아 계신 하나님을 섬기게 하지 못하겠느냐" 아담이 범죄한 이후에 모든 사람의 마음이 부패하여 죄를 짓는 악한 마음과 양심을 가지고 있었다(마 15:19). 마음이 부패하니 하나님을 알지도 못하고 섬기지를 못함으로 다른 우상을 만들어 섬기게 되었다(롬 1:21-24). 이렇게 부패한 마음과 양심에서 나온 죄에 대하여 주님께서 십자가에서 피를 쏟으셔서 모두 속량해 주셨으며, 또는 다시는 마음과 양심이 더러워져서 죄에 빠지지 않도록 하기 위하여 마음과 양심을 깨끗하게 하신 것이다. 그리고 깨끗하게 된 마음과 양심에 다시 언약을 맺으신 것이다. 이것이 새 언약이다(렘 31:31-33). 그러므로 우리는 마음과 양심을 항상 청결하게하기 위하여 날마다 주님의 피로 깨끗하게 씻음 받아야 한다(요일 1:9). 마음이 깨끗해야 마음에 기록된 계명의 말씀이 기억나며, 마음이 청결한 자가 하나님을 보게 된다(마 5:8).

새 언약은 주님의 피로 죄로 인하여 더러워진 마음과 양심을 깨끗하게 씻어주시고 그리고 깨끗하게 된 마음에 성령으로 계명을 새겨주신 것을 말한다. 이것이 내가 나의 법을 그들의 속에 두며 그들의 마음에 기록하신다는 말씀의 성취다(히 8:10,10:16). 그런데 두 번째 새 언약으로 첫 번째 언약을 폐하셨다고 하여 율법 폐지론을 주장하면 안 된다. 도리어 율법을 완전하게 하신 것이다. 주님께서 내가 온 것은 율법을 폐하려 함이 아니라 완전하게 하려 함이라고 하셨다(마 5:17). 주님께서 율법을 완전하게 하려 하심이라는 의미는 자신의 몸을 십자가에서 피를 쏟아서 율법으로 범하는 죄를 속량하시고 돌판에 기록하여 준 계명을 이제는 마음에 새겨서 성령으로 지킬 수 있게 하신다는 의미다. 계명은 영원히 지켜야 할 언약이기 때문이다(시 19:9). 따라서 주님께서 모든 율법과 선지자들의 강령이 십계명이라고 하신 것이다(마 22:37-40). 구약의 율법으로 주신 7대 절기, 할례, 레위기 5대 제사, 부정한 음식 등은 주님께서 십자가에서 완성하게 될 모형이며, 그림자로 주신 율법이다. 주님께서 십자가에서 모형과 그림자로 주신 율법의 저주를 받으심으로 우리를 율법의 저주에서 속량하심으로 그 율법은 모두 완성하신 것이다(갈 3:13). 때문에 신약시대에는 완성하게 된 율법은 폐하게 된 것이다. 그러나 십계명은 영원히 지켜야 되는 성령의 법이다. 이 법을 영원히 지킬 수 있도록 십계명을 우리의 마음에 기록하여 주셨다는 말씀이다. 이것이 주님께서 십자가에서 맺으신 새 언약이다.

4) 성령의 법

주님은 대속의 피로 율법과 계명을 범한 죄를 속량해 주시고 속량함을 받은 깨끗한 마음과 양심에 율법과 계명을 기록하여 지킬 수 있도록 하는 법이 성령의 법이다. "롬 8:1-2 그리스도 예수 안에 있는 자에게는 결코 정죄함이 없나니 이는 그리스도 예수 안에 있는 생명의 성령의 법이 죄와 사망의 법에서 너를 해방하였음이라"성령 πνεῦμα (프뉴마)와 법 νόμος(노모스)는, 율법과 계명의 합성어다. 이는 예수 그리스도 안에 있는 자는 예수 그리스도께서 십자가에서 쏟으신 자신의 피로 율법과 계명으로 범한 죄를 모두 속량해 주시고 속량함을 받은 마음과 양심을 깨끗하게 하여 주님께서 보내주신 성령으로 계명을 지킬 수 있게 하신다는 의미다. 이것이 성령의 법이며, 이 법을 위하여 오순절에 성령을 충만하게 부어주신 것이며, 충만하게 부어주신 성령으로 이제부터는 돌판으로 기록된 계명이 아닌 전적인 성령으로 마음에 기록된 계명을 지키게 하는 새 시대가 되었다는 것이다. 때문에 돌판에 기록된 계명을 지키지 못하는 죄와 그 죄로 인하여 임하는 사망에서 해방시킨 것이다. 죄와 사망의 법이란 율법과 계명을 지키지 못하는 것이 죄가 되는 것이며, 그 죄로 인하여 사망에 이르게 됨으로 죄와 사망의 법이 되는 것이다. 그런데 예수 그리스도 안에 있는 자에게는 성령의 법이 죄와 사망의 법에서 해방하였기 때문에 다시는 정죄함이 없어진 것이다. 주님께서 십자가에서 율법의 저주를 받으셨고 율법으로 범한 죄를 속량하셨고 또한 성취하셨기 때문이다. 그리고 새롭게 된 마음에 기록된 계명에 대하여 성령으로 지킬 수 있도록 하신 것이다. 이는 육신으로는 계명을 지킬 수 없기 때문에 성령을 마음에 부어주셔서 성령으로 지킬 수 있게 하신다는 것이다(롬 8:3). 이것이 주님께서 십자가에서 온갖 수모를 당하시면서 피를 쏟으신 중요한 사건을 성취하시는 새 언약의 성령의 법이며, 그리스도 안에 감추어져 있는 보화다.

5) 오직 성령

그러므로 이제부터 우리는 절대적으로 성령을 따라 살아야 한다. 성령을 따라 살아야 율법의 요구가 완성되기 때문이다. 우리가 성령을 따라 살지 않으면 육신을 따라 살게 된다. 육신을 따라 살면 율법의 요구를 성취할 수 없게 된다(갈 5:16-23). 성령을 따라 사는 것이 새 영으로 두 번째 새 언약을 성취하는 것이다(겔 11:19). 새 영이 성령이다. 성령을 주님의 피로 죄를 깨끗하게 씻어낸 우리의 마음에 부어주셔서 계명을 범하는 육신의 굳은 마음을 제거하고 부드러운 마음으로 계명을 지키게 한다(겔 36:26-28). 육신을 따라 살면서 굳어져 있는 마음을 제거하기 위하여 성령을 불같이 부어주신 것이다. "행 2:3-4 마치 불의 혀처럼 갈라지는 것들이-각 사람 위에 하나씩 임하여 있더니 그들이 다 성령의 충만함을 받고 성령이 말하게 하심을 따라 다른 언어들로 말하기를 시작하니라" 불 πῦρ(퓌르)는, 명사, 속격, 중성, 단수며, 불은 태우고, 뜨겁게 하며, 따뜻하게 하며, 어둠을 밝히는 빛이 불이다. 속격은 성령에게 속한 불이란 의미며, 이는 성령이 불같이 임하여 굳은 마음을 태우고 제거하여 부드럽고 따뜻한 마음을 가지게 하며, 또한 육신으로 보지 못하는 어두워진 마음을 밝게 하여 계명을 지키게 한다는 의미다. 때문에 사도행전에서 오순절에 임한 성령 충만의 사건은 그 당시만 임한 단회적인 사건이 아니라 전 교회시대마다 영구적으로 임하면서 성령의 법을 성취하게 하는 것이다. 이것이 주님께서 자신의 피로 사신 교회를 통하여 성취하시는 비밀이다. 그러므로 교회가 시작되는 초대교회 때부터 성령을 부어주신 것이다. 주님은 이 불을 붙이시려고 오신 것이다. "눅 12:49 내가 불을 땅에 던지러 왔노니 이 불($\pi \hat{u} \rho$, 퓌르)이 이미 붙었으면 내가 무엇을 원하리요" 그 불이 붙기 전에는 주님의 마음이 답답하셨다(눅 12:50). 그러나 교회에 부어주신 성령으로 하나님을 사랑하는 것과 이웃을 사랑하는 계명을 지키게 되면서 주님의 답답하심이 사라지게 된 것이다(롬 13:10;갈 5:22-23). 이는 성령으로 하나님의 말씀에 순종하게 하는 것이다(벧전 1:2). 성부 하나님은 이것을 계획하셨으며, 성자 하나님은 그 계획하신 것을 성취하신 것이며, 성령 하나님은 주님께서 성취하신 것을 교회를 통하여 완성되게 하시는 창세전에 예정하신 하나님의 경륜이시다.

은사와 열매

　우리는 지금 성령에 대한 여러 가지 해석으로 인한 문제들을 가지고
있다. 이를테면 성령과 말씀을 이분법으로 나누어서 순복음 교단에 속
한 교회는 성령의 은사를 중요하게 인식하여 은사를 강조하며, 장로
교단에 속한 교회는 말씀을 중요하게 인식하여 말씀만 강조하고 있다
는 문제다. 또한 성령의 은사는 초대교회에만 임한 단회적인 사건이
기 때문에 현대교회에서 성령의 은사로 나타나는 방언, 예언, 신유의
은사들은 인정하지 않는 문제도 있다. 그러므로 방언, 예언, 신유의 은
사를 행하거나 인정하면 이단처럼 생각하는 점이다. 그리고 성령의 은
사는 반드시 방언, 예언, 신유만 성령의 은사처럼 인식하여 방언과 예
언과 신유가 안 일어나면 성령의 은사를 못 받은 것처럼 인식하는 문
제도 있다. 때문에 성령의 은사를 자기 주관적인 경험에만 의존하여
자기와 다르면 은사를 잘 못 받은 것처럼 인식하여 비판하는 경우들
을 보게 된다. 때문에 지금까지 사도행전에서 주님께서 부어주신 성
령 충만의 사건에서 일어나는 일들에 대한 해석들과 이번 단락에서 성
령의 은사에 대한 해석들에서 지금까지 우리들의 교회 안에 일어나고
있는 문제들에 대하여 도움을 받아 성령으로 신앙생활에 승리하는 삶
이되기를 기대한다.

1) 은사

성령의 은사는 우리의 유익을 위하여 주시는 성령의 선물이다. 유익이란 주님께서 십자가에서 맺으신 많은 열매들이 성령의 은사를 통하여 우리에게 나타나게 하는 것이다. "고전 12:4,7 은사는 여러 가지나 성령은 같고 각 사람에게 성령을 나타내심은 유익하게 하려 하심이라" 유익 χάρισμα(쉼페로)는, 동분사, 현재, 능동, 대격, 중성, 단수며, ~와 함께, ~와 더불어 와 견디다, 참다, 데리고 가다, 지탱하다, 나르다, 운반하다, 낳다 등에서 유래한 가져다 쌓다, 모으다, 결합하다, 돕다, 유익을 주다, 낫다, 좋다 등의 의미며, 동분사 현재 능동 대격 중성 단수는 성령의 은사는 각각의 성도에게 언제나 어디서나 어떠한 경우든지 항상 우리를 돕기 위하여 나타내는 것이 목적이라는 의미다. 이는 성령의 은사는 어떠한 장소든 어떠한 시간이든 성도를 돕는다는 것을 의미하며, 100% 성령의 은사를 통하여 항상 우리를 유익하게 한다는 의미다. 각 사람에게 ἕκαστος(헤카스토스)는, 형용사(대), 여격, 남성, 단수며, 각 사람에게, 낱낱이(한 사람도 빠짐없이), 일일이(각각의 은사), 매일(언제나) 등의 의미다. 각 사람은 두 부류의 사람으로 해석할 수 있다. 한 부류는 각각의 개인에게 9가지 은사를 모두 주신다는 의미며, 다른 부류의 사람은 각 사람의 사명에 따라 9가지 은사를 나누어주신다는 의미다(롬 12:6-8;고전 12:8-10). 형용사 여격 남성 단수는 각각의 우리에게 모든 은사를 유익을 주기위한 목적으로 언제나 어디서나 나타나게 하신다는 의미다.

여기서 우리는 성령의 은사에 대한 올바른 지식을 가지게 된다. 첫째는 성령의 은사는 초대교회만 일어난 단회적인 사건으로 오해하는 것은 잘 못된 것임을 알 수 있다. 성령의 은사가 초대교회만 일어난 단회적인 사건으로 해석하려면 현재 능동이 아니라 과거 완료형이 되어야 한다. 따라서 현대교회에서 은사가 나타나지 않는다고 믿는다면 각각의 성도에게 빠짐없이 9가지 은사를 우리의 유익을 위하여 언제나 어디서나 나타나게 하신다는 성령의 은사를 배척하는 큰 죄가 될 수 있다. 둘째는 성령의 9가지 은사는 특별한 사람, 또는 특정한 사역을 위하여 부분적인 은사만 나타날 수 있다는 것이다. 이를테면 특별한 부흥사 목사님이나, 특별한 목회자와 특별한 직분을 맡은 성도에게 특별한 사역을 위하여 말씀의 지혜와 지식, 예언, 방언, 신유 등의 은사들이 나타나는 것을 말한다. 때문에 예언, 방언, 신유 등의 은사가 나타나면 이단처럼 인식하는 것은 큰 잘못이다. 셋째는 성령의 은사는 성도의 유익을 위하여 모든 성도에게 동일하게 나타나기 때문에 성령의 은사에 대하여 열등의식을 가지는 것과 또는 우월감에 빠지는 것도 크게 잘 못된 것임을 알아야 한다. 은사는 성도누구에게나 빠짐없이 성도의 유익을 위하여 매일같이 나타나기 때문이다. 이 모든 것은 성령께서 자신의 뜻대로 각 사람에게 나누어주시기 때문이다(고전 12:11).

그렇지만 우리가 기억할 것이 있다. 성령의 은사가 각 성도의 유익을 위하여 나타나게 하기 위해서는 항상 성령의 인도를 따르는 것을 잊지 말아야 한다. 때문에 항상 성령의 충만함을 받으라(엡 5:18). 신령한 은사를 사모하라(고전 14:10), 성령을 근심되게 하지 말라(엡 4:30), 성령을 소멸하지 말라고 명령한 것이다(살전 5:19). 성령의 역사를 소멸시키고 근심되게 하며, 은사를 사모하지도 않고 성령으로 충만하지 않으면서 성령의 은사만 나타나기를 바라는 것은 잘 못이라는 것이다. 은사 χάρισμα(카리스마)는, 명사, 속격, 복수며, 기뻐하다, 즐겁다. 평안하다 에서 유래한 끄는 힘, 은총, 호의, 은혜로운 행위, 선물 등의 의미에서 유래한 은사를 값없이 주다, 은사로 은혜를 베풀다, 은사를 선물하다 등의 의미다. 속격은 성령에게 속한 은사, 성령이 주시는 은사, 성령으로 나타나는 은사를 말하며, 복수는 성령으로 나타나는 9가지 많은 은사들을 말한다. 9가지 은사는 고전 12:8-9 나타나는 은사들이다. 따라서 성령의 은사는 우리의 유익을 위하여 성령께서 각 사람에게 값없이 거저주시는 여러 가지 은혜로운 행위, 또는 여러 가지 은혜의 선물이라는 것이다.

2) 9가지 은사

각 성도의 유익을 위하여 성령께서 주시는 9가지 은사 중에 제일 첫번째 은사가 지혜의 말씀과 지식의 말씀은사다. 지혜 σοφία(소피아)는, 깨끗함, 현명한, 경험하는, 유식한 등의 의미에서 유래한 성령으로 경험되는 깨끗하고 현명한 유식함을 의미하며, 이 지혜는 땅에 있는 정욕과 귀신(약 3:15)에게 속한 지혜와 구별된 하늘에 속한 지혜다(약 3:17). 이 지혜가 예수 그리스도 안에 감추어져 있는 지혜다(골 2:3). 말씀 λόγος(로고스)는, 말하기, 글로 표현한 교훈, 훈계, 가르침, 예언, 명령, 계명, 선포 등의 의미다. 이는 말과 글로 표현한 계명과 율법, 계명을 해석한 산상수훈, 또는 계명과 율법을 기록한 신구약 성경을 말한다. 이는 성령이 은사로 성경에 기록된 계명과 율법, 그리고 계명을 해석한 산상수훈을 우리에게 주님의 지혜로 또는 주님에게 감추어져 있는 지혜를 현명하고 유식하게 깨닫게 하는 것을 의미한다. 지식 γνῶσις(그노시스)는, 인격적으로 알다, 배우다, 발견하다, 지각하다, 깨닫다, 확인하다, 발견하다, 이해하다, 인정하다, 인식하다, 동침하다 등의 의미에서 유래한 아는 것, 지식을 말한다. 이 지식은 두 가지 의미가 있다. 하나는 머리와 감정으로 배우며 인식하며 확인하여 아는 지식이며, 다른 하나는 알게 된 지식을 인격적인 관계로 경험하여 체험하는 것을 말한다(벧전 3:7 동거). 두 가지 의미의 지식은 계명과 율법에 관한 교훈을 기록된 신구약 성경을 지식으로 아는 것과 지식으로 알게 된 성경을 경험으로 체험하게 하는 것을 말한다. 계명과 율법은 신구약 모든 성경의 교훈이며, 훈계며, 가르침이며, 예언이며, 명령이며, 계명이며, 선포다. 신구약 성경을 하나의 문장으로 요약하면 두 계명이다(마 22:36-40). 성령께서 두 계명, 또한 두 계명에 관한 교훈을 기록한 성경에 대하여 하늘의 지혜로 현명하게 깨닫게 하여 우리의 생활 속에 체험하게 역사하는 것이 지혜와 지식의 말씀은사다. 이 지혜와 지식의 은사는 새 언약으로 주신 성령으로 계명을 마음에 기록해주시겠다고 약속하신 언약의 성취다(렘 31:33;엡 1:13,17). 우리의 마음에 계명을 지키도록 기록하여 주시는 것이다. 때문에 성령의 은사로 주시는 지혜와 지식이 아니면 그 누구도 주님을 알 수도 없고 믿을 수도 없고 믿는 자와 사랑의 교제와 교통과 우리의 교육을 위하여 맺은 언약인 계명과 율법, 그 계명과 율법을 해석한 산상수훈을 지킬 수 없다는 사실을 알 수 있다. 이것이 성령의 시대를 위하여 창세전에 예정하신 하나님의 경륜이다.

주님은 십자가에서 주님의 피로 계명을 지키지 못한 죄를 깨끗하게 씻어주시고 씻음 받은 마음과 양심에 계명을 성령의 은사로 기록하여 주신 것이다(렘 31:33;겔 11:19,36:26-27). 이는 주님께서 십자가에서 세우신 새 언약으로 계명이 성취되게 하시는 하나님의 뜻이다. 때문에 성령의 지혜와 지식의 말씀은사는 우리에게 영원한 생명의 법으로 주신 계명과 성경을 깨닫고 살게 하는 것을 말한다. 이는 성도의 마음에 기록된 생명의 법으로 생활 속에서 선과 악을 분별하며 실천하게 하는 것이다(히 5:14). 이것이 성령이 우리를 진리가운데로 인도하는 것이며(요 16:13), 주님께서 성취하신 성령의 법으로 새 언약을 성취하는 것이다. 그러므로 성령의 지혜의 말씀과 지식의 말씀은 같은 동급이다(대등 접속사). 하나님의 말씀에 대한 지혜와 지식은 동일하다는 것이다. 지혜만 있고 지식이 부족하면 온전하지 못하며, 또는 지식은 있고 지혜가 없으면 그것도 또한 온전하지 못한 것이다(엡 4:13). 때문에 지혜와 지식은 동일하게 나타나야 온전한 성령의 법이 성취되는 것이다. 이것이 우리의 유익을 위하여 값없이 주시는 성령의 지혜와 지식의 은사며, 9가지 은사 중에 지혜와 지식의 은사가 우리에게는 매우 중요한 첫 단추가 되는 것이다. 바울은 성령의 은사로 주님 안에 감추어져 있는 보화들을 경험적으로 체험하였다. 때문에 세상에 가졌던 지혜와 지식과 모든 명성을 다 버리고 그리스도와 십자가 외에는 아무 것도 알지 않기로 작정한 것이며(빌 3:8), 자신의 사역에서 성령의 은사가 사라질까봐 두려워하고 심히 떨었다(고전 2:3).

믿음의 은사 πίστις(피스티스)는, 확신을 가지게 하다, 수긍시키다, 인정하다, 따르다, 옳게 여기다, 순종하다, 의지하다 등에서 유래한 신뢰, 엄숙한 약속, 보증, 신앙, 충성 등의 의미다. 이는 성령으로 우리의 마음에 기록하여 주신 계명의 말씀에 대하여 확신을 가지게 하여 그 말씀을 신뢰하며 순종하게 하는 것이 믿음의 은사다. 믿음의 은사는 두 가지 유익으로 나타난다. 하나는 예수 그리스도에 대한 확실한 믿음을 가지게 하는 것이며, 또한 그 믿음을 더욱 강화시키는 것이다. 다른 하나는 마음에 기록된 말씀에 대하여 신뢰하며 그 말씀을 따르며, 순종하는 일에 충실하게 하는 것이다. 이것이 성령이 믿음의 은사로 성도에게 주는 유익이다. 그 유익으로 나타나는 결과로 우리는 하나님의 백성이 되고 하나님은 우리의 하나님이 되시는 것이다(렘 31:33;겔 11:19,36:26-27). 능력 행함의 은사 δύναμις (뒤나미스)는, 무엇이든지 할 수 있다, 무엇이든지 가능하다, 무엇이든지 행할 수 있다, 능히 하다 등에서 유래한 힘, 권능, 능력, 기적, 권세, 재능 등이며, 행함 ἐνέργημα (에네르게마)는, 활동하다, 역사하다, 생산하다, 초래하다, 이루다 등에서 유래한 활동, 경험을 의미한다. 이는 믿음으로 계명에 따라 순종하는 성도에게 성령으로 능력을 행할 수 있는 힘을 주서서 무엇이든지 할 수 있는 권능, 능력, 권세, 기적, 재능을 준다. 이 능력으로 하나님의 계명의 말씀을 지킬 수 있는 것이다. 하나님의 말씀을 알기만 하고 실천하지 못하면 무익하기 때문이다. 또한 하나님의 계명을 따라 살아가는 삶의 현장에서 하나님의 계명의 말씀으로 나타나는 권세, 능력, 기적들을 말한다. 이것이 믿는 자에게 능치 못함이 없는 능력들이다(막 9:23).

예언의 은사 προφητεία (프로페테이아)는, 전에, 앞에, 보다 더, 라는 전치사 와 말하다, 언명하다, 여쭈다, 대답하다 의 합성어에서 유래한 예언자, 예언, 예언의 은사, 예언의 말씀 등이며, 이는 전에, 앞에 말한 것이 옛 언약으로 주신 계명을 말하는 것이며, 보다 더 말하는 것은 주님께서 성취하신 새 언약으로 계명을 다시 해석하는 것을 말한다. 그러므로 예언의 은사는 새 언약의 계명을 해석하여 전하는 것이다. 계명을 지혜와 지식으로 가르치며 전파하는 것이다. 이는 계명에 대하여 우리들이 이해하고 깨닫게 하기위하여 가르침과 설교하는 자들이 예언의 은사를 받은 예언자들이다. 예언자들이 계명의 말씀을 전파하며 가르치는 현장에서 복음사역과 우리의 유익을 위하여 때에 맞는 말씀을 특별하게 주시는 것도 예언이다. 이것을 목회적인 예언이라고 한다. 영들 분별하는 은사 διάκρισις (디아크리시스)는, 영들을 구별하다, 분별하다, 판결을 내리다, 차별하다, 비판하다 등의 의미다. 이는 성령의 은사로 진리와 거짓을 분별하는 것을 말한다. 진리의 성령은 예수 그리스도에 대하여, 또는 하나님의 계명의 말씀을 바르게 깨우치며 전하는 영이다. 거짓의 영은 예수 그리스도께서 육체로 오신 것을 부정하며 하나님의 말씀을 거짓 되게 전하는 영이다(요일 4:1-5). 육체로 오신 주님을 부인하는 것을 구약에서 주님께 대한 예언과 인자로 오신 주님과 주님께서 지신 십자가를 부정하는 것임으로 매우 심각한 문제가 되는 거짓이다. 또한 옛 언약으로 주신 율법과 계명을 그대로 붙잡고 가르치며 전하는 영도 잘 못된 영이다. 이러한 것들을 분별하고 구별하여 진리를 따르게 하는 것이 성령으로 나타나는 영들을 분별하는 은사다. 병을 고치는 은사 ἴαμα (이아마)는, 고치다, 치료하다, 온전하게 회복하다 에서 유래한 병을 고치다 이다. 병을 고치는 은사도 두 가지 의미가 있다. 하나는 문자 그대로 몸에 병든 자를 고치는 것을 말하며, 다른 하나는 영적인 병을 고쳐 영혼을 회복시켜 주는 것을 의미한다. 성령의 은사로 몸에 병든 자를 고치는 것은 그에게 복음을 전하기 위한 목적이며(복음서 증거), 영적인 병을 고치는 것은 하나님의 계명을 지키게 하는 목적이다(요한 삼서 1:2). 따라서 성령의 은사로 나타나는 치유는 새 언약의 법이 성취되게 하는 유익이다.

각종 방언의 은사에서 각종 γένος (게노스)는, 무엇이 일어나다, 무엇이 발생하다, 창조되다, 생기다, 무엇에게 속하다 등에서 유래한 여러 종류들을 의미하며, 방언 γλῶσσα (글롯사)는, 혀, 언어, 말(외국어), 낯설고 신비롭고 알아들을 수 없는 말, 하늘의 언어들을 말한다. 각종과 방언은 합성어다. 이는 성령의 은사로 나타나는 낯설고 알아들을 수 없는 말과 하늘의 언어들의 종류가 여러 가지가 있다는 의미다. 낯설고 알아듣지 못하는 말이 각 나라의 말이며, 사도들이 각 나라 사람들에게 그들이 알아들을 수 있는 언어로 복음을 전한 것이 방언의 은사다(행 2:4-11). 이것이 각 나라 방언이며, 또한 하늘의 언어로 나타나는 방언이 있다. 영으로 하나님께 기도하는 방언이다. 이 방언은 사람은 알아듣지 못하지만 하나님께만 영으로 비밀을 기도하는 방언이다 (고전 14:2). 방언은 두 가지의 유익이 있다. 하나는 각 나라 사람들에게 복음을 전하는 유익이며, 다른 하나는 생활 속에서 강퍅하게 된 마음을 부드러운 마음으로 회복시켜주는 유익이다. 부드러운 마음으로 하나님의 말씀에 순종하게 하며, 영으로 하나님께 감사와 찬양을 드리게 한다. 방언을 통역하는 은사 ἑρμηνεία (헤르메네이아)는, 말하다, 설명하다, 해석하다, 번역하다 등에서 유래한 각 종류의 방언을 해석하다, 각 종류의 방언들을 번역하다 등의 의미다. 이는 두 가지로 나타나는 방언에 대하여 구체적으로 해석하여 설명하는 것을 말한다. 따라서 9가지 은사는 각 성도의 유익을 위하여 첫 번째 은사 안에 8가지 은사들이 종속되어 나타나는 것을 알 수 있다. 이것이 성령께서 그의 뜻대로 각 사람에게 나누어 주시는 은혜의 선물이다(고전 12:11).

9가지 성령의 은사가 성도에게 나타나는 유익에 대하여 요약하면 다음과 같다. 지혜와 지식은 성경에서 계명과 율법을 깨닫게 하여 우리의 마음 판에 기록하여 그것을 경험하게 하여 예수 그리스도에게 깊이 뿌리를 내리게 하며(골 2:7), 우리의 속사람을 강건하게 한다(엡 3:16). 믿음의 은사는 우리의 마음에서 뿌리를 내린 예수 그리스도를 바라보게 하는 믿음으로 광야와 같은 세상에서 흔들리지 않게 하며, 끝까지 신실한 믿음으로 주님을 예배하며 섬기며 따르게 한다. 능력 행함의 은사는 끝까지 주님께 대한 믿음을 지킬 수 있는 능력으로 믿음을 강화시켜주며, 또한 믿음으로 많은 기적들을 경험하게 하여 세상의 많은 사탄의 미혹들을 이기게 한다(벧전 5:9;유 1:3-4). 영들 분별의 은사는 성경으로 선과 악을 분별하여 항상 선을 따르게 한다(히 5:14). 예언의 은사는 우리의 말에나 일에서 예수 그리스도를 전파하며, 그 이름으로 감사하는 자가 되게 한다(골 3:17). 신유의 은사는 우리의 영과 육이 강건하게 하여 우리를 진리 가운데서 살아가게 한다(요삼 1:2-3). 방언의 은사는 성령의 역사가 지속적으로 우리 안에서 일어나게 하여 육신의 소욕을 이기며 성령의 소욕을 따르게 하며(갈 5:16-23), 또한 주님의 복음을 땅 끝까지 전하게 하는 능력을 공급한다(행 1:8). 방언통역의 은사는 전파되는 복음을 해석하여 복음의 역사가 나타나게 한다(행 2:8). 이것이 성령의 은사로 우리에게 값없이 주시는 은혜의 선물, 유익들이다.

3) 열매

성령의 9가지 은사들로 인하여 우리에게 유익으로 나타나는 결과가 성령의 열매다. 성령의 열매는 성령의 은사의 결과로 나타나는 선물이다. 열매는 은사의 결과다. "갈 5:22-23 오직 성령의 열매는 사랑과 희락과 화평과 오래 참음과 자비와 양선과 충성과 온유와 절제니 이 같은 것을 금지할 법이 없느니라" 성령의 열매는 성령의 은사로 하나님의 계명의 말씀을 삶의 현장에서 지키게 될 때 나타나는 결과다. 그 열매가 하나님을 사랑하고 이웃을 사랑하는 것이다. 사랑은 두 계명의 강령이다(마 22:37-40). 사랑하면 모든 말씀이 성취된다. 그러나 성령의 은사가 나타나지 아니하면 성령의 열매는 맺지 못한다(갈 5:16-23). 이것이 성령의 열매는 성령의 은사로 나타나는 결과인 것을 증거하는 것이다. 성령의 열매도 첫 열매 안에 나머지 8가지 열매가 함께 종속되어 있다. 하나님과 이웃을 사랑하면 그 사랑 안에 희락과 화평과 오래 참음과 자비와 양선과 충성과 온유와 절제는 함께 성취된다. 하나님과 이웃을 사랑하면 하나님과 이웃 사이에 자연히 희락의 관계로 나타나게 되며, 하나님과 이웃을 사랑하면 하나님과 이웃 사이에 분쟁이 사라지고 화평하게 되며, 사랑하면 인내하게 되며, 사랑하면 자비와 선과 충성의 삶을 살게 되며, 사랑 때문에 절제하게 된다. 이것이 예수 그리스도의 법과(갈 6:2), 생명의 성령의 법이 성취되는 것이며, 그 생명의 성령의 법이 모든 율법과 계명(산상수훈)을 성취하여 하나님나라의 속성인 의와 화평과 기쁨을 누리게 된다(롬 14:17). 이러한 유익을 위하여 주님께서 성령으로 우리 안에 포도나무와 같이 임재 하여 계셔서 성령을 지속적으로 영구적으로 공급하여 주시는 주의 영이 되셔서(요 14:26,15:4-5), 성령의 은사로 돕는 행위들이다.

성령의 은사와 열매는 새 언약으로 주신 성령의 법으로 죄와 사망의 법에서 자유하게 하며(롬 12:2), 우리에게 신의 성품이 드러나게 하며(벧후1:4-7), 하나님의 전신갑주로 무장하여 악령들에게 승리하는 자로 준비되게 하며(엡 6:11-18), 믿는 것과 아는 것이 하나가 되어 온전한 사람을 이루어 그리스도의 장성한 분량이 충만한 데까지 이르게 하며(엡 4:12-13), 변화 받은 우리의 몸으로 하나님께 산 제물이 되는 영적예배 자가 되게 한다. 영적예배 자가 되면 열심을 품고 주를 섬기며(롬 12:11;엡 5:19-21), 시와 찬송과 신령한 노래들로 서로 화답하며, 마음으로 주께 노래하며 찬송하며 범사에 우리 주 예수 그리스도의 이름으로 항상 아버지 하나님께 감사하며, 하나님께서 찾으시는 신령과 진정으로 드리는 예배 자가 된다(요 4:23-24). 그리고 생활에서 그리스도를 경외함으로 피차 복종하며, 교회 안에 있는 형제에게 거짓이 없는 사랑으로 악을 미워하고 선을 행하며, 형제를 사랑하여 서로 우애하고 존경하기를 서로 먼저하며, 소망 중에 즐거워하며 환난 중에 참으며 기도에 항상 힘쓰며, 성도들의 쓸 것을 공급하며 손 대접하기를 힘쓰며, 박해하는 자를 축복하며 저주하지 않으며, 즐거워하는 자들과 함께 즐거워하고 우는 자들과 함께 울며, 서로 마음을 같이하며 높은 데 마음을 두지 않고 도리어 낮은데 처하며 스스로 지혜 있는 체하지 않는다. 교회 밖에 있는 이웃에게는 아무에게 악을 악으로 갚지 않으며, 모든 사람 앞에서 선한 일을 도모하며, 모든 사람과 더불어 화목하며, 악에게 지지 않고 선으로 악을 이기며(롬 12:5-21), 세상에서 빛과 소금이 된다(마 5:13-14). 가정에서는 부부 사이에서 남자는 여자를 사랑하며 여자는 남자에게 순종하며, 자녀는 부모를 공경하며, 부모는 자녀를 하나님의 교훈으로 양육하며, 사업과 직장에서 리더와 직원들이 서로 존경하는 구체적인 열매들이 삶의 현장에서 나타나게 되는 것이다(엡 5-6장). 이것이 성령의 법으로 하나님을 사랑하며, 이웃을 사랑하여 계명이 성취 되는 은혜가 충만한 우리의 유익이다. 우리가 성령의 은사와 열매로 충만하면, 진리이신 예수 그리스도에 대한 비밀과 새 언약의 말씀에도 충만하게 된다(요 1:14). 이것이 성령 충만이다. 이는 기찻길의 두 레일과 동일한 원리다. 이 원리는 교회에서도 동일하다.

4) 복음전파

성령의 은사는 능력 있는 복음전파로 인하여 교회의 큰 부흥이 일어나게 한다. 고전 12:4-30 과 롬 12:6-8 복음을 전파하는 것과 주님의 몸된 교회를 섬기는 직분들을 위하여 각 사람에게 각각의 은사가 나타나게도 한다. 그리고 성도들에게 9가지 은사가 나타나게 하여 서로 연합하여 주님의 몸된 교회가 세워지게 하며(엡 4:12), 교회는 더욱 부흥하게 한다(행 6:1-7). 따라서 땅 끝까지 주님의 복음이 전파되는 것이다. 사도행전과 서신서에 등장하는 모든 교회들은 성령의 역사로 시작하여 성령의 은사로 부흥하여 전 지역에 주님의 교회들이 세워지게 된 것이다(행 13:1-3). 특히 교회 부흥을 위하여 역사하신 대표적인 은사는 예언, 병고침, 방언 등으로 예루살렘, 사마리아, 고넬료, 안디옥에서 이방선교, 에베소 교회들이 세워졌으며, 세워진 교회에서 말씀의 지혜와 지식의 은사로 말씀의 부흥이 일어나게도 하였다(행 19:20).

이것이 성령의 충만으로 나타나는 결과들이다(행 2:4). 이를 위하여 사도들에게 각각에 임한 성령의 은사의 직분에 따라 서로 연합하여 일어난 결과들이다. 성령의 은사로 교회가 세워지고 성령의 은사로 부흥되면서 믿음과 성령의 법이 성취되게 하는 것이다. 이것이 성령의 뜻이다(고전 12:11). 성령께서 자신의 뜻대로 교회유익을 위하여 역사하는 것이다. 초대 한국교회에는 많은 성령의 은사들이 일어났다. 그 은사로 교회는 많이 성장하는 유익의 열매를 맺게 되었다. 그런데 방언, 예언, 신유 등의 은사를 잘 못 사용하여 교회 안에 문제들도 일어났다. 때문에 교회가 은사로 인하여 문제와 분쟁 등으로 은사자체를 부정하는 현상도 있었다. 이것은 은사에 대한 잘 못된 교육과 인식 때문이며, 영적인 미성숙의 원인이라고 본다. 마치 고린도 교회와 같은 경우다. 하지만 그렇다고 하여 은사자체를 부정하면 안 된다. 은사에 대한 바른 교육과 바른 은사 운동으로 다시 한국교회는 영적인 성숙과 함께 큰 부흥이 일어나야 될 것을 기대한다.

5) 요약

성령의 은사는 반드시 교회와 성도의 유익을 위하여 주시는 주님의 분명한 목적이 있음을 알아야 한다. 그 목적은 교회부흥과 하나님의 율법과 계명을 해석한 산상수훈이 성취하고자 하는 것이다. 이것이 새 언약으로 주신 성령의 법을 성취하기 위한 값없이 주시는 하나님의 은혜의 선물이다. 그러므로 성령의 은사와 열매는 교회와 성도에게 선택해야 되는 선택과목이 아니라 반드시 일어나야 되는 필수 과목이다. 주님은 이 목적을 위하여 오순절에 사도들에게 성령을 부어주신 것이다. 때문에 교회와 성도는 반드시 성령을 따라 살아야 한다. 성령을 따라 살도록 하기 위하여 성령을 부어주신 사건이 오순절 성령강림이다. 따라서 오순절 성령감림은 초대교회만 일어난 단회적인 사건이 아니다. 초대교회로부터 주님께서 재림하시는 그날까지 교회와 성도에게 끊임없이 영구적으로 일어나야 한다. 그렇게 되어야 하나님의 경륜이 성취되는 것이며, 예수 그리스도 안에 담겨져 있는 보화들이 모두 교회 안에서 성취되며 완성되게 되는 것이다. 때문에 성경에는 항상, 현재, 능동, 명령형으로 성령의 신령한 은사를 사모하라(고전 14:1), 오직 성령으로 충만하라(엡 5:18), 성령을 따라 행하라(갈 5:16), 성령 받기 위하여 기도하라(눅 11:13;고후 1:11), 성령의 능력으로 속사람을 강건하게 하라(엡 3:16), 성령으로 기도하라(유 1:20), 성령이 거하시는 성전을 더럽히면 멸하리라(고전 3:16-17) 명령하고 있는 것이다. 명령은 절대적인 순종을 요구하는 문법이며, 수동은 이미 오순절에 주님께서 부어주신 성령을 의미하며, 능동은 이미 오순절에 교회 안에 임재하신 성령을 자신이 사모하며 구하여 충만하게 받으라는 의미며, 현재는 항상 성령을 사모하며, 기도하여 충만하게 받으라는 의미다.

왜냐하면 항상 사모하며 구하고 찾는 자에게 주시기 위하여 교회 안에 성령을 부어주셨기 때문이다. 이는 사도행전에 기록된 베드로의 설교와 사마리아, 고넬료 가정, 에베소 교회에 임한 성령역사들이 증거들이다(행 2:39). 성령으로 충만하여 성령을 따라 사는 것이 생명의 성령의 법이 성취되는 것이다. 그러므로 성령의 역사를 훼방하거나 거역하지 말라고 경고하고 있으며(마 12:31-32), 성령을 근심하지 않게 하라(엡 4:30), 성령을 소멸하지 말라(살전 5:19), 성령의 예언을 멸시하지 말라(살전 5:20), 성령의 불을 끄지 말라(마 25:8), 명령하는 것이다. 때문에 오직 성령이라는 것이다(슥 4:6;행 1:8, 20:23;롬 8:26, 14:17;고전 2:13;갈 5:22;엡 5:18;벧후 1:21). 이쯤에서 우리는 앞에서 성령에 대한 해석들의 문제들을 제기한 내용인 성령과 말씀을 이분법으로 나누는 문제, 성령의 은사는 초대교회에만 임한 단회적인 사건으로 해석하는 문제, 성령의 은사는 방언, 예언, 신유의 은사들만 인정하는 문제, 또한 방언, 예언, 신유의 은사가 안 일어나면 은사를 못 받은 것처럼 인식하는 문제와 그리고 방언, 예언, 신유의 은사를 행하면 이단처럼 인식하는 문제들에 대하여 해답을 찾게 되었다고 본다. 잘 못된 문제들은 진리이신 성령으로 바르게 해석되어야 한다. 그리고 항상 성령을 열심히 사모하며, 구하면 초대교회 오순절에 임한 성령은 오늘도 우리에게 변함없이 충만하게 역사하게 될 것을 믿는다. 이는 주님의 약속이기 때문이다. 이것이 오순절에 임한 성령 충만과 성령의 법에 대한 비밀이다.

2부

2부는 성경에서 증언하는 예수 그리스도의 비밀에 대하여 보지도 듣지도 믿지도 못하게 하는 대적 자들이 누구인지, 또는 그들은 어떻게 미혹하고 있는지 등에 대한 해석이다.

1) 거짓 출현

2) 교회시대 거짓출현

3) 구약의 거짓

4) 참과 거짓

5) 현대교회

6) 한국교회의 사명

7) 결론

거짓 출현

이번 단락부터는 지금까지 우리들이 상고한 예수 그리스도의 비밀과 그 비밀 안에 감추어져 있는 예수 그리스도의 지혜와 지식의 보화에 대하여 기록한 성경을 믿지 못하게 하며, 또는 잘 못 가르쳐서 왜곡시키는 거짓된 자들이 나타나고 있는 것들에 대하여 상고하고자 한다. 마치 사탄이 에덴동산에 침투하여 아담과 하와를 거짓으로 속여 선악과를 먹게 한 것과 같은 점이다. 이와 같이 사탄은 계명과 율법으로 언약을 맺은 이스라엘 백성들을 미혹하게 하기 위하여 거짓 선지자와 제사장들을 침투시켰으며, 신약에서도 동일하게 종교인들을 침투시켜서 미혹하였다. 그들이 바리새인 서기관 율법학자, 제사장 등이며, 이들을 종교인들이라 부른다. 그리고 교회시대부터 카이로스 종말까지 사탄은 많은 거짓된 종교인들과 적그리스도를 침투시켜 천국백성들을 미혹하였고 미혹하고 있다. 따라서 본 단락에서는 사탄이 미혹하기 위하여 침투시킨 종교인들과 적그리스도가 무엇으로 어떻게 미혹하였는지, 그들의 미혹을 우리는 어떻게 분별하며 대적해야 되는지 등에 대하여 상고하면서 성경에 기록된 예수 그리스도의 비밀에 관한 참 진리를 지키고 보존하는 일에 큰 도움이 되기를 소망하며 기대한다.

1) 유대인

주님께서 천국복음을 전파하실 때, 당시유대인들에 대하여 그들의 아비는 사탄이라고 하셨다. "요 8:44 너희는 너희 아비 마귀에게서 났으니 너희 아비의 욕심대로 너희도 행하고자 하느니라 그는 처음부터 살인한 자요 진리가 그 속에 없으므로 진리에 서지 못하고 거짓을 말할 때마다 제 것으로 말하나니 이는 그가 거짓말쟁이요 거짓의 아비가 되었음이라" 너희는 너희 아비 마귀에게서 났으니 너희 아비의 욕심대로 너희도 행하고자 한다는 자들은 아브라함의 후손으로 선민사상에 빠져있는 유대인들에게 하신 말씀이다(요 8:22-40). 그들은 선민사상에 빠져서 구약성경에서 계시하셨고 예언과 모형과 그림자로 보여주셨던 주님께서 구약에서 보여 주신대로 이 땅에 오셨음에도 영접하지 않고 배척했던 것이다. 그것이 진리를 믿지 않는 것이며(요 8:45), 진리를 믿지 않는 것은 마귀의 자식들이기 때문이라는 것이다. 때문에 주님을 배척하며 죽이려한 것이다(요 8:31,37). 진리를 믿지 않는 것은 하나님께 속한 자가 아니라 마귀에게 속한 자라는 표징이다. 그리고 주님을 거부하며 끝까지 대적하여 십자가에 못을 박았다. 지금도 유대인들은 두 부류가 있다 참 유대인과 거짓 유대인들이다. 거짓 유대인들이 참 유대인들이 세운 교회를 대적하며 박해하고 있다. 이들이 사탄의 회당 자칭 유대인들이다(계 2:9). 하나님의 자녀는 혈통으로나 육정으로 나지 아니하고 주님을 영접하는 자, 물과 성령으로 거듭난 자, 믿는 자들이다(요 1:12-13, 3:5,16).

2) 거짓 선지자

주님은 산상수훈에서 거짓 선지자들을 삼가라고 명령하셨다. 왜냐하면 그들은 양의 옷을 입고 천국백성들인 우리를 노략질하게 하기 위하여 등장하기 때문이다. "마 7:15 거짓 선지자들을 삼가라 양의 옷을 입고 너희에게 나아오나 속에는 노략질하는 이리라" 거짓 선지자들은 속에는 우리의 영혼을 노략질하려는 속임수가 가득하지만 겉으로는 순한 양처럼 나온다. 양 πρόβατον(프로바톤)은, 상징으로 길을 잃고 있는 백성들과 또한 제자들에게 사용된 상징이다(마 9:36,10:6,15:24,26:31). 그런데 본문에서 거짓 선지자들이 양의 옷을 입고 나온다는 것은 주님의 제자들과 같은 교회지도자로 가장하여 등장한다는 의미다. 천국백성들을 노략질하기 위하여 나타나는 것이다. 옷은 사람의 신분을 상징한다. 이는 천국백성들을 지도하는 목회자의 신분, 신학생들을 가르치는 교수의 신분, 부흥회 세미나 등을 인도하기 위한 강사의 신분, 기독교 NGO 단체를 인도, 지도하는 신분 등으로 나타나는 것을 말한다. 노략질 ἅρπαξ(하르파스)는, 형용사, 주격, 남성, 복수며, 택하다, 취하다, 잡아채다, 훔치다, 빼앗다, 강제로 체포하다, 저항할 수 없도록 잡아채다, 억지로 붙들다 등에서 유래한 이리들의 탐욕, 굶주린, 욕심 많은, 강도, 사기꾼, 탈취자 등을 의미하며, 형용사 주격 남성 복수는 많은 거짓 선지자들이 여러 가지 신분과 여러 가지 형태와 방법으로 우리를 노략질하게 하기 위하여 나타난다는 의미다. 여러 가지 형태는 목회하는 현장이나, 신학교, 기독교 NGO단체 등에서 성경연구, 설교, 세미나, 부흥회, 제자훈련, 방송 등을 통하여 가르치는 행위들을 말한다. 이렇게 다양한 인도와 가르침을 통하여 우리의 영혼을 노략질하기 위하여 여러 가지 모양(모임, 인터넷, 방송 등)과 방법(문서, 프로그램 등)들을 동원하는 것들이다. 이렇게 여러 모양과 방법으로 등장하는 거짓 선지자를 구별할 수 있는 길은 그들의 열매를 보면 알 수 있다고 주님은 말씀하셨다(마 7:15-20).

3) 종교인

신약성경에는 거짓 선지자들 외에 종교인들이 많이 등장한다. 대표적인 종교인들이 바리새인, 사두개인, 서기관, 율법학자, 제사장들이다. 서기관 γραμματεύς(그람마튜스)는, 성직자, 신학자, 율법학자, 율법을 기록하고 전수하는 서기관, 대제사장과 함께 구성된 산헤드린 회원 등이며, 바리새인 Φαρισαῖος(파리사이오스)는, 구별하다, 나누다, 규정하다, 명확히 보여주다, 지시하다 등에서 유래한 유대교에서 영향력 있는 종교집단의 대표자들이다. 이들은 경건함을 뜻하는 하시딤의 집단이며, 동맹자를 뜻하는 하베림 집단에서 율법의 규정을 따르기 위해 율법을 지키지 않는 사람들에게서 분리해 나온 사람들, 율법을 진실하게 지키는 경건한 자들의 무리들이었다. 따라서 서기관이 성직자, 율법학자, 제사장 그룹이며, 바리새인들은 자칭 율법을 지키는 그룹을 형성한 무리들이다. 두 그룹들이 유대인의 최고 의회기구인 산헤드린 회원들이다. 이들이 유대인의 종교인들이다. 하지만 주님은 그들에게 지옥에 떨어지는 화를 선포하셨다. "마 23:13 화 있을진저 외식하는 서기관들과 바리새인들이여 너희는 천국 문을 사람들 앞에서 닫고 너희도 들어가지 않고 들어가려 하는 자도 들어가지 못하게 하는도다." 주님은 종교인들에게 자기들도 천국에 들어가지 못하고 다른 사람들도 들어가지 못하게 하는 자들이라고 하셨다.

왜 그들은 천국에 들어가지 못하는 심판을 받게 되었는지 성경에서 문제를 찾아보고자 한다. 첫째, 그들은 외식하는 자들이었다. 외식 ὑποκριτής(휘포크리테스)는, 나누다, 판단하다, 결정하다, 비판하다, 가장하다, 무엇과 같이 꾸미다, 속이다 등의 의미에서 유래한 위선자, 사칭하는 자들이라는 의미다. 이는 진실한 믿음과 신앙심이 없으면서 믿음과 신앙심이 좋은 것처럼 율법으로 다른 사람들을 결정하고 판단하고 비판하며 가장하여 믿음과 신앙이 좋은 것처럼 꾸미고 사칭하는 것을 말한다. 그 외식이 회당과 거리에서 사람들에게 보이기 위하여 하는 기도, 구제, 금식 등을 행하면서 나팔을 부는 것이다(마 6:1-18). 나팔을 분다는 것은 자신을 꾸미고 높이 드러내기 위하여 하는 것을 말하며, 자신을 높이 드러내는 것은 사람들에게 영광을 받기 위함이라는 것이다. 때문에 긴 옷을 입고 다니면서 시장과 회당의 높은 자리와 잔치의 윗자리에 앉아서 사람들에게 인사 받는 것을 좋아하는 것들이다(눅 20:46). 성전에서 기도할 때도 세리와 죄인들과 비교하여 자신의 의를 자랑하는 기도를 하였으며(눅 18:10-11), 다른 사람에게 보이기 위하여 행한 의에 대한 공로를 인정받기 위하여 기념비를 세우는 것 등이다(마 23:28). 이것이 종교적인 외식이다. 둘째, 그들은 모세의 자리에 앉아서 말은 잘하면서 행함이 없다는 것이다(마 23:2-3). 그들은 말만 하고 무거운 짐을 묶어 다른 사람의 어깨에 지우되 자기는 한 손가락으로도 움직이지 않는다는 것이다(마 23:4). 이는 모세를 통하여 주신 계명과 율법을 설교와 가르침으로 다른 사람들에게는 많은 것들을 요구하면서 자기는 하나도 실천하지 않는 것을 말한다(눅 11:46,52). 율법의 지식의 열쇠를 가지고 다른 사람들을 가르치면서 율법의 더 중요한 정의와 긍휼과 믿음은 버렸던 것이다(마 23:23). 때문에 길에서 강도를 만나 죽게 된 자를 보고도 피하여 도주한 것이며(눅 10:30-32), 현장에서 간음한 여인을 돌로 치려고 붙잡아 온 것이며(요 8:3-4), 자기 눈에 큰 들보는 보지 못하고 다른 사람의 작은 티는 빼기 위하여 남을 비판 한 것이며(마 7:1-5), 세리와 죄인을 용서하지 못하여 함께 앉지도 않았고 식사도 하지 않았던 것 등이다(마 6:14-15, 9:10-11).

셋째, 맹인 된 인도자들이었다. "마 23:24 맹인 된 인도자여 하루살이는 걸러내고 낙타는 삼키는도다." 하루살이는 걸러내고 낙타는 삼킨다는 의미는 상징으로 지극히 작은 율법의 규례들은 지키면서 더 중하고 큰 계명은 마음대로 버리는 것을 비유한 것이다. 또는 율법의 모양은 철저히 준행하지만 율법의 의미는 버린다는 것이다. 이것이 구제, 기도, 금식 등으로 회당과 거리에서 나팔을 부는 것이며, 또는 성전에서 안식일과 절기 등으로 종교적인 행사를 철저히 진행하면서 하나님께 대한 믿음과 사랑은 버리는 것이다. 눈이 먼 소경이기 때문에 눈에 보이는 종교적인 행사들 즉, 겉모양은 실행하고 있지만 마음에는 하나님과 이웃을 사랑하는 마음이 없는 종교행사만 진행하는 것이다. 때문에 바다와 육지를 두루 다니다가 교인 한 사람을 얻게 되면 배나 더 지옥 자식이 되게 하며(마 23:15), 주님의 음성과 형상을 보지 못하였으며(요 5:37-38), 모세의 율법은 가지고 있지만 믿지는 못하여(요 5:46), 율법에서 모형과 그림자로 계시하고 예언한 그리스도께서 오시는 것도 오신 것도 모르고 있었으며 자기 마음대로 교훈하였던 것이다(요 7:18, 27, 52). 때문에 주님은 무리들에게 그들의 인도를 받으면 둘다 구덩이에 빠지게 됨으로 듣고 깨달으라고 명령하셨다(마 15:10,14). 둘 다 구덩이에 빠지는 것이 바다와 육지를 두루 다니다가 교인 한 사람을 얻게 되면 배나 더 지옥 자식이 되게 하는 것이다. 깨달으라는 의미는 분별하여 그들의 미혹을 받지 않도록 경계하라는 의미다.

넷째, 장로의 전통을 지키며 가르쳤다. "마 15:2 당신의 제자들이 어찌하여 장로들의 전통을 범하나이까 떡 먹을 때에 손을 씻지 아니하나이다." 유대인들은 두 가지 율법을 가지고 있었다. 하나는 모세를 통하여 시내산에서 돌판에 기록하여 받은 계명과 율법이며, 다른 하나는 기록되지 않고 입으로 전수하여 받은 율법이다. 그들은 모세가 시내산에서 두 가지 율법을 받았다는 것이다. 기록된 것과 기록되지 않고 입으로 전수받은 것이 있다는 것이다. 기록된 것이 모세가 돌판에 기록하여 받은 율법과 십계명이며, 입으로 전수받은 것을 구전율법이라 불렀다. 구전율법은 랍비들이 입으로 전수하여 내려오는 전통이다. 유대인들이 구전율법을 계속하여 지켜온 것이 장로들의 전통이다. 이것을 지금까지 랍비들이 지속적으로 가르치면서 발전한 것이 탈무드다. 그런데 종교인들은 장로들의 전통을 지키기 위하여 기록된 계명을 버렸던 것이다. 따라서 주님은 구전율법은 참 율법으로 인정하지 않으시고 잘못된 사람들의 전통이라고 증언하신 것이다. 사람들의 전통으로 하나님의 계명을 범하여 하나님을 헛되이 섬기고 있다고 경고하시며 책망하셨던 것이다(막 7:7-9). 하나님을 마음을 다하여 사랑으로 섬기는 것이 아니라 입술로만 공경하고 있다는 것이다(마 15:8). 이것이 입으로만 주여주여 하는 것이며(마 7:21), 성경에 무지하여 오해하는 것이다(마 22:29).

다섯째, 돈을 좋아했다. "눅 16:14 바리새인들은 돈을 좋아하는 자들이라 이 모든 것을 듣고 비웃거늘" 돈을 좋아하는 φιλάργυρος(필라르귀로스)는, 열렬히 사랑하는 등에서 유래한 돈을 가장 사랑하는 것, 열렬히 돈을 사랑하여 탐욕을 부리는 것, 돈을 사랑하기 때문에 인색한 것 등의 의미다. 그들은 돈을 열렬히 사랑하여 탐욕으로 과부들의 재산도 착취하였다. "눅 20:47 그들은 과부의 가산을 삼키며 외식으로 길게 기도하니" 삼키며 κατεσθίω(카테스디오)는, 동사, 직설법, 현재, 능동, 3인, 복수며, 먹다 에서 유래한 과부들의 가산을 먹어버리다, 멸하다, 탕진하다, 강제로 착복하거나 사유하다, 삼키다 등의 의미다. 가산은 과부가 거주하는 집, 재산, 가족 등을 말하며, 동사 직설법 현재 능동 3인 복수는 바리새인들은 항상 자신들 스스로 과부들의 재산과 건물과 가족들을 실제로 강제로 착복하여 사유재산으로 삼았다는 의미다. 또한 성도들에게 성전으로 맹세하면 아무 일이 없지만 성전의 금으로 맹세하면 지켜야 되며, 제단으로 맹세하면 아무 일이 없지만 예물로 맹세하면 지키라고 강조 하였다(마 23:16-22). 성전과 제단에 드리는 금과 예물은 자기들이 착복하기 위하여 금과 예물로 맹세한 것은 반드시 지키라는 것이다. 마치 교회 앞에 맹세한 것은 책임을 회피해도 아무런 소리도 안하면서 헌금을 작정한 것은 반드시 갚으라고 하는 것과 같은 경우를 말한다. 때문에 겉으로는 회칠한 무덤 같이 아름답게 보이지만 마음에는 죽은 사람의 뼈와 모든 더러운 탐욕과 불법이 가득하다는 것이다(마 23:25-28). 성경의 교훈은 과부와 고아는 언제든지 보호받아야 되는 대상들이다. 이것이 경건이다(약 1:27). 그런데 그들은 신앙의 탈을 쓰고 과부의 재산을 착취하는 탐욕을 부렸다. 양의 옷을 입고 나와서 노략질 하는 이리였다. 따라서 하나님의 성전을 강도의 소굴로 만들었던 것이며(마 21:12-13;요 2:14), 이리가 나타나면 제 양이 아니기 때문에 양들을 버리고 도망을 갔던 것이다(요 10:8-12). 그러므로 주님은 물질에 대하여 두 주인을 섬길 수 없다고 하셨으며(눅 16:13), 부자와 나사로 비유를 가르치시면서 부자는 아브라함의 품에 안기지 못하였다고 하신 것이며(눅 16:19-26), 탐심을 물리치라고 명령하신 것이다(눅 12:15). 탐심은 우상숭배며(골 3:5), 우상숭배자는 천국에 들어가지 못하기 때문이다.

여섯째, 성령이 없었다. "마 12:24 바리새인들은 듣고 이르되 이가 귀신의 왕 바알세불을 힘입지 않고는 귀신을 쫓아내지 못하느니라 하거늘" 그들은 성령을 받는 체험과 성령으로 사역하는 일이 없었기 때문에 종교적인 외식에 매여서 주님께서 성령으로 귀신을 축출하여 하나님나라의 복음을 전파하는 것을 대적하며 박해했던 것이다(마 12:24-34). 그들의 아비는 마귀였기 때문이다(요 8:44). 그들에게 성령이 없었기 때문에 주님께서 구약성경에서 예언된 아버지 이름으로 오셨는데도 믿음으로 영접하지도 않았으며(요 5:43,12:34-37), 세례요한이 전한 회개의 세례도 거부하여 하나님의 뜻을 물리쳤던 것이며(눅 7:30), 도리어 세례요한을 귀신이 들렸다고 배척했으며, 아이들이 장터에 앉아 피리를 불어도 춤추지 않고 곡하여도 울지 않는 반응을 보였던 것이며(눅 7:32-35), 항상 성령을 거역하는 목이 곧고 마음과 귀에 할례를 받지 못했던 것이다(행 7:51;유 1:19).

일곱째, 선지자들과 지혜 있는 자들, 서기관들을 더러는 죽이고 박해하였다. "마 23:34 내가 너희에게 선지자들과 지혜 있는 자들과 서기관들을 보내매 너희가 그 중에서 더러는 죽이거나 십자가에 못 박고 그 중에서 더러는 너희 회당에서 채찍질하고 이 동네에서 저 동네로 따라다니며 박해하리라" 본문에 등장하는 선지자들과 지혜 있는 자, 서기관들은 외식하는 종교인들과 구별된 자들이다. 이들은 주님께서 암탉이 새끼를 날개 아래에 모음 같이 그들의 자녀들을 모으기 위하여 주님이 파송하신 자들이다. 그런데 그들은 주님께서 보내신 참 선지자와 지혜 자와 서기관들을 여기 저기 쫓아다니며 채찍질하고 돌을 치며 대적하며, 십자가에 못을 박는 순교까지 하게 한 것이다(마 23:37). 이것이 천국 문을 사람들 앞에서 닫고 저희도 들어가지 않고 들어가려 하는 자도 들어가지 못하게 하는 것이며(마 23:13), 다른 사람을 구덩이에 빠지게 하는 것이다. 그리고 주님에게도 사사건건 대적하며 박해하였으며, 결국에는 주님까지 십자가에 못을 박았고 스데반도 죽였으며, 베드로와 바울과 사도들을 끊임없이 대적하며 박해하였던 것이다.

여덟 번째, 열매다. 주님은 복음서에서 종교인들의 외식에 대하여 자세하게 증언하여 주셨다. 우리는 주님께서 증언하신 내용들을 쉽게 이해할 수 있게 하기 위하여 일곱 가지 주제를 만들어 상고해 보았던 것이다. 일곱 가지 주제들이 그들에게 나타나는 열매들이다. 열매를 보면 참과 거짓을 알 수 있기 때문이다. "마 7:16 그들의 열매로 그들을 알지니 가시나무에서 포도를, 또는 엉겅퀴에서 무화과를 따겠느냐" 그들에게 나타나는 열매가 모세의 자리에 앉아서 말만하고 행함이 없는 것이며, 영적인 소경이 되어 모세의 율법을 가지고 있으면서 모세를 믿지 못하는 것이며, 장로의 전통만 지키면서 하나님의 계명을 버림으로 입술로만 주여주여 하는 것이며, 돈에 대한 탐욕으로 두 주인을 섬기는 우상숭배로 하나님의 성전을 강도의 소굴로 만든 것이며, 성령을 받지 못하여 주님과 복음을 거부한 것이며, 주님께서 그들을 위하여 파송하신 참 선지자와 지혜 자와 서기관들을 돌과 채찍으로 박해하며 십자가에 못을 박고 결국에는 주님까지 십자가에 못을 박게 된 것이다. 이것이 외식하는 열매들이다. 참과 거짓은 반드시 열매로 나타나기 때문이다.

4) 외식과 지옥

주님께서 종교인들의 외식을 증언하신 것은 천국 때문이다. 왜냐하면 우리도 그들의 의보다 더 나은 의를 행하지 않으면 결단코 천국에 들어가지 못하기 때문이다. "마 5:20 내가 너희에게 이르노니 너희 의가 서기관과 바리새인보다 더 낫지 못하면 결코 천국에 들어가지 못하리라" 그렇다면 주님께서 요구하시는 그들의 의보다 더 나은 의는 무엇일까? 천국은 그들의 의보다 더 낫지 않으면 결단코 들어가지 못한다고 증언하고 있기 때문이다. 더 낫지 못하면 περισσεύω(페릿슈오)는, 동가정, 과거, 능동, 3인, 단수며, 비교급으로 종교인들과 비교하여 그들보다 더 풍성한 의, 더 넘치는 의, 더 매우 부요한 의, 더 발전된 의 등을 말하며, 동가정 과거 능동 3인 단수는 종교인들의 의를 비교하여 더 풍성한 의를 행하여 그 행위에 대한 결과로 천국에 들어갈 수 있다는 의미다. 종교인들보다 더 넘치는 더 풍성한 의를 행하여야 된다는 것이다. 그러므로 더 나은 의에 대한 의미를 찾기 위하여 종교인들이 행한 의에 대한문제점을 상고하면서 그 문제에서 해답을 찾아보고자 한다.

첫째, 성경문제다. 그들은 구전율법으로 계명과 율법을 버린 것이다. 때문에 성경에 무지하여 입술로만 주여주여 하면서 종교적인 외식에만 의존하게 된 것이다. 둘째, 그리스도 문제다. 그들은 성경에서 기록된 예수 그리스도에 관한 비밀을 발견하지 못했다. 때문에 주님은 그들에게 모든 성경은 내게 대하여 기록되었다고 증언하셨지만 깨닫지를 못했던 것이다(요 5:39). 이러한 무지가 주님을 십자가에 못을 박은 것이다. 셋째, 신앙문제다. 그들의 신앙은 외적인 것에만 관심을 가졌다. 어린 양 같은 모습, 화려한 옷 차림, 돈에 대한 탐욕, 남에게 보이기 위한 기도, 구제, 금식 등, 놓은 자리에 앉는 것, 회당과 시장에서 많은 사람들에게 인사 받는 것, 사람들 앞에서 스스로 옳다고 하며 자기를 높이는 것(눅 16:15), 선민의식으로 받는 할례(요 7:23-24)등이다. 넷째, 사랑문제다. 천국백성에게 주신 산상수훈은 사랑으로 완성이 되는데 그들은 사랑이 없었다(요 5:42,8:42). 사랑이 없었기 때문에 관계중심, 의무중심, 사무중심에서 종교적인 의식만 거행한 것이다. 다섯째, 성령문제다. 그들은 성령을 받은 경험도 성령의 역사도 없었다. 도리어 성령의 역사를 대적했으며, 마귀처럼 진리를 변개시켜 거짓을 믿고 가르친 것이다. 그것이 구전 율법이다. 여섯째, 내세관 문제다. 그들은 현세의 영광만 바라보았다(마 6:2;요 3:31). 내세에 대한 영광은 바라보지 않았다(요 5:44). 땅에서 누리는 영광만을 위하여 살았다(요 7:18,12:43). 일곱째, 종자문제다. 그들의 종자는 가라지였다. 알곡과 가리지는 품종이 다르다. 그들은 하나님께 속한 자들이 아니라 세상에 속한 자들이었다(요 6:44,8:23,44). 따라서 그들은 그의 나라와 의를 먼저 구하지 않았고 천국백성들에게 가르치신 산상수훈을 따르지 않았기 때문에 불법을 행하는 자들이 되어 주님에게 배척을 당하게 되었다. 이것이 그들의 외식으로 받을 지옥형벌이다(마 23:33).

5) 더 나은 의

마지막 주자는 그동안 종교인들보다 더 나은 의가 무엇일까에 대하여 많은 고민을 안고 있었다. 종교인들이 행한 의가 구체적으로 무엇을 말하는 것인지, 왜 그들이 의를 행하는데 결단코 천국에 들어가지 못한다고 하셨는지, 그들의 의는 무슨 의를 말하는 것인지 등에 대한 고민과 답답함이었다. 왜냐하면 천국에 들어가는 문제였기 때문이다. 그런데 이 문제가 이번기회에 너무도 시원하게 해결함을 받고 보니 한량없는 은혜와 기쁨을 맛보게 되면서 주님에게 감사를 드리게 된다. 오늘과 같은 은혜와 기쁨을 주시기 위하여 그동안 성경연구에만 전념하게 하신 것 같다. 때문에 믿는 것과 아는 것이 하나가 되어야 온전한 신앙이 된다는 사실을 다시한번 깨닫게 되었다(엡 4:13). 따라서 본서에 동참하는 모든 분들에게도 동일한 은혜가 임하기를 기대한다. 이제는 주님께서 더 나은 의를 행하지 않으면 결단코 천국에 들어가지 못한다고 하신 말씀의 의미를 찾아보고자 한다. 그 의미는 우리가 앞 단락에서 종교인들의 일곱 가지 의와 일곱 가지 문제 안에 해답이 들어있는 것이다. 종교인들이 행한 일곱 가지가 그들이 행한 의며, 그 의보다 나은 의는 그들의 일곱 가지 문제점들을 역으로 해석하는 것이다. 역으로 해석하면 그들의 의보다 더 나은 의에 대한 해답이 된다.

종교인들이 가졌던 의는 구전율법으로 계명과 율법을 버린 잘못된 성경관, 구전율법에 매여서 예수 그리스도를 배척한 신앙, 남에게 보이기 위한 신앙, 성령의 역사를 대적하는 신앙, 사랑이 없는 종교행위, 땅의 영광만 바라는 신앙, 가라지 신앙 등이다. 이것이 그들의 신앙에서 나온 의다. 따라서 종교인들의 의보다 더 나은 의를 가지려면 그들이 가지고 있던 신앙에서 돌아서는 것이다. 돌아서는 것이 천국에 들어갈 수 있는 신앙으로 무장하는 것이다. 천국에 들어갈 수 있는 더 나은 의를 행하는 신앙인이 되려면 구전율법을 버리고 성경에서 돌판으로 기록하여 주신 계명과 율법을 지키는 신앙이다. 성경에서 계명과 율법을 배우게 되면 자연스럽게 예수 그리스도에게로 인도함을 받게 된다. 왜냐하면 율법은 우리의 몽학선생이 되어 주님에게로 인도하기 때문이다. 우리가 율법을 붙잡으면 율법대로 살수 없다는 사실을 깨달게 됨과 동시에 율법은 우리가 죄인인 것을 알려주기 때문이다. 때문에 주님 앞으로 나가게 되는 것이다. 주님은 우리가 언약하여 율법을 지키지 못한 모든 죄를 십자가에서 속량해 주셨고 또한 율법이 정죄하는 저주를 십자가에서 받으심으로 율법을 완전하게 성취하셨으며, 새 언약으로 맺으신 것이다. 그 언약이 성령으로 계명과 율법을 지키게 하는 법, 곧, 생명의 성령의 법이며(롬 8:2), 그리스도의 법이다(갈 6:2). 때문에 주 예수 그리스도 안에 있는 자는 계명과 율법으로 범한 죄를 회개할 때, 용서함 받고 주님께서 주신 새 언약인 성령의 법으로 하나님을 섬기며, 이웃을 사랑하여 계명과 율법을 완전하게 하신 산상수훈을 지키게 되는 것이다. 이것이 믿음으로 얻게 된 의이며, 종교인들보다 더 나은 의로 천국에 들어가는 의다.

그러므로 이제는 성경에서 계명을 배워서 계명에서 명령하신 교훈들을 지키지 못하게 하는 육신의 소욕은 날마다 회개하며 십자가에 못을 박고(갈 5:24), 성령을 따라 살면 성령이 계명을 지키게 하는 능력을 공급하여 은사로 육신의 소욕을 십자가에 못 박게 하며, 사랑의 열매로 하나님사랑과 이웃사랑을 완성하게 하는 것이다(롬 13:10). 이는 우리의 힘과 능력으로 되는 것이 아니라 전적인 하나님의 은혜이며, 예수 그리스도를 믿는 믿음으로 성취되는 것이다. 예수 그리스도 안에서 생명의 성령의 법을 따라 사는 자들은 하늘에 소망을 두며, 그의 나라와 그의 의를 먼저 구하는 삶의 열매들이 알곡이 되어 천국곡간에 들어가게 된다. 그러므로 신구약 모든 성경은 계명과 율법에 관한 내용이며, 그 내용을 완전하게 성취하신 분이 예수 그리스도이시기 때문에 사실상 모든 성경은 예수 그리스도에 관한 말씀이 되는 것이다. 예수 그리스도 안에 모든 하늘의 신령한 복과 땅의 기름진 복이 담겨져 있는 보화인 것이다. 이 비밀을 발견한 자들은 은밀하게 보시는 하나님 앞에서 기도와 구제와 금식 등으로 하늘에 보물을 쌓은 지혜로운 건축자들이 되는 것이다. 그런데 종교인들은 이 비밀을 성경에서 발견하지 못하고 외적인 종교적인 행사만 붙잡은 것이다.

교회시대 거짓출현

복음서 이후 사도들에게도 거짓출현은 계속되었다. 사도행전에는 예루살렘 교회와 안디옥 교회며, 안디옥 교회에서 바나바와 바울을 통하여 세워진 서신서의 교회들에게, 사도들이 전도 및 목회한 교회들에게 출현했다. 교회시대에도 복음서에 등장하는 거짓 종교인들의 박해가 계속되었다. 그리고 그들과 다른 거짓 선지자, 거짓 사도, 거짓 교사, 거짓 형제, 적그리스도 등이 등장하여 사도들과 사도들을 통하여 세워진 교회와 성도들에게 끊임없이 대적하며 박해하였던 것이다. 그리고 기독교 2천년 역사에서도 끊임없이 거짓 종교인들은 침투하였다. 이러한 현상은 카이로스 종말의 일곱 교회까지 자칭 사도, 자칭 여자선지자, 삯군목자 등이 침투한다. 때문에 본 단락에서 교회시대에서 어떤 거짓 종교인과 적대세력들이 어떻게, 무엇으로 사도들을 미혹하게 되었는지 등에 대하여 상고하면서 천국백성에게 주신 산상수훈을 지키는 것과 예수 그리스도만이 우리의 참 구원자이심을 믿는 믿음에 굳게 서 있기를 기대한다.

1) 예루살렘 교회

사도행전에 있는 예루살렘 교회는 베드로와 사도들이 오순절에 임한 성령으로 복음을 전할 때, 예루살렘에 살던 유대인들과 오순절을 지키기 위하여 각국에서 예루살렘에 모여왔던 유대인들의 조롱으로 박해가 시작되었다. "행 2:13 또 어떤 이들은 조롱하여 이르되 그들이 새 술에 취하였다 하더라" 본문에서 복음을 전하는 사도들을 조롱한 이들은 복음서에 등장하는 유대인들과 동일한 후손들이다. 그리고 복음서에 등장한 종교인들도 예루살렘 교회를 계속하여 대적하며 박해하였다. "행 4:5-7 관리들과 장로들과 서기관들이 예루살렘에 모였는데 대제사장 안나스와 가야바와-대제사장의 문중이 다 참여하여 사도들을 가운데 세우고 묻되 너희가 무슨 권세와 누구의 이름으로 이 일을 행하였느냐" 하지만 사도들은 그들의 박해 속에서도 성령이 충만하여 담대히 복음을 전파하여 수많은 무리들이 주님께로 돌아왔다. 그러자 그들은 더욱 시기가 가득하여 사도들을 감옥에 가두며 복음을 전하지 못하게 방해하였다(행 4:17-18). 그리고 결국에는 스데반을 돌을 치며 순교하게 하였으며(행 7:59), 예루살렘 교회에 큰 박해를 일으키며 모든 교인들이 각 지역으로 흩어지게 만들었다(행 8:1). 그 박해는 스데반을 순교하게 한 종교지도자들로 인하여 일어났다(행 6:10-7:1-60).

그리고 그들은 지속적이며 조직적으로 바울의 선교를 대적하였다. 바울이 가는 곳마다 어디든지 따라다니며 찾아와서 바울의 목숨까지 위협하며 복음을 전파하는 것을 대적하며 방해하였다(행 9:23, 13:45, 50, 14:5, 19, 16:20, 17:5, 18:12, 20:3, 19, 21:27, 22:30, 23:12, 20-28, 27, 24:5, 9, 26:21, 28:17, 19). 그로 인하여 바울은 종교인들과 유대인들에게 7번이나 죽음의 위협을 받았으며, 여러 번 체포와 구금 생활, 그리고 감옥까지 갇히는 환난에서 목숨을 걸고 세워진 교회들이 서신서에 있는 교회들이다. 따라서 바울은 하나님께서 우리를 마치 사형수처럼 죽이기로 작정한 자같이 미말에 두셨으며, 사람들에게 구경거리로 삼으셨다고 고백하였다(고전 4:9). 주님께서도 십자가에서 자신의 피로 값을 주고 교회를 세우심 같이 이방교회도 바울과 사도들의 극심한 박해와 순교의 피로 세워진 교회들이다.

2) 갈라디아 교회

서신서에 등장하는 갈라디아 교회는 안디옥 교회에서 바울과 바나바를 파송하여 그들이 1차전도 여행 때 세워진 교회다. 그런데 그 교회 안에 거짓 형제들이 나타나서 바울이 전한 다른 복음으로 교회를 혼란에 빠지게 하였다. 바울과 바나바가 다른 지역에서 전도하고 있을 때 그들이 들어온 것이다. "갈 2:4 이는 가만히 들어온 거짓 형제들 때문이라 그들이 가만히 들어온 것은 그리스도 예수 안에서 우리가 가진 자유를 엿보고 우리를 종으로 삼고자 함이로되" 바울이 본문에서 지칭하는 거짓 형제들은 전통적인 유대인들이 믿게 된 교인들이다. 그들은 갈라디아 교회에 들어와서 주님을 믿는 믿음과 함께 아브라함이 받았던 할례와 모세의 율법과 절기 등을 지켜야 믿음의 조상인 아브라함의 후손이 될 수 있으며, 그가 받은 복을 받을 수 있다는 것을 주장하면서 갈라디아 교인들도 할례를 받고 모세의 율법을 지켜야 된다고 주장한 것이었다. 그런데 갈라디아 교회는 그들의 말을 듣고 용납하는 자들이 일어나면서 문제가 되었던 것이다(갈 3:1-3). 따라서 바울은 교회 안에 문제를 일으킨 그들을 거짓 형제라 부른 것이다.

바울은 갈라디아 교회 안에 들어온 거짓 형제들의 사건들을 통하여 두 가지 일들을 경험하게 되었다. 하나는 예루살렘 공회의가 열리게 된 일이며(행 15:1-7), 다른 하나는 주님께서 구약의 율법을 성취하신 사건을 자세하게 해석하게 되는 기회로 만든 일이다. 예루살렘 공회의는 거짓 형제들이 주장하는 문제들을 해결하기 위하여 사도들이 모여서 논의한 회의였으며, 바울이 서신서에서 율법에 대하여 다시 논의하게 된 것은 교회 안에 침투한 거짓 형제들과 또한 그와 같은 자들의 주장에 대하여 경고의 메시지를 보내기 위함인 것으로 알 수 있다. 이는 주님께서 십자가에서 율법을 성취하신 사건을 바울을 통하여 자세하게 해석하게 한 것이다. 바울은 이러한 사건을 통하여 주님께서 구약의 율법을 어떻게 성취하셨으며, 성취하신 율법이 신약의 교회는 어떤 기능과 어떻게 계승되었는지 등에 대하여 해석하였던 것이다(바울의 율법 참조). 따라서 바울은 주님께서 성취하신 율법을 신약의 교회에서 구약의 옛 율법으로 다시 돌아가는 것은 잘못된 복음이라는 것이다. 이것이 다른 복음이며(갈 1:6), 그리스도의 복음을 변질되게 하는 것이며(갈 1:7), 바울의 사역을 헛되게 하는 것이며(갈 2:2), 성령으로 시작하여 육체로 마치는 것이며(갈 3:3), 다시 종의 멍에를 메는 것이라는 주장이다(갈 5:1). 때문에 다른 복음을 전하는 자에게 저주를 선포하였다(갈 1:8-9). 왜냐하면 주님께서 십자가에서 성취하신 은혜를 헛되게 하는 것이기 때문이다. 주님은 구약에서 모형과 그림자로 보여주신 율법을 성취하시기 위하여 십자가를 지셨기 때문이다. 그러므로 복음서에서 종교인들이 의존한 잘못된 의와 거짓 형제들이 전파한 다른 복음도 모두 주님의 복음을 헛되게 하는 것임을 알 수 있다.

3) 고린도 교회

교회시대에는 갈라디아 교회에 침투한 거짓 형제들 외에도 고린도 교회에서 거짓 사도들이 침투하는 사건이 일어났다. "고후 11:13 그런 사람들은 거짓 사도요 속이는 일꾼이니 자기를 그리스도의 사도로 가장하는 자들이니라" 거짓 사도들은 속이는 일꾼들이었다. 일꾼 ἐργάτης(에르카테스)는, 일하다, 노력하다, 노동하다 에서 유래한 일꾼, 노동자, 직공, 품꾼 등의 의미다. 이는 고린도 교회에서 삯을 받기 위하여 사도로 가장하여 나타난 것을 말한다. 이들은 성도들을 속이기 위하여 사도로 가장하여 침투한 일꾼, 품꾼들이다. 일꾼 품꾼이란 삯을 받는 사도들이란 의미다. 이들이 침투하여 두 가지로 성도들을 속였다. 하나는 다른 예수, 다른 복음, 다른 영들을 전하면서 속인 것이며(고후 11:4), 다른 하나는 바울의 사도권을 부정하게 하는 속임수였다(고후 11:5). 바울의 사도권을 부정한 것은 바울이 자비량으로 교회를 섬긴 것이 증거라고 주장하면서 자신들이 삯을 받는 것은 참 사도들이기 때문이라는 것이다. 바울이 거짓 사도가 아니고 참 사도였다면 자비량으로 교회를 섬기지 않고 삯을 받고 사역을 했을 것이라는 것이다. 바울은 사도가 아니었기 때문에 자비량으로 교회를 섬겼다는 논리다. 때문에 바울은 자비량으로 교회를 섬긴 것은 교회를 위한 것이라고 자신을 변증하였던 것이다(고후 11:9). 그리고 이러한 거짓 사도들과 거짓 선지자와 거짓 선생들이 서신서에 있는 모든 교회들에게도 나타났던 것이다(벧후 2:1). 그들은 멸망하게 할 이단을 가만히 끌어들여 자기들을 사신 주를 부인하고 임박한 멸망을 스스로 취하는 자들이었으며, 사탄의 일꾼들이었다(고후 11:14-15). 그런데 문제는 고린도 교회 성도들과 갈라디아 교회 교인들처럼 그들의 속임수를 잘 용납한다는 것이다(고후 11:4). 때문에 다 믿지 말고 분별하라는 것이며(요일 4:1), 믿음과 아는 것이 하나가 되어 거짓 된 속임수에 넘어가지 말라는 것이다(엡 4:13-14). 이는 현대교회도 절실히 요구되는 상황이다. 이단에 넘어간 자들의 대다수가 교인들이기 때문이다. 교회는 가르쳐야 하며, 교인은 내 영혼을 위하여 배워서 선과 악을 분별하는 장성한 성도가 되어야 한다.

4) 적그리스도

교회시대는 종교인들, 거짓 사도, 거짓 선지자, 거짓 선생들 외에 또 다른 적그리스도가 등장하고 있다. 적그리스도는 거짓 사도와 거짓 선지자들과 차이점이 있다. 거짓 사도와 거짓 선지자들은 바울이 전한 복음을 방해하며 성도들이 바른 복음을 받거나 수용하지 못하도록 미혹한 점이라면 적그리스도는 예수 그리스도와 아버지 하나님을 부정하고 있다는 점이다. 그들의 특징은 주님께서 육체로 오신 것을 부인하는 것이다(요일 2:18,22,4:3;요이 1:7). 육체로 오신 주님을 부정하는 사건은 성경을 부정하는 것이며, 주님의 십자가 구속의 성취와 천국복음전파 사역을 부정하는 것이 됨으로 심각한 문제가 되는 것이다. 그런데 이러한 심각하게 도전적인 적그리스도가 주님의 재림과 세상 끝날이 되면 많이 등장하여 많은 사람들을 미혹하게 된다는 것이며(마 24:4-5), 대 환난 날에는 적그리스도가 온 세상을 통치하면서 지상에 있는 모든 교회들을 대적하며 미혹하게 될 것이다(계 13장). 계시록에는 적그리스도뿐만이 아니라 많은 자칭 사도, 자칭 선지자, 삯군 목자,

거짓 선지자 등이 등장하여 교회와 성도들을 미혹하게 될 것이다(요한 계시록 해석의 마지막 주자. 1.2.3권 참조).

5) 요약

지금까지 신약시대에 주님과 사도들과 교회와 성도들을 대적하며 박해한 거짓 된 자들을 상고하게 된 것에 대하여 우리가 이해하는 일에 도움을 받고자 몇 가지로 요약해보고자 한다. 첫 번째 대적하는 무리들에게는 통일성과 점진성이 있다는 점을 알 수 있다. 통일성이란 대적하는 자들에게 나타나는 시대와 이름은 다르지만 다같이 거짓으로 미혹하는 것은 동일하다는 것이며, 점진성이란 거짓의 시작은 유대인의 무리에서, 종교지도자들의 무리로, 거짓 형제에서 거짓 선생, 거짓 선지자, 적그리스도로 발전하고 있다는 것이다. 그리고 예루살렘에서 온 유대와 사마리아 지역 등으로 발전하여 카이로스 종말에는 전 세계에 있는 모든 교회들을 대적하게 된다는 것이다. 두 번째는 소속이 다르다는 점이다. 대적하는 자들의 소속은 사탄과 적그리스도며, 박해와 고난을 당하는 자들의 소속은 주 예수 그리스도다. 소속이 다르기 때문에 분쟁과 다툼이 일어나는 것이다. 이는 모든 성경의 증거며, 주님께서도 친히 증언하셨다. "내가 세상에 속하지 아니함 같이 그들도 세상에 속하지 아니함으로 인함이니이다."(요 17:6-14). 세 번째는 참과 거짓을 구별한다는 점이다. 대적 자들은 진리로 변장하여 진리를 파괴하려하였지만, 진리는 그들을 통하여 더 굳게, 그리고 더 확정 되었다는 것이다. 그러므로 기독교는 박해 속에서 더욱 성장하는 역사를 가지고 있는 것이다. 네 번째는 사람이 문제라는 점이다. 사탄과 적그리스도도 사람들을 이용하여 대적하고 있으며, 주님과 성령님도 주님께서 선택하신 종들을 통하여 진리를 사수하며 전파하는 것이다. 때문에 한 나라의 지도자, 한 교회의 지도자, 한 가정의 지도자가 주님과 진리 편에 서서 진리를 전파하고 가르치면 나라와 교회와 가정이 복을 받고 평안하게 살다가 천국까지 입성하게 되지만, 역으로 지도자가 사탄과 거짓된 편에 서서 인도하면 망하다가 지옥까지 떨어지게 되는 것이다. 양들은 목자에게 소속되어 있기 때문이다.

구약의 거짓

    구약에도 신약과 같은 종교인들이 있었다. 그들은 성전 안에서 사역하는 제사장들과 성전 밖에서 사역하는 선지자들이다. 그런데 그들 중에도 부패한 제사장과 거짓 선지자들이 많이 등장하여 언약 백성들을 타락하게 하였다. 구약의 참 제사장과 선지자, 부패한 제사장과 거짓 선지자의 구별은 계명과 율법이 기준이다. 계명과 율법을 바르게 가르치고 지도하는 자는 참 제사장이며, 계명과 율법을 잘 못 가르치고 지도하는 자는 부패한 제사장이었다. 선지자의 경우에는 부패한 제사장들이 언약 백성들에게 계명과 율법을 잘 못 가르치고 지도하여 백성들이 범죄하고 타락했을 때, 계명과 율법으로 회개하게 하는 자는 참 선지자며, 회개를 외치지 않고 타락한 제사장들과 함께 동조하며 거짓되게 예언한 자들이 거짓 선지자들이었다. 본 단락에서는 구약의 종교인들이 어떻게 타락하였으며, 그들의 타락이 무엇이며, 어떻게 타락한 모습으로 사역하여 언약 백성들을 망하는 길로 인도하였는지 등에 대한 내용들을 구약의 선지서에서 상고하고자 한다.

1) 성직자

    구약의 성직자는 계명과 율법을 바르게 가르치고 지도하는 제사장과 선지자다. 제사장은 항상 성전에서 계명과 율법의 규례대로 하나님을 섬기며(레 6:22;민 3:3-4), 언약 백성들을 가르치고 지도하는 성직자로 하나님께 선택받았다. "말 2:7 제사장의 입술은 지식을 지켜야 하겠고 사람들은 그의 입에서 율법을 구하게 되어야 할 것이니 제사장은 만군의 여호와의 사자가 됨이거늘" 제사장은 여호와의 사자로 항상 계명과 율법에 대한 지식을 준비하여 언약 백성들에게 그 계명과 율법을 가르쳐야한다. 이것이 입술로 지식을 지키는 것이다. 선지자는 계명과 율법에서 떠나 타락한 언약 백성들에게 계명과 율법의 말씀으로 회개를 외치도록 하기위하여 하나님께 회개에 대한 말씀이 임한 자들이다(사 1:1;렘 1:2). "사 1:2-4 하늘이여 들으라 땅이여 귀를 기울이라 여호와께서 말씀하시기를 내가 자식을 양육하였거늘 그들이 나를 거역하였도다-슬프다 범죄한 나라요 허물 진 백성이요 행악의 종자요 행위가 부패한 자식이로다 그들이 여호와를 버리며 이스라엘의 거룩하신 이를 만홀히 여겨 멀리하고 물러갔도다" 내가 자식을 양육하였거늘 그들이 나를 거역하였다는 말씀은 계명과 율법으로 언약 백성들을 양육하였는데 그들이 계명과 율법을 떠났다는 말씀이다. 때문에 선지자를 보내셔서 회개를 외치게 하신 것이다. "사 1:16-18 너희는 스스로 씻으며-깨끗하게 하여 내 목전에서 너희 악한 행실을 버리며 행악을 그치고 선행을 배우며 정의를 구하며 학대 받는 자를 도와주며 고아를 위하여 신원하며 과부를 위하여 변호하라 하셨느니라 여호와께서 말씀하시되 오라 우리가 서로 변론하자 너희의 죄가 주홍 같을지라도 눈과 같이 희어질 것이요 진홍 같이 붉을지라도 양털 같이 희게 되리라"

2) 거짓 성직자

제사장과 선지자는 하나님의 거룩한 성직자로 선택과 부르심을 받았지만 타락한 자들이 거짓 성직자들이다. 거짓 성직자는 구약성경 역사서 안에서 사역했던 자들이다. 그들에 대하여 증언하는 성경이 선지서다. 선지서의 증언에 따르면 그들의 타락은 매우 심각한 수준이다. 그런데 그들의 타락은 언약 백성들에게 직접적인 영향을 미치게 되면서 하나님께 심판을 받게 만들었다. 이제부터 선지서에서 그들이 어떻게 타락했는지 그들의 타락으로 드러난 죄들을 찾아보고자 한다. 첫 번째, 그들은 포도주와 독주에 취하여 사역했다. "사 28:7-8 이들은 포도주로 말미암아 옆 걸음 치며 독주로 말미암아 비틀거리며 제사장과 선지자도 독주로 말미암아 옆 걸음 치며 포도주에 빠지며 독주로 말미암아 비틀거리며 환상을 잘못 풀며 재판할 때에 실수하나니 모든 상에는 토한 것, 더러운 것이 가득하고 깨끗한 곳이 없도다." 타락한 제사장과 선지자는 포도주에 빠져서 옆 걸음 치며 독주로 말미암아 비틀거려 옆 걸음 치며 환상을 잘못 풀어 재판할 때 실수하여 모든 상에는 토한 것, 더러운 것이 가득하고 깨끗한 곳이 없게 만들었다. 포도주와 독주에 빠졌기 때문이다. 포도주 יָיִן(야인)은, 성경에서 긍정적인면과 부정적인 면에서 사용되었다. 긍정적인 면에는 번영과 잔칫날에 음료로 사용되었으며(창 49:11,12;호 14:7;전 9:7;요 2:9), 하나님께 드리는 제물이었으며(출 29:40;레 23:13), 상징으로 진리의 말씀과 알곡성도에게 사용되었다(사 55:1;계 6:6). 부정적인 면에는 심판을 받는 것(신 28:39), 보아서는 안 되는 것을 경고하는 것(잠 23:31;시 60:3;렘 23:9), 마음을 빼앗는 것(호 4:11), 사람을 거만케 하는 것(잠 20:1), 마음을 상하게 하는 것(잠 20:1), 불신자의 상태를 상징하는 것(잠 23:24), 망령된 것을 발하는 것(잠 23:33), 세속에 취하는 것(사 5:11-12), 인생의 쾌락과(아 1:2,4;4:10), 강포한 것 등으로 사용되었다(잠 4:17). 또한 상징으로 하나님의 진노(렘 25:15)와 심판(시 60:3,75:8;렘 51:7)에 사용되었다. 때문에 성직자는 포도주를 마시는 것을 금지시켰다(레 10:9;렘 35:14;겔 44:21). 독주 שֵׁכָר(세카르)는, 가득 마시다, 술에 취하다 등에서 유래한 문자적으로 알콜성 액체로 만든 독한 술을 말하며, 상징으로는 육신의 즐거움과 방탕함에 빠져 있는 어리석은 자에게 사용되었다(전 2:3). 성직자가 독주에 빠지면 화를 받게 되며(레 10:9;사 5:11,22), 나실인과 성도들에게도 금지된 술이다(민 6:3;눅 1:15;엡 5:18).

그리고 독주는 타락한 성직자들을 지칭하는 상징이다. 제사장과 선지자들이 포도주와 독주에 빠져서 옆 걸음 치며 비틀거리고 있다는 것은 세상 쾌락에 취하고 빠져서 육신의 즐거움에 매여 하나님의 사역을 감당하지 못하는 어리석은 행실을 책망하는 상징이다. 때문에 마음이 거만하여 불신자들처럼 강포를 행하는 망령된 직무를 수행한 것이다. 그 증거가 환상을 풀지 못하며 재판할 때 실수하며, 모든 상에는 토한 것 더러운 것이 가득하고 깨끗한 곳이 없게 만든 것이다. 환상 רָאָה(라아)는, 보다, 마음으로 인식하다, 이해하다, 알다, 감찰하다, 분별하다, 사모하다, 경외하다, 깨닫다, 결정하다, 준비하다, 선견자 등의 의미다. 이는 세속에 빠져서 하나님의 말씀과 뜻을 이해하거나 분별하지 못하여 여호와를 바르게 경외하지 못한다는 말씀이다. 때문에 상에는 토한 것, 더러운 것이 가득하게 만들었다. 상 שֻׁלְחָן(슐한)은, 성전에 진설병을 담는 상, 도구(출 25:23)를 말하며, 진설병은 하나님의 얼굴과 떡을 의미하는 합성어다. 이는 성전에서 항상 하나님 앞에 드리는 떡을 담는 상을 말한다. 토하고 더러운 것이 가득하다는 의미는 성전에 있는 떡상에 율법이 정한 규례대로 깨끗한 떡을 제물로 드리지 못하는 것을 말한다. 그러면서 선지자들은 입에 물것이 있으면 평강을 외치며, 입에 무엇을 채워 주지 아니하면 전쟁을 준비하였으며, 돈을 위하여 점을 치면서 재앙이 우리에게 임하지 아니하리라 하였으며, 제사장들은 삯을 받기 위하여 백성들에게 교훈하여 눈 먼 희생제물을 여호와의 제단에 드리게 된 것이다(미 3:5,11;말 1:6-8). 이것이 토하고 더러운 것이며, 거룩한 것을 개에게 주는 것이며, 진주를 돼지에게 던지는 것이며(마 7:6), 자기의 사욕과 허탄한 이야기를 전파하는 것이다. 이는 카이로스 종말의 모형이다. 때가 되면 사람들이 바른 교훈을 받지 아니하며 귀를 진리에서 돌이켜 자기의 사욕과 허탄한 이야기를 따르게 될 것이다(딤후 4:3-4). 때문에 사람들이 좋아하는 것만 전하는 포도주와 독주에 빠져있는 악하고 무익한 종들이 일어날 것이다(마 24:48-51).

두 번째, 선지자는 거짓을 예언하며 제사장은 자기 권력으로 백성들을 다스렸다. "렘 5:30-31 이 땅에 무섭고 놀라운 일이 있도다. 선지자들은 거짓을 예언하며 제사장들은 자기 권력으로 다스리며 내 백성은 그것을 좋게 여기니 마지막에는 너희가 어찌하려느냐" 이 땅에 무섭고 놀라운 일이 선지자들은 거짓으로 예언하는 것이며, 제사장들은 자기 권력으로 언약 백성을 다스리는 것이며, 그런데도 언약 백성들은 그것을 좋게 여기는 것이다. 자기 권력 יָד(야드)는, 자신의 지배력의 권한, 자기의 능력, 권한, 규례, 명령, 고의로, 안수하다 등의 의미다. 이는 하나님의 법도와 규례가 아닌 제사장이란 직무를 이용한 자신의 힘과 능력, 권한으로 명령하고 규례를 만들고 안수를 주고 하는 등등의 의미를 말한다. 이렇게 선지자들은 거짓으로 예언하며, 제사장들은 자기 권력으로 다스리는 것을 언약 백성들은 그것을 좋게 여긴다는 것이다. 우리 속담에 그 밥에 그 나물이라는 말과 동일하다. 어느 한쪽이라도 하나님의 법도대로 행하는 자가 없었다. 때문에 그 결과로 땅에는 간음하는 자가 가득하게 되었으며, 죄악이 소돔과 고모라와 같이 되었으며(렘 23:14), 하나님의 포도원이 황폐하게 된 것이다(렘 12:10-12). 이는 그들이 자기 마음대로 본 것도 없이 자기 생각에 따라 예언했기 때문이며, 헛된 환상을 보고, 속이는 점괘를 보며, 주님께서 보내지도 않았는데 주님께서 주신 말씀이라고 거짓 예언을 하고 그 말이 이루어지기를 기다리게 한 결과들이다(겔 13:2-6).

세 번째, 선지자와 제사장이 다 사악하여 성전에서 악한 일을 하였다. "렘 23:11,13-14 선지자와 제사장이 다 사악한지라 내가 내 집에서도 그들의 악을 발견하였노라-선지자들 가운데 우매함을 보았나니 그들은 바알을 의지하고 예언하여 내 백성 이스라엘을 그릇되게 하였고-선지자들 가운데도 가증한 일을 보았나니 그들은 간음을 행하며 거짓을 말하며" 내 집에서 그들의 악을 발견한 것이 선지자와 제사장들이 다 사악하여 간음과 우상숭배와 거짓을 말한 것이다. 간음 נָאַף(나아프)는, 남녀 간의 음행과 영적인 우상숭배를 말한다. 간음죄는 돌에 맞아 죽이거나 불태워죽으며, 지옥에 떨어지는 악한 행위다(신 22:24;레 20:14;마 5:28-29). 우상숭배는 살인죄와 다름이 없는 것이며, 개의 목을 꺾음과 같으며, 돼지의 피와 다름이 없으며, 우상을 찬송하는 것

223

과 같은 행위다(사 66:3). 이러한 악한 행위들을 선지자와 제사장들이 타락함으로 성전에서 간음과 우상숭배를 행하는 죄를 범하였다.

네 번째, 거짓 성직자들은 하나님의 심판을 무시하며 전하지 않았다. 자신들과 백성들이 계명과 율법으로 살지 않고 다 악을 행하고 있을 때, 참 선지자들을 통하여 전쟁과 기근 등으로 심판이 선포되었다. 그런데 그들은 그 심판을 무시하며 배척해 버렸다. 도리어 심판이 없고 평안하고 안전하다고 가르치며 전했다. "렘 14:13 선지자들이 그들에게 이르기를 너희가 칼을 보지 아니하겠고 기근은 너희에게 이르지 아니할 것이라 내가 이곳에서 너희에게 확실한 평강을 주리라 하나이다." 그러면서 그들은 스스로 자랑하기를 우리는 죽음과 언약을 맺었고 지옥과 약속을 맺었기 때문에 거짓말로 위기를 면할 수 있고 속임수를 써서 몸을 감출 수 있으니, 재난이 절대로 닥쳐와도 미치지 않는다고 외쳤던 것이다(사 28:15). 때문에 백성들의 죄악을 가볍게 여기면서 평강하다, 평강하다 하여 백성들이 회개하여 참 평안을 누리지 못하게 하였다(렘 8:11). 그러므로 재난을 준비하여 죽을 영혼을 살려야 하는 영혼들을 거짓으로 죽게 한 것이며(렘 27:16-17,28:1-4), 도리어 악을 행하는 자들의 손을 강하게 하여 악에서 돌아서지 않게 한 것이며, 때문에 죽을 영혼은 살리고 살려야 하는 영혼은 죽게 한 것이다(겔 12:17-23).

다섯 번째, 거짓 성직자들은 세상의 권력자들의 죄를 방관하며 책망하지도 않고 도리어 그들과 함께 동조하였다. 그리고 그들의 죄를 책망하며 회개를 외치는 참 선지자를 대적하며 박해하였다. 거짓 성직자들의 시대고관들은 자신의 권력을 남용하여 탐욕을 채우는 범죄 집단이었다. "사 1:23 네 고관들은 패역하여 도둑과 짝하며 다 뇌물을 사랑하며 예물을 구하며" 권력자들은 패역하여 도둑과 짝하며 다 뇌물을 사랑하며 자신의 탐욕으로 재물로 축척하였다. 고관 שַׂר(사르)은, 지배하다, 통치하다 에서 유래한 우두머리, 두목, 군주, 방백, 통치자, 지배자 등을 의미하는 백성들을 지배하며 통치하는 권력자들을 말하며, 패역 סָרַר(사라르)는, 칼 분사, 남성, 복수며, 반역적인 행동에서 나오는 고집이 쎈 완고한 자, 절제할 줄 모르는 정욕에 빠진 자, 완악한 자, 반역자, 거역하는 자 등의 의미다. 칼 분사 남성 복수는 자신의 통치 영역의 모든 사건에서 탐욕을 채우기 위하여 자신의 능동적인 권력의 힘으로 여러 가지 많은 반역적인 행동들을 말한다. 예물을 구하며 רָדַף(라다프)는, 칼 분사, 남성, 단수며, 미완료형으로 예물을 추적하다, 뒤쫓다, 박해하다, 패주시키다, 핍박하다, 수색하다, 쫓아내다 등의 의미며, 예물은 사례금, 뇌물, 보상금 등이며, 칼 분사 남성 단수는 고관들이 자신의 권력을 이용하여 여러 가지 사건과 내용들에서 계속하여 (미완료) 뇌물을 추적하여 축척하는 것을 의미하며, 그 축척하는 것을 위하여 끊임없이 백성들을 핍박하고 뒤쫓아 가서 수색하는 것들을 말한다. 이러한 불의로 인하여 자신의 가옥에 가옥을 더 구하여 건축하며 전토에 전토를 더하여 지상에 빈 땅이 없도록 만들었다(사 5:8). 그들의 불의한 방법을 사용하는 행동에서 나타나는 열매들이 도둑과 함께 공모하여 다 뇌물을 사랑한 것이다.

권력자들은 불의한 방법으로 자신의 권력을 후손들에게까지 대물림하면서 백성들을 이용하였으며, 백성들에게는 무죄한 피를 흘리는 포악한 악을 행하는 죄를 범했다(렘 22:17). 그리고 불의한 방법으로 사업들을 하면서 일꾼들의 품삯도 주지 않았다. "렘 22:13-14 불의로 그 집을 세우며 부정하게 그 다락방을 지으며 자기의 이웃을 고용하고 그의 품삯을 주지 아니하는 자에게 화 있을진저 그가 이르기를 내가 나를 위하여 큰 집과 넓은 다락방을 지으리라 하고 자기를 위하여 창문을 만들고 그것에 백향목으로 입히고 붉은 빛으로 칠하도다." 일꾼들의 품삯도 주지 않으면서 자신은 상아침대에서 기지개를 켜며 송아지를 잡아서 먹고 비파 소리에 맞추어 노래를 지절거리며 포도주를 마시며 귀한 기름을 몸에 바르면서 자기에게 임하는 심판에 대하여는 근심도 하지 않았다(암 6:1-6). 그들은 불의를 품고 악한 꾀를 꾸며서 그 악한 꾀로 인하여 많은 사람들을 죽여서 거리에 시체가 가득하게 되었다(겔 11:1-7). 그들은 선을 미워하고 악을 기뻐하여 백성의 가죽을 벗기고 살을 뜯어 먹으며 뼈를 꺾어 다지기를 냄비와 솥 가운데에 담을 고기처럼 하였다(미 3:1-3). 그들은 부르짖는 사자며 이튿날까지 남겨 두는 것이 없는 저녁이리였다(습 3:3). 공정한 재판을 하지 않고 약자와 고아와 과부들을 억압하는 통치를 하였다(사 1:23). 참 선지자들의 목소리를 거역하며 성경도 불살라버렸다(렘 36:24-25). 이것이 무죄한 피를 흘리게 하는 것이며, 죄를 건축하는 것이다(렘 22:17;미 3:9-11).

그런데 거짓 성직자들은 그들의 죄를 책망하지도 않았다. 도리어 그들과 함께 탐욕을 부리며 권력자들에게 축복을 빌어주었다. 권력자들의 불의한 일을 보고도 회를 칠하고 스스로 허탄한 이상을 보며 거짓 복술을 행하며 여호와의 이름으로 축복했다(겔 22:27-28). 그리고 권력자들과 동일하게 탐심으로 거짓을 행하였으며(렘 8:10), 음모를 꾸미며, 마치 먹이를 뜯는 사자처럼 으르렁 거리며 백성의 생명을 죽이며, 다른 사람의 재산과 보화를 탈취하며, 성안에 과부들이 많아지게 하였다. 권력자들의 죄악을 덮어주며, 속임수로 환상을 보았다고 하며, 그들에게 거짓으로 점을 쳐주며, 계명과 율법을 위반하고, 주님의 거룩한 물건들을 더럽혔다. 거룩한 것과 속된 것, 부정한 것과 정한 것을 구별하도록 깨우쳐 주지도 않으며, 안식일도 눈을 감아 버렸으므로, 주님께서 그들 가운데서 모독을 당하게 만들었다(겔 22:25-29) 연약한 자를 강하게 하지 아니하며 병든 자를 고치지 아니하며 상한 자를 싸매 주지 아니하며 쫓기는 자를 돌아오게 하지 아니하며 잃어버린 자를 찾지 아니하고 다만 포악으로 다스렸다(겔 34:4). 자기 잇속만을 채우며 도둑질로 재산만 모았다. 권력자들의 죄악을 회칠하여 덮어 준다는 의미는 권력자들이 짓는 죄를 죄가 아닌 것처럼, 또는 죄가 없는 것처럼 인정해주고 백성들에게 선전하는 것을 말한다. 이것이 거짓 성직자들이 백성들을 속이는 것이며(렘 8:10), 탐욕이 가득한 포도주와 독주에 취하여 토한 것, 더러운 것이 가득하게 하는 결과들이다.

여섯 번째, 거짓 성직자들은 권력자들의 죄에 대하여 회개를 외치며, 회개하지 않을 때, 전쟁과 기근 등으로 하나님의 심판을 선포하는 참 선지자들을 권력자들과 함께 대적하며 배척하였다. "렘 20:1-2 제사장 바스훌은 여호와의 성전의 총감독이라 그가 예레미야의 이 일 예언함을 들은지라 이에 바스훌이 선지자 예레미야를 때리고 여호와의 성전에 있는-문 위층에 목에 씌우는 나무 고랑으로 채워 두었더니" 그들은 참 선지자들을 박해하며 대적한 것뿐만이 아니라 죽이려고 까지 하였다. "렘 26:8 예레미야가 여호와께서 명령하신 말씀을 모든 백성에게 전하기를 마치매 제사장들과 선지자들과 모든 백성이 그를 붙잡고 이르되 네가 반드시 죽어야 하리라" 도리어 그들은 권력자들과 합세하여 전쟁의 심판을 선포하는 참 선지자의 예언을 금지시켰다. "렘 26:9-11 어찌하여 네가 여호와의 이름을 의지하고 예언하여 이르기를 이 성전이 실로 같이 되겠고 이 성이 황폐하여 주민이 없으리라 하느냐 하며-성전에서 예레미야를 향하여 모여드니라-제사장들과 선지자들이 고관들과 모든 백성에게 말하여 이르되 이 사람은 죽는 것이 합당하니 너희 귀로 들음 같이 이 성에 관하여 예언하였음이라" "암 7:11-13 아모스가 말하기를 여로보암은 칼에 죽겠고 이스라엘은 반드시 사로잡혀 그 땅에서 떠나겠다 하나이다. 아마샤가 또 아모스에게 이르되 선견자야 너는 유다 땅으로 도망하여 가서 거기에서나 떡을 먹으며 거기에서나 예언하고 다시는 벧엘에서 예언하지 말라 이는 왕의 성소요 나라의 궁궐임이니라" 전쟁과 기근 등으로 하나님의 심판을 선포하여도 믿지 않았고 도리어 백성들에게 거짓으로 평안을 선포하였다(겔 13:10). 때문에 그들은 벙어리 개가 되어 이리가 와도 짖지도 못하며 기껏 한다는 것이 꿈이나 꾸고, 늘어지게 누워서 잠만 자며 굶주린 개처럼 먹고도 만족할 줄을 모르며, 포도주와 독주로 취하도록 내일도 오늘처럼 마시자. 더 실컷 마시자 하며 입만 살아서 제 배만 채운다는 것이다(사 56:10-12). 그들은 주님의 포도원을 망쳤으며, 가난한 사람들을 약탈해서 자기 집에 가득 채우기 위하여 주의 백성을 짓밟으며, 가난한 사람들의 얼굴을 마치 맷돌질하듯 짓뭉갰던 것이다(사 3:13,15).

일곱 번째, 결국에는 거짓 성직자들을 인하여 백성들이 타락하여 그들과 함께 백성들이 하나님께 심판을 받게 되었다. 제사장들이 뇌물을 받고 재판을 하여 악을 선하다, 선을 악하다 하여 죽을 악인은 살리며 살려야 하는 의인은 죽이며, 흑암을 광명으로 광명을 흑암으로 삼으며 쓴 것을 단 것으로 단 것을 쓴 것으로 불의가 가득한 세상이 되었다(사 5:20,23;겔 13:19). 그로 인하여 택한 백성들이 방종과 방탕의 세속에 빠지고 말았다. 아침부터 밤이 깊도록 육신의 소욕에 취하여 살았다(사 5:11). 때문에 시온의 딸들이 교만하며 발목 고리와 머리의 망사와 반달 장식과 귀 고리와 팔목 고리와 얼굴 가리개와 화관과 발목 사슬과 띠와 향합과 호신부와 반지와 코 고리와 예복과 겉옷과 목도리와 손 주머니와 손거울과 세마포 옷과 머리 수건과 늘인 목, 정을 통하는 눈으로 다니며 아기작거려 걸으며 발로는 쟁쟁한 소리를 내는 사치와 세속에 빠져 살았다(사 3:16-24). 온 머리는 병들었고 온 마음은 피곤하였으며 발바닥에서 머리까지 성한 곳이 없이 상한 것과 터진 것과 새로 맞은 흔적뿐이었다(사 1:4-6). 지혜로운 사람들에게서 지혜가 없어지고 총명한 사람들에게서 총명이 사라지는 기이한 일이 일어났다(사 29:14). 아이가 노인의 자리에, 비천한 자가 존귀한 자리에 앉아 교만하며 아이와 여자가 다스려 학대하는 어지러운 세상이 되었다(사 3:1-6). 패역한 백성, 거짓말하는 자식, 여호와의 법을 듣기 싫어하며 참 선지자들에게 앞일을 내다보지 말라! 우리에게 사실을 예언하지 말라! 우리를 격려하는 말이나 하라! 가상현실을 예언 하라! 이스라엘의 거룩하신 분이야기는 우리 앞에서 제발 그치라고 배척하며 대적하였다(사 30:9,11). 이렇게 선지자는 언약 백성들에게 거짓말을 가르치며(사 9:15), 백성을 인도하는 제사장은 그들로 미혹케 하니 인도를 받는 언약 백성들이 멸망을 당하게 된 것이다(사 9:16).

때문에 주님께서 내가 자식이라고 기르고 키웠는데, 타락하여 나를 버리며 거룩하신 분을 업신여기며 등을 돌렸다고 분노하셨다. 소도 제임자를 알고, 나귀도 주인이 저를 어떻게 키웠는지 알건마는, 내백성은 알지 못하고, 깨닫지 못한다고 하셨다(사 1:2-4). 따라서 정의를 행하며 진리를 구하는 한 사람이라도 찾을 수가 없게 되었으며(렘 5:1), 간음하는 자만 가득하게 되었다(렘 23:10). 가득 מָלֵא(말레)는, 칼 동사, 완료, 3인, 여성, 단수며, 땅에 가득 차다, 땅에 충만하다 이며, 칼 동사 완료 3인 여성 단수는 주의 백성들이 자기들 스스로 타락하여 땅에 간음죄가 충만하여 가득 차게 된 결과를 말한다. 이는 거짓 성직자들이 포도주와 독주로 비틀거리며 환상을 잘못 풀어서 모든 상에는 토한 것, 더러운 것이 가득하게 함으로 인하여 하나님의 택한 백성들이 육신의 소욕으로 타락하며, 간음죄가 가득하게 된 결과를 말한다. 때문에 생수의 근원이신 주님을 버린 것이며, 스스로 터진 웅덩이를 파게 된 것이다(렘 2:13). 이것이 소경이 소경을 인도하여 둘 다 구덩이에 빠지게 된 경우다(마 15:14).

여기서 우리는 인도자의 만남이 얼마나 중요한 것인지를 알 수 있으며, 때문에 참 지도자와 거짓 지도자를 분별하는 지혜를 가져야 우리의 영혼이 망하지 않는다는 것을 알 수 있는 교훈이다. 때가 되면 사람들이 바른 교훈을 받지 아니하며 육신의 사욕과 허탄한 이야기를 따르게 됨으로(딤후 4:3-4), 사람들이 좋아하는 것만 전하는 포도주와 독주에 빠져있는 악하고 무익한 종들이 일어나서(마 24:48-51), 많은 사람들을 육신의 정욕과 안목의 정욕에 빠지게 하는 환경이 도래하기 때문에 선지서의 교훈은 카이로스 종말의 모형으로 보는 것이다. 대 환난 날에는 사탄이 꼬리로 별들을 1/3 타락하게 하며(계 12:4), 성도와 목회자가 타락하여 사탄의 사자 음녀의 피에 취하게 될 것이다(계 17:6).

참과 거짓

　참 성직자란 거짓 성직자와 반대되는 이름이다. 구약에 제사장과 선지자들의 사역을 신약에서는 사도들이 그들의 직무를 수행하였고 오늘의 시대는 목사라는 직임으로 사도들의 사역을 감당하고 있다. 우리가 참과 거짓을 구별하기 위하여 성경에서 증언하고 있는 성직자들의 사역을 상고하면서 그들의 사역에서 참 성직자와 거짓 성직자들을 분별할 수 있는 지혜를 얻고자 한다. 오늘 우리는 미디어(media) 시대에 살고 있다. 때문에 많은 분들의 설교와 세미나, 문서들을 보고 듣고 있다. 미디어시대가 우리에게 긍정적인 면도 많이 제공하고 있지만 잘못 사용하면 큰 피해도 입게 된다. 그러므로 우리는 많이 보고 듣고 접하는 내용들에서 분별하는 성령의 지혜와 지식이 요구되는 것이다. 본 단락에서 성경에서 증언하는 참 성직자들의 사역을 찾아보면서 무엇이 참이며 무엇이 거짓인지를 분별하는 지혜를 가지기를 기대한다.

　첫 번째, 참 성직자는 반드시 주님으로부터 선택과 부르심을 받았다. 신약의 12제자와 구약의 제사장과 선지자들은 주님에게 선택과 부르심을 받은 자들이었다(마 10:1;요 15:16). 제사장들은 아론의 후손에서 선택된 자들이며, 선지자들은 때에 맞게 부르신 자들이다(출 28:1;

렘 1:5). 이것이 참과 거짓을 구별하는 첫 단추가 된다. 하지만 거짓 성직자들은 주님의 선택과 부르심도 없는데 자기들 스스로 나타난 자칭 성직자들이다(렘 14:15;계 2:2).

두 번째, 참 성직자들의 사역에는 성령의 역사가 있었다. 우리는 객관적인 입장에서 성직자가 주님으로부터 어떻게 선택과 부르심을 받았는지 확인할 수가 없다. 선택과 부르심은 개인의 주관적인 영역이기 때문이다. 그렇지만 확인할 수 있는 조건이 성령이다. 성직자의 사역에서 성령의 역사가 나타나는 사람은 참 성직자로 부르심을 받은 자이다. 주님께 부르심을 받은 선지자들과 사도들의 사역에는 반드시 성령의 역사가 나타났기 때문이다(사 1:1;미 3:8;행 2장,9:17;고전 2:2, 12-14장). 그러나 거짓 성직자들은 성령의 역사가 나타나지 않는다. 성령의 나타남이 없기 때문에 사람의 지혜(고전 2:3)와 사람의 지식으로만 사역하며(마 23:1-3), 종교적인 외식으로 양의 옷만 입고(마 7:15), 다른 데로 넘어오는 것이다(요 10:1). 참 성직자들에게 성령의 능력과 권세(마 10:1;행 2-4장), 성령의 은사인 지혜와 지식의 말씀과 성령의 열매 등이 나타난다(마 28:20;갈 5장). 성령의 역사는 복음전파와 구원에 절대적이기 때문이다.

세 번째, 참 성직자는 하나님께 받은 말씀이 있다. 신약의 사도들과 구약의 선지자들은 반드시 하나님께서 그 때에 주시는 말씀을 받고 그 말씀으로 사역한 자들이다. 제사장들에게는 계명과 율법을 주셨으며, 선지자들에게는 계명과 율법으로 예언하게 하였으며, 제자들에게는 주님에게 계명과 율법을 완성한 산상수훈의 말씀으로 가르침을 받았다. 때문에 참 성직자들은 하나님으로부터 받은 말씀으로 가르치고 전했던 자들이다(마 28:20;겔 1:3). 그러나 거짓 성직자들은 계명과 율법을 가르치고 전하지 않았다. 구전율법과 거짓 계시와 점술과 헛된 것과 자기 마음에서 나오는 거짓으로 사역했던 것이다(렘 14:14;막 7:7). 그들은 주님으로부터 받은 말씀이 없었기 때문이었다.

네 번째, 참 성직자는 주 예수 그리스도만 전한다. 신약의 사도들은 예수 그리스도만 전파하여 교회들을 세웠으며, 구약의 제사장과 선지자들은 장차 오실 예수 그리스도를 전하고 가르쳤다(행 1:8;사 11장). 왜냐하면 모든 성경의 핵심인 계명과 율법과 그 율법을 해석한 산상수훈은 예수 그리스도에 관한 말씀이며, 예수 그리스도를 전하고 있기 때문이다. 예수 그리스도는 성경과 신앙과 참 성직자를 분별하는 핵심가치다. 참 성직자로 선택과 부르심을 받아 보내심으로 받는 것, 성령으로 사역을 하는 것, 말씀을 받는 것 등의 모든 주체는 예수 그리스도다. 예수 그리스도께서 참 성직자를 선택하여 부르시고 성령을 보내주시며, 산상수훈을 가르쳐주셔서 성령의 능력과 말씀으로 사역을 하게 하시기 때문이다. 그러므로 예수 그리스도를 전파하지 않는 자는 거짓 성직자이며, 또는 자신이 그리스도라고 하는 자들은 명백한 이단이다. 거짓 성직자들은 언제든지 매 순간마다 주님을 배척하며 대적하였으며 십자가에 못을 박았다(마 20:18).

다섯 번째, 참 성직자들이 선포한 예언의 말씀들은 반드시 성취되었다(신 18:22). 선지자들이 전한 말씀은 반드시 성취된다는 사실을 보여주기 때문이다(겔 33:33). 참 성직자는 그가 전하고 가르치는 말씀들이 성취되는 증거들이 나타난다. 성령의 역사이기 때문이다. 그러나 거짓 성직자들은 그들이 전하고 가르치는 내용들의 증거가 나타나지 않았다(렘 6:14).

여섯 번째, 참 성직자들은 회개를 외치며 하나님의 심판을 선포하였다(행 2:38;사 1:16;렘 6:8-9). 회개는 크게 두 부류의 사람들에게 요구하였다. 하나는 불신자들이며, 다른 하나는 믿는 자들이었다. 회개의 기준은 계명과 율법이다. 계명과 율법을 지키지 않고 버린 것에 대한 회개다(사 1:2). 참 성직자들은 회개와 함께 하나님의 심판도 선포하였다. 우리는 성경을 의존하지 않고 사회적인 윤리의 잣대를 기준으로 평가하는 경우들을 많이 듣는다. 그 중에 하나가 성직자는 부드러운 말을 사용해야한다는 것이다. 그런데 그것은 성경에 대한 무지에서 나오는 오해다. 왜 그런가 하면 구약의 참 선지자들과 신약의 주님과 제자들은 회개와 심판을 외칠 때에는 매우 준엄하게, 매우 신랄하게, 매우 심각하게, 매우 명확하게 선포하였기 때문이다. 부드러운 말이나 중간언어를 사용하지 않았다. 이를테면 반드시 죽으리라(창 2:17 지옥과 동의어), 돌로 쳐서 죽이라(신 13:10), 행악의 종자다(사 1:4), 화 있을진저(사 5:21-22), 죽기까지 용서하지 못하리라(사 22:14), 황폐하게 하시며 뒤집어엎으시고(사 24:1), 재앙이 북방에서 부어지리라(렘 1:14), 죄를 징계하리라(렘 1:16), 내가 싸우리라(렘 2:9), 내가 심판하리라(렘 2:35), 북방에서 재난과 큰 멸망을 가져오리라(렘 4:6), 전쟁과 포로로 잡혀갈 것이다(렘 29:22). 칼과 기근과 사나운 짐승과 전염병으로 끊으리라(겔 14:21), 내쫓으시며-둘러엎으시고-강도의 소굴을 만드는도다(마 21:13). 결코 천국에 들어가지 못하리라(마 5:20,18:3), 지옥 불에 들어가리라(마 5:22), 찍어 내버리라(마 5:30), 뱀들아 독사의 새끼들아-지옥의 판결을 피하겠느냐(마 23:33), 독사의 자식들아-누가장차 올진노를 피하라 하더냐(눅3:7), 찍혀 불에 던져지리라(눅 3:9), 피가 너희에게 돌아가리라(마23:35), 너희 집이 황폐하여 버려진바 되리라(마 23:38). 이방인과 세리와 같이 여기라(마 18:17), 화가 있도다(마 18:7). 교회에서 쫓아내라(고전 5:2), 심판을 받으리다(갈 5:10), 책망하라(엡 5:11), 하나님의 나라에서 기업을 얻지 못하리라(엡 5:5), 술취하지 말라(엡 5:18), 경책(잘못을 폭로, 조롱, 모욕)하며, 경계(잘못을 비난, 꾸지람)하라(딤후 4:2). 불사름이 되리라(히 6:8), 촛대를 옮기리라(계 2:5), 검으로 싸우리라(계 2:16), 토하여 버리리라(계 3:16)등등이다. 회개와 심판에 관한 말씀에는 적당한 타협이 없는 것이 특징이다. 이렇게 외치고 선포한 말씀들은 세계 역사와 이스라엘 역사 안에서 그대로 성취되었고 앞으로도 반드시 성취될 것이다. 그런데 거짓 성직자들은 회개와 심판을 선포하지 않았다. 도리어 부드럽고 위로하는 말로 평안과 안전만 전하면서(렘 8:11), 부패한 권력자들과 적당하게 타협하며 동조하였다. 때문에 성직자가 회개와 심판을 외치지도 않거나 또는 항상 좋은 말로만 위로와 평안과 축복만 빌어주고 전한다면 거짓 성직자가 아닌지 의심해보아야 한다. 우리가 눈을 감고 귀를 막고 회피한다고 하나님의 말씀이 없어지거나 사라지는 것이 아니다. 때문에 가장 은혜 받아야 되는 말씀이 회개와 심판에 관한 내용이다. 회개하지 않으면 심판을 받기 때문이다. 카이로스 종말에는 교회들을 위하여 주님께서 사용하실 참 종들이 일곱 교회의 별, 두 증인, 두 감람나무, 두 촛대들이다(계 1:20,11:3-4). 그들은 회개와 심판을 선포하며 주님의 재림을 예비할 종들이다.

일곱 번째, 참 성직자들은 천국과 지옥을 분명하게 가르치며 전하였다(행 19:8;약 3:6). 천국과 지옥에 대한 말씀은 주님께서 제일 많이 전파하셨다. 주님의 모든 교훈과 사역은 천국과 지옥에 관한 말씀이셨다(마 4:17;계 22:14). 사실상 주님은 천국과 지옥 때문에 십자가를 지신 것이다. 십자가에서 지옥 가는 사람들을 천국으로 인도하신 것이다. 그것을 보여주는 사건이 한편강도다(눅 23:43). 그리고 제자들에게 천국복음을 전파하여 지옥에 떨어지는 사람들을 구원하라고 명령하신 것이다(행 1:8;마 28:19-20). 때문에 교회가 가장 많이 전파해야 되는 복음이 천국과 지옥에 관한 사역이 되어야 한다. 그런데 거짓 성직자들은 천국과 지옥을 전파하지 않았다. 도리어 지옥의 심판이 자신들에게는 미치지 않는다고 믿고 있었다(사 28:15). 내세를 믿지 않는 자들도 있었다(마 22:23).

여덟 번째, 참 성직자들은 하나같이 순교를 하거나 고난을 받았다(마 23:37). 이는 진리를 따르며 회개를 외치며 심판을 증거 하는 자들에게 따르는 당연한 결과다. 부패한 권력자들과 계명과 율법을 버리고 세속에 빠져 있는 백성들에게 준엄한 경고와 명령으로 회개를 외치며 전쟁과 기근, 지옥 심판을 선포할 때, 그들에게 핍박과 고난과 순교를 당하게 된다. 주님과 제자들과 기독교 2천년 역사는 고난 속에서 복음의 꽃이 피었다. 이것이 좁은 길, 생명의 길이다. 계시록이 열리는 종말에는 두 증인들이 이 길을 가면서 회개와 심판을 선포하게 될 것이다. 그러나 거짓 성직자들은 고난 받는 것은 거부하며 사람들에게 환영받고 영광 받는 길을 선택한다(요 5:44). 고난 받는 일이 생기면 외면하고 도망 가버린다(눅 10:31-32). 이것이 말만 하고 행함을 부인하는 죽은 믿음이라고 한다(마 23:3;약 2:26).

아홉 번째, 참 성직자들은 수가 적었다. 한 사람 예수님으로 시작하여 12사도만 선택하여 전 세계에 복음을 전파하여 교회가 세워졌다. 구약의 선지자들도 많은 사람들을 선택한 것이 아니라 각 시대마다 한 선지자를 부르셔서 사역하게 하셨다(사, 렘, 겔, 암, 호 등). 그러나 거짓 성직자들은 수가 많은 것이 특징이다(왕상 18:22,22:21-26). 많은 거짓 성직자들이 나타나서 많은 사람을 타락하게 한 것이다. 사람들은 수가 많으면 잘 따르기 때문이다. 이것을 군중심리라 부르며, 넓은 길을 찾는 자가 많다는 것이다(마 7:13). 그러나 그 길은 멸망의 길임을 알아야 한다.

열 번째, 참 성직자들은 물질에 자유 하였다. 참 성직자들은 물질을 축적하거나 쌓는 일에 관심이 없었다. 도리어 교회와 복음을 위하여 자원하여 빈궁하게 살았다(행 20:33). 자신의 소유를 복음을 위하여 포기했던 자들이다(마 4:21-22). 이는 천국을 믿고 바라보았기 때문이다(히 11:16,16). 천국을 믿는 자들은 자신의 보화를 다 팔아서 천국을 소유한다(마 13:44-46). 이것이 보물을 하늘에 쌓는 것이다(마 6:19). 그런데 거짓 성직자들은 오히려 물질을 좋아하며 탐욕을 부리며 땅에만 쌓고 살았다(사 56:11;눅 16:14).

열한 번째, 참 성직자들은 서로 연합하며 사역하였다. 주님은 제자들에게 연합하여 사역하는 것의 본을 보여주셨으며(막 3:14;눅 8:1-3), 그들의 연합을 위하여 기도하셨으며(요 17:11), 또한 제자들에게 명령하셨다(요 13:15,34-35). 제자들은 주님의 말씀에 순종하여 서로 연합하는 사랑의 공동체를 만들었다(행 2:42-1-47,6:1-7,13:1-3). 이것이 교회며 천국이다. 교회는 서로 협력하며 사랑으로 하나 된 공동체다. 하지만 거짓 성직자들은 자기들이 사랑하는 사람들만 연합하였다(마 5:46,26:3;눅 18:11).

열두 번째, 참 성직자들은 말씀대로 실천하는 삶의 열매가 있었다(행 20:35;딛 2:7). 그 증거가 지금까지 우리가 참 성직자들에게 나타나는 열한 가지 사역과 열매들이며, 그 중심에는 진리를 위하여 고난과 핍박을 받는 것이며, 십자가를 지고 주님을 따르는 것이었다. 이것이 주님께서 계명과 율법을 해석하여 가르치신 산상수훈을 지키는 지혜로운 건축자들의 사역과 삶이다. 그러나 거짓 성직자들은 말만 하고 행함이 없었다(마 23:3). 그러므로 참과 거짓은 사역과 삶의 현장에서 나타나는 열매를 보면 알 수 있다고 주님께서 말씀하신 것이다(마 7:20).

1) 구별

참 성직자와 거짓 성직자는 그들의 사역과 그들의 삶을 보면 알 수 있다. 참 성직자는 좋은 열매를 맺고 거짓 성직자는 나쁜 열매를 맺는다. 따라서 우리는 사역자들의 사역과 그의 삶에서 나타나는 열매를 보면 참과 거짓을 분별할 수 있다. 성직자들의 사역과 삶에서 참 성직자들에게 나타나는 열두 가지 주제의 열매가 나타나는 자들은 참 성직자이며, 그들에게는 우리가 따르고 본받고 배워야 하는 자들이지만, 그러나 열두 가지 주제에서 참 성직자들에게 나타나는 열매의 반대로 나타나는 자들에게는 떠나고 절대로 본받지 말아야 한다. 우리 영혼이 멸망하여 지옥에 떨어지기 때문이다. 그러므로 이제는 참과 거짓을 구별하기 위하여 열두 가지의 주제들을 상고한 것을 간단하게 두 가지로 요약해 보고자 한다. 우리가 상고한 열두 가지 주제는 두 가지로 함축된다. 하나는 품종문제며, 다른 하나는 소속문제다. 품종이란 씨를 말한다. 이는 비유로 참과 거짓은 씨가 문제라는 것이다. 씨가 가라지면 가라지 열매를 맺는다. 가라지에서 알곡은 절대로 열리지 않는다. 가라지는 열매를 맺기 전 까지는 농부 외에는 다른 사람들은 모른다. 농부이신 하나님 외에는 모른다(요 15:1). 열매를 안 보면 모르기 때문에 곡식이 자라는 같은 땅에서 같이 자라는 것이다. 같이 자라면서 곡식이 먹는 양식을 함께 먹는다. 그런데 가라지는 곡식과 함께 같은 땅에서 같이 자라면서 곡식이 먹는 양식을 더 많이 먹는다는 것이다. 이는 곡식이 먹어야 되는 양식을 빼앗는 것을 말하며, 그로 인하는 곡식이 성장하는데 큰 손실을 입히는 것이다. 이것은 비유다. 농부이신 하나님께서 교회 성도들을 위하여 주신 생명의 양식인 성경을 거짓 성직자들이 교회 안에 침투하여 그들이 성경을 더 많이 탐구하여 전하고 가르치면서 성도들이 하나님의 말씀을 바르게 듣고 배우지 못하게 방해하는 것을 의미한다. 이것이 모세의 자리에 앉아서 율법과 구전율법을 탐구하여 그 율법의 지식으로 종교적인 의식들만 가지고 외식하면서 자기도 천국에 못 들어가고 다른 사람도 못 들어가게 하여(마 23:13;눅 11:52), 소경이 소경을 인도하는 것이다. 그들은 교회 안에 침투할 때 양의 옷을 입고 들어오며(마 7:15), 광명한 천사로 가장하여 넘어온다(요 10:1;고후 11:14). 이는 곡식으로 가장하는 것이다.

다른 하나는 소속이다. 소속은 뿌리를 말한다. 참 성직자와 거짓 성직자는 소속과 뿌리가 다르다. 소속과 뿌리가 다르기 때문에 다른 열매를 맺는 것이다. 참 포도나무에 소속된 나무는 참 포도열매를 맺고 들 포도나무에 소속된 나무는 먹지 못하는 들 포도열매를 맺는다. 똑같은 포도나무지만 열매만 다른 것이다. 교회 안에서 같은 사역은 하지만 참 성직자는 좋은 포도열매를 맺지만 거짓 성직자는 먹지 못하는 해로운 포도열매를 맺는다. 이것은 비유다. 소속과 뿌리는 성령과 악령을 말한다. 성령에게 소속된 사역자는 좋은 열매를 맺게 되지만 악령에게 속한 사역자는 나쁜 열매를 맺는다. 이것을 증언하는 것이 11제자와 가룟 유다며(요 6:70), 유대인들과 종교인들이다(요 8:44). 그런데 성령에 소속된 참 성직자들에게도 두 부류로 나타난다. 하나는 끝까지 성령의 소속 안에 붙어있는 자이며, 다른 하나는 악령에게 미혹을 받아 떠나는 경우다. 이것을 증언하는 것이 구약에 타락한 제사장과 선지자들이다. 이들은 처음에는 참 제사장과 선지자로 부르심을 받았지만 사역하는 현장에서 악령들에게 미혹을 받아 타락한 자들이다. 때문에 성경에는 우는 사자처럼 삼킬 자를 찾고 있는 마귀를 근신하여 깨어서 대적하라고 명령하는 것이다(벧전 5:8). 그 마귀는 주님도 미혹하였으며(마 4:1), 대 환난 날에는 별 1/3 타락시킨다. 악령의 미혹으로 타락하는 원인은 육신의 소욕과 땅에 속한 것들이다(사 56:10-12;마 24:48-50;계 17:6). 그러므로 참 성직자들도 항상 깨어서 쉬지 말고 기도하면서 육신의 유혹을 경계하여야 하며 성령을 따라 주님에게 붙어있어야 한다(요 15장).

현대교회

현대 우리는 각 교단마다 세계에서 제일 큰 교회가 우리나라에 다 있다고 하며, 세계 선교사 파송도 세계 2위지만 인구비례로 계산하면 우리나라가 제일 많이 파송하고 있다는 소식을 듣고 있다. 그리고 일 천이백만명의 성도와 삼십만 명의 목회자와 이십오만 명의 장로님들이 있다고 한다. 도시마다 지역마다 교회가 없는 곳이 없을 정도로 온 나라에 교회들이 충만하다. 그리고 각종 미디어 방송, 신문, 도서 등으로 그 어느 때보다 듣고 싶은 설교와 찬양, 세미나 등을 날마다 24 시간 경험할 수 있는 풍성한 환경이다. 이러한 현실들은 분명히 하나님의 은혜로 된 것으로 믿는다. 그런데 이렇게 풍성한 경험들을 많이 하고 있지만 참 아이러니(irony)한 일들이 일어나는 것을 우리는 경험 하고 있다. 모든 것이 부족함이 없을 정도로 풍성한 시대인데 왜 교회 개척과 교회부흥은 하락하고 있는 것이며, 교회를 떠나는 가나안 교인들은 더 많이 일어나고 있으며, 현실은 이런데도 매년 안수 받는 목사 수는 증가하며, 교회 직분자의 수는 늘어나고 있다는 소식을 듣고 있다. 그리고 같은 성경, 같은 하나님, 같은 주님, 같은 성령님을 다 같이 고백하며 믿고 따르면서 교회를 대적하는 이단들을 경계하며 막아 내지 못하여 수많은 교인들을 빼앗기고 있으며, 연합단체로 활동하고 있는 WCC, WEA, 기독교 NGO단체, 각종 선교단체, 각 교단의 분립, 무인가 신학교, 연합운동, 애국운동, 시국선언 등등에서 사분오열하여 하나의 해법과 하나의 목소리를 내지 못하여 문제들을 해결하지 못하고 있는지 참으로 안타까운 현실을 직면하고 있다.

개 교회적으로는 세계에서 제일 큰 교회들이 왜 공교회적으로 연합하는 일에는 외면하는지, 개 교회에서 문제가 일어나면 금식기도, 철야기도, 시간을 정한특별기도, 특별새벽기도회 등으로 열심이며, 개 교회부흥에 해당되는 일에는 목숨까지 내 놓고 헌신하면서 왜 공교회적으로 문제가 발생하면 무 관심하는 것일까? 개 교회적으로 해결하기 힘든 문제들을 공교회가 연합하면 쉽게 해결할 수 있는 일들이 우리들 주위에 수없이 일어나고 있는데도 말이다. 이를테면 하나님의 법이 무시당하는 동성애문제, 절대적인 구원을 배교하는 종교다원주의를 전파하는 WCC를 비롯한 각종 단체들을 해석하는 문제, 성도들의 영혼을 유린하는 이단들을 대처하는 문제, 복음전파를 방해하며 마침내 교회까지 문을 닫게 하는 사회주의를 향하는 주사파문제, 자유주의 헌법이 유린당하는 불법이 성행하여 공의와 정의가 땅에 떨어지고 있는 문제들이다. 교회는 세상에서 빛과 소금으로 마땅히 선지자적인 사명을 감당하는 일에 공교회가 하나가 되어 하나의 목소리로 외치고 전해야하는데 각 교단과 단체들마다 문제를 바라보는 해석들을 다르게 함으로 도리어 혼란하게만 만들고 있는 것을 경험하고 있다. 때문에 문제를 해결하지 못하는 것만이 아니라 공교회 안에 분열이 일어나서 교회들이 서로 상처를 당하기도 한다. 그러므로 도리어 교회 밖에 있는 이방인들이 교회를 향하여 쓴 소리를 외치고 있다. 그렇다면 왜 이러한 현상들이 현대교회 안에 일어나는 것일까? 무엇이 문제일까? 그리고 해법은 없는 것일까? 따라서 이번 단락에서는 현대교회에서 일어나는 문제들을 앞에서 우리들이 상고한 참 성직자와 거짓 성직자의 관점에서 해법을 찾아보고자 한다. 왜냐하면 개 교회든 공교회든 교회는 성직자들의 사역에서 일어나는 문제들이기 때문이다.

1) 목사

현대교회 성직자들은 구약의 제사장과 선지자, 신약의 사도들의 사역을 계승한 목사들이다(엡 4:11). 목사는 하나님의 아들을 믿게 하는 것과 성경을 아는 일에 하나가 되는 온전한 사람을 세워 그리스도의 몸을 세우게 하기위하여 주님께서 선택하여 부르신 성직자들이다(엡 4:12-13). 그런데 현대목사는 주님으로부터 성직자로서 선택과 부르심에 대한 소명에 대하여 객관적으로 증명할 길이 없다. 다만 신학교에 입문하는 것이 주님으로부터 선택과 부르심을 인정하여 각 교단에서 인정하는 신학교만 졸업하고 각 교단에서 실행하는 목사고시나 강도사 고시를 패스(pass)하면, 목사 안수를 받아 성직자로 임직하게 된다. 성직자로 임직을 받게 되면 교회를 개척하든지 아니면 다른 교회에서 청빙을 받든지 하여 성직자로서 사역을 수행하게 된다. 교회를 개척하는 것은 개인의 소명에 따라 자유롭게 할 수 있지만 다른 교회로부터 청빙을 받는 경우에는 매우 어려운 환경들을 만나게 된다. 왜냐하면 청빙하는 교회에서 담임 성직자로서 수행할 수 있는 자격과 조건을 요구하기 때문이다. 청빙하는 교회의 구조와 사역의 영역에 따라 약간의 차이는 있지만 대체로 겉으로 증명할 수 있는 스펙(specification)을 자격과 조건으로 요구한다. 외국에서 유학하여 받은 박사학위, 이름이 있는 대학졸업, 대도시 등에서 명성이 있는 큰 교단, 큰 교회 등에서 목회를 한 경험, 또는 명성이 있는 가문, 명성이 있는 교계 인사 등의 추천서, 가족들의 구성원(가족 수), 나이(40-50) 등등이다. 이렇게 담임 목회자로 청빙을 받기만 하면 아무런 의심할 여지없이 담임 성직자로 수행하게 된다. 환경이 이렇다 보니 그 자격과 조건을 갖추기 위하여 좋은 대학에서 졸업한 학생들이 신학교에 들어오며, 신학을 마치면 외국에 가서 유학도 하여, 박사 학위를 받아 화려한 자신의 스펙을 준비한다. 그리고 자신을 알리기 위하여 여기저기 인맥을 찾아다니면서 명함을 돌리기도 한다.

2) 문제점

문제점이란 목사가 되기 위하여 신학교에 입문할 때, 개인의 소명을 확인할 수 있는 길이 없는 것으로 인하여 아무나 누구든지 신학교에 들어오기만 하면 받아준다는 것이다. 때문에 소명도 없는 자들이 목사직을 받기 위하여 신학교에 들어오는 문제다. 또는 무인가 신학교가 난립하여 아무나 쉽게 안수하여 무자격 목사를 세우는 문제다. 이렇게 하여 교인 수는 감소하는 분위기로 돌아서고 있지만, 오히려 목회자 수는 늘고 있어 한 해 동안 신학교를 졸업하는 목사 후보생이 적게는 7천명, 많게는 1만 명이나 되는 것으로 전해지고 있다. 그 결과로 목회자 수가 삼십만 명이 된 것이다. 그런데 중요한 것은 목회자의 숫자가 아니라 교회 안에 많은 문제들이 일어나고 있다는 것이다. 그 문제들이 구체적으로 어떻게 무엇으로 나타나고 있는지 국내기독교 언론에서 기사화된 내용들에서 자세하게 확인할 수 있기 때문이다. 그 문제점들을 확인하기 위하여 기독교 언론에서 실제로 기재한 내용들을 발췌해보려고 한다. 다만 지금부터 밝혀지는 사실들은 한국교회가 진리위에 바르게 세워지기를 바라는 희망에서 국내기독교 언론에서 기사화한 것임을 알고 있다. 본서에서도 현대교회 안에 일어나는 문제점들을 찾아보고자 하는 마음에서 그 내용들을 밝히는 것뿐이다. 기독교 언론에는 현대교회 안에 일어나는 좋은 내용들도 많이 있지만 오늘은 참과 거짓을 구별하기 위한 차원에서 문제가 될 만한 내용들만 발췌하였다. 이제부터 그 사실들을 요약해 보고자 한다.

첫째, 무자격자 목사안수문제에 대한 증거. 2016.8.4. 국민일보. 000 목사는 군소교단 1년 과정의 총회신학연구원 입학 후 목사 안수를 받았으며 기업과 교회에서 활동 영역을 넓혔다. 2016.10.31.국민일보. 예장 종합총회 총회장 000 목사는 영세교 교주 최 00 씨가 우리 교단에서 목사안수를 받았다. 하지만 신학교육은 받지 않았다. 당시는 돈 몇 푼주고 목사안수를 받는 경우가 부지기수였다. 최씨도 그런 인물 중 하나다. 지금도 적지 않은 신학교는 몇 개월이나 1년만에 목사자격을 주는 경우가 많다. 2016.1.15.국민일보. 박 00 박사는 성직자가 급증하면서 한국교회는 위험수위에 육박하고 있다고 지적하였다.

둘째, 개척교회와 농어촌 목회는 회피하는 현상. 2013.12.17.국민일보. 신학대학원에 입학한 학생들에게 졸업 이후 희망하는 목회 방향에 대한 설문에서, 담임목회가 32.6%, 선교사 27.4%, 기관목회

10.5%, 교회개척 7.8%, 농어촌목회 2.3%다. 2016.2.10.국민일보. 전
국 주요 신대원 재학생 중 교회개척을 준비하고 있다고 답한 응답자
가 5.3% 불과한 것으로 나타났다. 개혁주의생명신학실천신학회에서
전국 신대원생 300명을 대상으로 조사한 결과 가장 많은 관심을 기울
이는 분야가 신학공부 57.7%, 목회사역 24.7%, 해외선교 9.7%, 교회
개척 준비는 네 번째다. 2016.2.7 연합신문. 전국신대원생 300명 설
문조사에서 졸업 후 목회자를 희망하는 사람은 절반에 불과하다. 가
장 관심분야는 신학공부, 목회자의 꿈을 안고 있음에도 불구하고 개
척준비를 하는 신학생은 소수에 불과했다. 신대원 입학 동기 목회자
로서의 소명 57.0%, 교회개척을 준비 5.3%다. 목회사역 준비도
24.7%, 부목사, 사역지 청빙을 모색하는 경우였다.

셋째, 말씀보다 신학을 더 중요시한다. 2018.5.28.국민일보. 생명을
살리는 복음적 설교가 한국교회에서 점점 사라져 가고 있다. 십자가
와 부활의 복음이 제대로 선포되지 않는다. 그 원인은 성경을 하나님
의 말씀으로 믿지 않기 때문이다. 신학교에서 신학이론을 가르친다면
서 유명 신학자들의 이름을 줄줄 나열한다. 하지만 하나님의 말씀을
통해 예수를 알고 닮아가는 것에는 크게 관심을 두지 않는다. 이처럼
말씀보다 신학을 먼저 붙드니 예수 그리스도의 생명력을 잃게 됐다.
신학은 학문이 아니다. 신학이 발달하면서 문제가 생겼다. 목회자들
이 성경보다 인간의 지식을 더 의지하는 현상이 발생한 것이다. 신학
자들도 하나님의 말씀인 성경을 가르치기보다 자신이 배운 신학지식
을 전달하는 데 에너지를 쏟기 시작했다. 그렇다 보니 한국교회 강단
이 힘을 잃고 말씀의 능력이 사라진 것이다. 현대 신대원생들도 신학

공부하기 위하여 신학교에 입학하는 자들이 절반이 넘는 것이 증거다 (둘째 단락 참조).

넷째, 신학을 학문으로 배우기 때문에 영적인 문제는 관심이 없다. 2016.5.23. 연합신문. 개혁주의생명신학실천신학회는 국내주요 11개 교단신대원생 설문에서 일주일 평균 기도시간은 52분, 성경읽기 163분으로 매우적게 나타났다. 2016.8.25 연합신문. 신학교육의 핵심요소는 좋은 스승은 지식과 더불어 삶으로 모범을 보인다. 목회자를 길러내는 신대원이 지나치게 아카데믹한 분위기로만 치우치는 것은 교수들의 책임이 크다. 교수들이 신앙의 모습을 보여줄 때 진정한 신학교육이 시작될 수 있을 것이라는 지적이다. 2016.5.12. 연합신문. 11개 신학대학원생들은 성경에 관련된 것은 배웠지만 정작 성경은 배우지 못했다고 한다. 신대원생들이 강화해야 할 신앙교육으로 성경강해와 영성훈련을 꼽았다. 2018.6.22. 국민일보. 사주와 궁합, 점, 손금, 관상 등을 보는 점집의 손님 중 30% 교인이다. 사업, 직장, 결혼 등으로 교인들이 점집을 찾는다. 교회 안에 무속신앙 저자 서 ○○목사는 교회가 성도들의 답답함을 해결해 주지 못하고 있다는 반증이라며 미신과 주술적인 행위를 안타까워했다. 2018.6.21 국민일보. ○○○목사는 교회 안에 영적인 양반 노릇 하는 도덕적 상놈들로 가득하다. 도덕적 상놈이라는 표현은 교인들이 길을 잃고 헤매고 있다고 지적하던 중에 나왔다. 자녀들의 인성훈련은 외면한 채 주입식 공부만 시키는 것이 닭을 키우는 양계 사업과 다르지 않다고 꼬집었다. 신앙인이 겸비해야 할 윤리·도덕성은 외면당하고 있다는 비판이다.

다섯째, 성직자들의 타락이다. ○○○교수는 중세유럽도 열심히 기도하고 정기적으로 미사를 갖는 등 지극히 종교적인 상황이었다면서 하지만 교황부터 성직자까지 성직을 매매했으며, 금권선거가 횡행하는 등 배금주의가 판을 쳤다고 지적했다. 한국교회에서도 일부 목회자들이 성직을 사고팔며 임직 때 돈거래를 한다는 점이라며 심지어 신학교에서조차 교수직을 돈으로 거래하는 일이 발생하고 있다고 개탄했다. 중세교회는 면죄부를 팔고, 한국교회는 ○○○를 판다. 2017.10.27, 국민일보. 교회당 매매 및 후임자 청빙. ○○시, 매매가 ○억, 주일출석 성도 수 ○○명, 교인 20명이 출석하고 상황이 좋으니 돈을 받고 사역지를 양도하겠다는 의사를 밝혔다. 교인 수까지 계산해 권리금을 받기도 한다. 교회 부동산을 거래하는 사이트에 수백 건의 교회 매물이 올라와 있었다. 교회 장로나 안수집사, 권사 직분에 취임하는 사람에게 임직식이 있기 전 편지를 발송했다. 장로 ○○만원, 안수집사 및 권사 ○○만원이 쓰여 있었고 ○일까지 납부하지 않으면 임직 대상에서 제외되며 은행대출 희망자는 교회에서 알선해 준다는 내용도 있었다. E교회에서는 교회건물 구입 때 장로가 거액의 뒷돈을 챙겼다는 소문이 나돌기도 했다.

여섯째, 물질로 일어나는 타락. 2013.10.4. 국민일보. 감독회장 당선에 8억 요구 받았다. A목사가 자신을 찾아와 1억3600만원을 요구했다고 밝혔다. 또 다른 장로는 식사비와 활동비 예비비가 포함된 선거 계획서를 내놓으며 8억원을 요구했다고 한다. 2017.4.20. 국민일보. 박 ○○목사는 B교회를 세웠다. 함께 만든 C경제연구소 주최로 매달 2차례 세미나 형식의 투자 설명회를 열었다. 목사라는 직함을 이용해 가로챈 금액은 무려 200억원이 넘었다. 2017.7.18. 국민일보. 하나님재산 빼돌린 죄. 총회에서 22억원, 학교법인에서 8억원 등 30억원을 횡령한 혐의로 징역 4년 6개월을 선고받고 법정구속 됐다. 부장판사는 ○○○ 카지노에서 77억원을 쓰고, ○○○ 카지노에서 51억원을 따고 다시 93억원을 잃는 등 도박장에서 살다시피 한 것을 언급하며 교단의 재산, 곧 하나님의 재산까지 빼돌렸다고 꾸짖었다. 2016.6.25 연합신문. 연봉 4억원, 문제를 지적하고, 각성과 변화를 촉구했다. 반면, 소속교회의 46.8%인 2,081개 교회가 미자립교회이며, 이들 미자립교회 교역자들의 평균 급여는 60만1천550원인 것으로 확인됐다.

일곱째, 성직을 사업장으로 인식하고 있다. 2017.4.3.국민일보. 한국고용정보원이 직업만족도 판사, 도선사, 목사라는 것이다. 대형교회 담임목사의 경우 억대 연봉을 받으며 정치세력과 결탁해 많은 권력을 누리고 있다고 했다. 2016.3.11 연합신문. 신대원 응시생이 감소한 이유를 묻는 질문에 응답자의 50.1% 교단 지도자들의 실추된 모습 때문이라고 답했다. 타 신학교로 진학한 이유에 대한 항목에서도 56.8% 교단 지도자 실추 때문이라고 답했다. 신대원 재학생들도 지원자 감소 원인을 묻는 질문에 한결같이 교회 신뢰도, 목회자 윤리 때문이라는 것이다. 2017.3.13.국민일보. 개신교인 900명과 목회자 100명을 대상으로 한국교회의 개혁과제 등을 묻는 설문조사를 한 결과 세속화와 물질주의(교인 41.9%, 목회자 33%)가 심각한 문제점으로 꼽혔다. 목회자의 자질부족 · 사리사욕 · 이기심과 양적팽창 · 외형에 치우침 개교회주의가 뒤를 이었다.

여덟 번째, 명예욕이다. 2017.5.16.국민일보. 내가 대통령 당선을 도왔다는 목회자들의 전화로 자신의 공을 내세우며 연락을 기다리는 이들도 있다고 한다. 2019.7.4.국민일보. 지금이 대통령 앞에서 환대나 받고 있을 시국인가? 서해안 목선의 허위보고, 망가지는 경제, 차별금지법으로 하나님을 대적하는 정부, 안보는 무너지고 우리나라 사람은 적폐대상이고 북한의 인권, 적폐에 대하여 말한마디 못하는 대통령 앞에서 환대나 받을 때인가? 간담회에는 주요 교단장 12명이 참석했다. 2016.11.2.국민일보. 이 난국에 청와대 사칭 청목회 신분증회원으로 가입하면 청와대 로고가 박힌 신분증과 명함을 만들어 청와대를 출입할 수 있다며 회원모집에 나선 교계 단체가 나타났다. 청목회 대표 강 ○○목사는 비영리법인으로 고유번호를 받았으며 전국교회 목회자와 뜻을 같이하는 분 100만명을 목표로 회원을 모집 중이라고 밝혔다. 2016-11-23 국민일보. 박 ○○목사. 시대의 파수꾼으로 작금의 현실은 우리 목사들에게도 큰 책임을 통감한다. 최 ○○씨가 권력과 손잡고 다닐 때, 그를 에워싸고 다니던 목사들이 얼마나 많았던가. 권력 앞에서 아부하는 목사들은 또 얼마나 차고 넘쳤던가.

아홉 번째, 성경을 부정하는 성직자. 2017.7.24. 국민일보. 반성경적으로 주장하는 ○○○ 목사를 한국교회 8개 주요교단 이단사이비대책위원장들은 모임을 갖고 이단성 여부를 논의했다. 그는 잘못된 신론과 구원론으로 잘못된 가족제도를 옹호하며 정통교회와 신학을 공격하고 있다는 것이다. ○○○ 목사는 하나님이 인간에게 다양한 성정체성을 심어줬고 성경이 동성애를 금하지 않고 있다는 이유로 동성애가 성경적이라고 주장했다. 또한 죄와 심판에 대한 하나님의 말씀을 왜곡함으로써 종교다원주의적 구원론을 주장하고 있다. 2017.12.8.연합신문. 동성애를 바라보는 한국교회 내 인식 격차가 매우 큰 것으로 확인됐다. 한국기독교언론이 목회자 100명을 대상으로 실시한 여론조사에서, 동성애를 인정해야 한다가 5.4%, 연령별 40대 이하에서는 14.3%, 50대 이상은 4.3%로 나타났다.

열 번째, 주사파가 성직자로 가장하여 들어왔다. 2019.3.17. 사랑침례교회에서 이〇〇 전대협 연대 사업국장의 종북주사파의 실체 경험과 자유 민주주의 전향 증언에서 주사파 세력들이 한국교회 신학교 안에 진출하였다고 고백하였다. 2013.5.20.CBS 북한교회 바로세우기 사무총장 김〇〇 목사가 북한이 친북 목회자 양성을 위하여 유수신학교에 주사파를 침투시켜 목사를 배출하고 있다는 내용을 방송하였다. 2018.10.17. 뉴스타운TV. 조〇〇 칼럼에서 한국개신교와 가톨릭 모두 주사파 세력에 접수 당했다. 2020.4.3. 이〇〇 목사. 애국방송. 드디어 좌파 목사들이 행동을 시작했다. 2020.4.10. 좌파기독교대부 손〇〇장로, CBS 시사자키 정 〇〇. 전 〇〇목사 따르는 사람은 광신도적 집단. 2020.1.4. 시대와 증인TV. 기독교의 붉은 맹주 김〇〇 목사. 2019.11.6. 사랑침례교회. 정〇〇 목사. 교회파괴 주사파 교육 기관의 실체. 2013.11.11. 한국자유연합 대표. 리버티헤럴드 대표. 김〇〇 객원논설위원의 WCC 선언문에 대한 논평에서 섬뜩한 이적선언문이라고 인터넷에 기고하고 있다. 또한 주사파 세력들이 우리나라 곳곳에 침투하여 나라가 사회주의화 되어가는 현실에 대하여 김〇〇 정치인은 주사파가 집권한 대한민국(2020.2.1.조선일보) 이라는 내용을 기고하기도 하였다.

열한 번째, 시국의 견해로 분열. 2020.1.1.국민일보. 4월 21대 총선을 앞두고 갈등은 더 심화될 것으로 우려된다. 전○○ 목사를 비롯한 보수교계는 광화문에서 집회를 열고 문재인정부를 비판하며 광장으로 나간 교회라는 불편한 꼬리표를 달았다. 2019.12.20. 국민일보. 초갈등사회 한국교회가 푼다에서 소○○ 목사는 대통령이나 권력기관이 잘못된 길로 가면 교회가 당연히 비판해야 하지만 합리적인 대화로 문제를 풀어가야 한다면서 교회가 광장에 나가 집회를 주도해선 안 된다고 꼬집었다. 2019.12.11.국민일보. 이○○ 목사. 사회 갈등의 원인을 대통령이나 여야 정치인에게 돌리지 않고, 사회 통합의 주체가 돼야 할 교회와 목회자들의 책임부터 지적한 것이다. 2020.4.9 국민일보. 목회자 선거법 위반 색출 뒤에 숨은 내로남불. 예배 때 나온 말. 그것도 선거법 위반 목회자를 색출해 고발하겠다며 으름장을 놓은 김○○ 씨와 벙커1교회. 2020.2.25.국민일보. 정○○ 교수. 목회자의 정치적 견해 표출과 관련해서 절대 강단에서 표현해서는 안 되며, 성도들의 정치관을 경청하되 동조해서는 안 됩니다. 목사는 이중 언어를 구사해야 한다고 했다.

3) 해결점

기독교 언론에서 기재된 열한 가지 내용에서 앞에서 우리가 상고한 참 성직자와 거짓 성직자를 구별한 잣대를 적용하여 세 부류의 성직자로 요약할 수 있다. 우리의 목적은 참과 거짓을 구별하기 위함이다. 첫 번째 부류는 성령이 없는 성직자들이다. 신약의 서기관과 바리새인들 즉, 종교인들과 같은 자들이다. 주님에게 부르심을 받은 소명도 없이 자기 스스로 양의 옷을 입고 광명한 천사로 가장하여 들어온 자들이다. 그들은 주사파 세력이며, 돈으로 성직을 매매하는 자들이며, 말씀보다 신학문만 붙잡는 자들이며, 말씀을 부정하여 종교다원주의와 동성애를 가르치고 전파하는 자들이며, 물질의 탐욕으로 성직을 일반 기업체 사업장으로 생각하는 자들이다. 양의 옷을 입고 광명한 천사로 가장하여 나타나는 모습이 좋은 대학졸업, 박사학위, 화려한 이력서(스펙) 등을 준비하여 현대인들이 좋아하는 세련된 언어와 외적인 위풍당당한 모양으로 목사안수를 받고 교회와 신학교, 기독교 단체 등으로 침투하여 들어오는 것을 말한다. 신학교에 침투하여 영성은 없이 신학문만 가르치며, 자유신학, 해방신학, 과정신학, 세속화신학, 공적신학, 사신신학, 언어신학 등을 만들어 전한다. 또한 기독교 단체(WCC, WEA, NCCK, 윤리실천, 정의구현, 평화단체, 구제단체, 선교단체) 등을 만들거나 만들어진 단체 등에 들어와서 활동하기도 한다. 그들은 예수 그리스도의 교훈을 인본주의로 해석하여 인간으로 오신 예수, 인간으로 오셔서 사람들에게 윤리와 도덕을 가르치신 예수 등으로 일반 종교인들이 믿는 종교창시자 정도로 인식한다. 그리고 윤리와 도덕을 말하지만 자신들은 하나도 행하지 않으면서 윤리와 도덕의 잣대로 정통 성직자와 교회를 비판하며 대적하는 일에 더욱 악하여 속이기도 하고 속기도 한다(딤후 3:13). 목회자로 교회 안에 들어온 자들은 종교적인 형식에만 치중한다. 계명과 율법을 자기 마음대로 해석하여 동성애, 율법 폐기론 등으로 진리를 변개시켜 세속적인 이야기들로 만들어 버린다. 종교다원주의를 전파하며, 재림신앙, 회개와 책망, 천국과 지옥에 관한 말씀들은 전하지도 않는다. 때문에 그들은 사람의 영혼을 노략질하는 이리들이다. 그리고 그들은 돈과 명예에 따라 움직이며 남에게 환영받고 높은 자리에 앉은 것을 좋아한다. 사역의 현장에 성령의 나타남이 없다. 성령운동과 성령의 나타남을 도리어 부정한다. 이는 품종과 소속이 다르기 때문이다. 사탄에게 속한 가라지라는 의미다.

두 번째 부류는 성숙하지 못한 성직자들이다. 소속은 성령과 주님에게 속하여 품종은 곡식이지만 장성하지 못한 미숙한 자들을 말한다. 미숙하다는 것은 영적인 어린 아이라는 의미다. 영적인 어린 아이는 무엇이 옳은 것인지, 무엇이 잘못된 것인지를 분별하지 못한다(히 5:13). 주님에게 부르심을 받아 사역은 하고 있지만 신앙이 성숙하지 못한 성직자들을 말한다(히 5:12). 기도하는 것과 말씀에 대한 깊이가 약하여 성령의 나타남에 대한 경험들이 부족하다. 때문에 개척교회와 농촌교회, 해외선교 등, 고난 받는 자리는 회피하며, 설교와 가르침도 주님의 초림복음과 사람들이 듣기 좋아하는 기복적인 것만 전하여 사람들의 귀만 즐겁게 만든다. 회개와 심판, 재림과 종말에 대한 말씀들은 중간언어를 사용한다. 교회와 성도들이 어려움을 당해도 무관심하며 심방, 상담, 기도 등을 기피한다. 선과 악을 구별하지 못하여 십자가를 져야 되는 사건들을 만나면 지역(영남, 호남, 충청), 학연(동기, 동문), 교단(각 교단의 의결), 개 교회중심(당회, 제직회, 공동의회), 가족(부모, 형제, 친척) 등의 영향으로 뒤로 물러서서, 선지자적인 사명을 감당하지 못한다.

세 번째 부류는 타락한 성직자들이다. 구약의 타락한 제사장과 선지자들과 같은 자들이다. 사역의 시작은 성령과 말씀으로 열심히 노력하여 어느 정도 성장궤도에 도달했다고 생각할 때, 자만하여 사탄에게 미혹을 받은 경우다. 눈에 보이는 물질과 명예와 명성, 이성 등의 탐욕으로 타락한 자들이다. 성직자가 타락하면 영적인 소경이 되어 파수꾼의 사명을 다하지 못한다. 소경은 육체적인 소욕대로 따른다. 육체의 소욕이 물질과 명성이다. 물질과 명성에 치우치면 권력자들 앞에 아부하며 그들의 부패에 대한 회개와 심판은 외치지를 못하며 성도들에게도 전하지 못한다. 남보다 높아지려고 하는 명성(총회장, 단체장, 기관장 등)을 얻기 위하여 서로 다투고 비난하며 돈으로 표를 매수하며, 은퇴할 때 물질과 후임자 등으로 교회를 혼란에 빠지게 하며, 또는 성직과 교회를 돈으로 매수하는 형태들이다. 이는 성경의 증언이며(사 56:10-12;마 24:48-51), 카이로스 종말의 징조다(계 3:1).

2014.12.17. WCC 제10차 부산총회 참가교단과 목회자 명단에서 준비위원회 128명과 상임위원들과 지지하는 신학교 교수, 각 교단, 각 기독교 단체 등의 명단에는 대형교회와 명성 있는 목회자 등이 대거 포함되어있다. 그 명단에 들어가 있는 분들은 한국교회 부흥과 세계 선교 사역에 크게 공헌하신 분들이다. 그런데 그분들이 종교다원주의와 공산주의 사상을 지지하며 전파하는 WCC 유치하여 행사를 진행하게 된 것은 타락의 증거다. 평양에서는 성직자들이 신사참배를 결의하여, 그 결의를 부정하는 주기철 목사님을 성직에서 제명까지 하여, 교회가 공산당에게 점령을 당했으며, 부산에서는 성직자들이 WCC 유치하여 교회와 나라에 큰 위기를 맞이하고 있다. 그 위기는 밖으로는 세월호 사건, 대통령 탄핵, 주사파 정권 등장 등으로 나라가 큰 혼란에 빠져들고 있는 것이며, 안으로는 교회성장하락, 가나안 교인

급증, 사회신뢰도 하락 등으로 위기에 빠졌다. 이러한 세 부류의 성직자들이 모여 있는 현대교회이기 때문에 공교회적으로 진리를 위하여 연합해야 할 때, 하나가 되지 못하는 것이다. 참과 거짓은 하나가 될 수가 없다. 품종과 소속이 다르기 때문이다. 미성숙한 자들과 타락한 자들도 참과 거짓을 분별하지 못하는 관계로 동일하다. 그러므로 같은 성경, 같은 하나님, 같은 성령 같은 주님을 부르며 믿는다고 하지만 하나로 된 진리의 목소리, 또는 연합하여 문제를 해결하지 못하는 것이다. 공교회이름으로 애국운동으로 감옥에 갇혀있는 목사님이 계셔도, 또는 그 교회에서 정부로부터 수많은 경찰병력과 언론을 동원하여 공격을 하며 탄압을 하고 있어도 한국교회는 침묵하고 있는 기가 막힌 노릇이다. 이러한 환경에서는 숫자가 아무리 많아도 무용지물이며 도리어 대적하며 방해거리만 된다. 이것이 현대교회의 모습이다.

그렇다면 해법은 없을까? 아니다. 문제가 있으면 반드시 해법이 있다. 그 해법은 우리는 할 수 없다. 교회주인이신 주님만이 하실 수 있다. 주님은 자신의 피로 값주고 사신 교회를 반드시 새롭게 거듭나게 하실 줄로 믿는다. 다만 우리는 주님께서 새롭게 하시는 도구로 사용되어야 한다. 첫째, 가라지는 신학교부터 절대로 침투하지 못하도록 구별해야 한다. 구별하는 방법으로는 성경으로 돌아가는 것이다. 주님은 제자들을 3년 반이라는 시간에 천국복음을 가르치시며 삶으로 본을 보여주셨다. 그리고 성령으로 충만한 능력과 권세를 무장시켜 사역하게 하셨다. 이것이 정답이며 구별이다. 현대교회 신학교가 주님과 같은 성직자를 양성하려면 학교운영자체가 사관학교처럼 하나의 공동체로 운영하여 영성과 지성이 겸비한 교수들의 지도아래 철저한 성경교육과 기도와 경건훈련 등으로 성령의 충만함을 경험하게 하는 과정이 되어야 할 것이다. 이러한 환경이 조성되면 가라지가 침투하지 못할 뿐만 아니라 침투했다하더라도 쉽게 구별할 수 있을 것이다. 가라지는 영적인 환경에 적응할 수 없기 때문이다. 한 나라의 군대를 지휘하는 지휘관을 세우는 일에도 최고의 수준과 고도의 훈련으로 양육하며, 육신의 건강을 책임지는 의사 한 사람을 배출하는데도 최고의 수준과 학문과 인턴(intern)의 과정을 이수하여 자격증을 부여한다면 하물며 사람의 영혼을 담당할 성직자일까? 영혼을 담당할 성직자가 천국복음에 확신도 없고 성령의 역사도 경험하지 못하고 교회를 개척하고 교회를 담임한다면 본인과 교인들이 얼마나 비참한 일이 되겠는가? 따라서 신학교는 세속적인 학교운영에 자유 해야 한다. 학생들의 숫자에 대한 자유, 이름을 내고자하는 명성, 재산축척에 대한 자유 등이다. 이러한 운영을 위해서는 적극적인 교단의 지원이 뒷받침 되어야 할 것이다. 이렇게 새로운 개혁의 방향으로 나갈 때 주님의 도우심으로 승리하게 될 것이다.

둘째, 영적으로 미성숙한 성직자들은 성숙한 신앙으로 성장해야 한다. 신앙이 성숙하게 성장하기 위해서는 초보적인 신앙에서 벗어나야 한다(히 5:12-6:1). 초보적인 신앙은 의존적이다. 사람, 자료, 간증 등을 의존하지 말고 경건을 훈련해야 한다(딤전 4:7-8,15;). 영적인 일에도 훈련의 과정과 밟아야 되는 기본기가 있다(사랑의 7단계 참조). 영적인 기본기는 말씀의 연구, 예배, 기도, 섬김, 교제 등의 반복이다. 기본기를 반복하는 과정에서 말씀과 성령으로 신앙이 성숙하게 자라게 된다. 이러한 경건의 훈련을 위하여 세월을 아껴야 한다(엡 5:16). 신앙의 성숙을 개발하는 일에 최우선순위를 두어야 한다. 하루 24시간, 년 365일을 전념해야 한다. 여유 있는 야유회, 휴가, 명절 등도 반납해야 한다. 이것이 열심을 다하여 주님을 섬기는 일이며(롬 12:11), 오직 기도하는 것과 말씀사역에 전념하는 것이며(행 6:4), 영적인 성숙을 위한 훈련이다. 한 나라의 법관이 되기 위하여 사법고시를 준비하는 것과, 고 3수험생들이 좋은 대학에 진학을 위하여 밤잠도 반납하고 부모도 이웃도 친구도 모두 담을 쌓고 준비하는 일에 전념하거든 하물며 자신과 천국백성들을 양육하는 일과 주님의 복음을 전파하는 일에 대한 것일까? 때문에 날마다 자신을 쳐서 복종하여 십자가 지는 것을 두려워하지 말아야 한다(마 16:24;고전 9:27). 바울은 남에게 전파한 후에 자신이 도리어 버림을 당할까 두려워하였다. 성숙한 자는 때와 시기와 선과 악을 분별하여 주님과 제자들과 참 선지자들과 동일하게 회개와 심판도 선포하며(사 1:4;마 7:23,10:14;딤후 4:2), 천국과 지옥을 분명하게 알려서(마 4:17,5:29). 주님의 재림을 준비하게 한다. 그리고 자기중심, 개 교회 중심에서 벗어나게 된다.

셋째, 타락한 성직자들은 철저히 회개해야 한다. 주님의 이름을 이용하여 높아진 교만과 자신의 성을 쌓게 된 명성과 주님께 드려진 헌금으로 자신의 재산을 축척한 것과 주님의 교회를 분열시킨 과오들이 있다면 회개해야 한다. 그로인하여 성도들이 실족하게 되었으며, 이단들을 막아내지 못하여 성도들을 배교하게 하게 한 것과 가나안 성도들이 급증하게 되었다면 회개해야 한다. 그리고 처음신앙으로 돌아가야 한다. 초대한국교회는 숫자는 적었지만 성령이 충만하여 주일 낮과 밤 예배, 수요예배, 새벽기도, 금요철야 기도 등으로 열심히 주님을 섬겼다. 교회와 기도원에서 매년 1,2차로 심령대부흥회 열어서 성령의 은사들을 사모하며 경험하였다. 교회 안에 권징도 실행하여 직분자와 성도들이 주일성수와 계명을 범하게 되면 책벌하여 회개할 기회와 교회의 타락도 차단하며 예방하였다. 그 결과로 오늘의 열매를 얻게 되었으며, 그 배후에는 성직자들의 절대적인 헌신이 있었다. 그런데 현대는 교회가 부흥하고 경제가 성장하면서 초대교회의 열정이 사라져버렸다. 그 결과로 주일 낮 예배 한 번 정도로 신앙생활을 의존하며, 수요, 새벽, 금요 기도회는 폐지한 교회들이 많이 늘어나고 있다. 교회 안에 권징도 사라졌다. 이는 영적으로 잠자는 현상이다. 교회가 잠자면 사탄이 가라지를 뿌린다(마 13:25). 사탄이 가라지를 뿌린 결과로 거짓 성직자들이 교회와 신학교와 기독교 기관들에 침투한 것이며, 성직자들이 타락하게 된 것이다. 부산에서 WCC 거행한 것이 그 중에 하나다. 따라서 영적으로 잠들게 됨으로 나타난 죄악들에 대하여 철저하게 통회자복하며 회개하고 돌아서야 한다. 그리고 다시는 자만에 빠지지 않도록 물질과 명성에 자유 해야 한다. 사탄은 항상 우리의 약한 것으로 미혹하기 때문이다. 이것이 해법이다.

넷째, 성도들이 깨어있어야 한다. 성직자만 의존하는 신앙에서 벗어나야 한다. 우리는 지금 교회와 나라의 위기를 만나고 있다. 이 위기는 대 환난으로 들어가는 징조라고 보아야 한다. 대 환난 날이 되면 전 세계는 사회주의 나라가 된다. 적그리스도가 등장하여 하나의 정부, 하나의 종교, 하나의 경제로 통일하게 된다. 사탄은 지금 그가 등장하면 통치할 세계정부의 길을 열어주고 있다(계 13:1-4). 성직자의 타락과 사회주의 배후에는 사탄이 있다. 이는 성경의 증언이기 때문에 우리가 믿든 안 믿든, 인정을 하든 안 하든 반드시 성취될 것이다. 어떤 목사님의 말씀에 의하면 우리나라 사람들은 만 가지가 훌륭한데 한 가지가 약하다고 하셨다. 그것은 나라가 망할 때까지 모르고 있다가 망한 후에 깨닫는다는 것이다. 임진왜란, 병자호란, 을사조약, 6.25 등이다. 그 결과 우리의 선조들은 수많은 희생과 고난과 피를 흘렸다. 그런데 이제는 나라 문제만이 아니라 우리의 영혼문제가 달려있음을 알아야 한다. 주님은 몸은 죽여도 영혼은 능히 죽이지 못하는 자들을 두려워하지 말고 몸과 영혼을 지옥에 멸하실 수 있는 이를 두려워하라고 명령하셨기 때문이다(마 10:28). 내 영혼이 망하지 않기 위하여 스스로 지켜야 한다. 대 환난 날에는 성직자의 인도가 없어도 어디서든지 혼자서 예배와 기도를 드리면서 믿음을 지켜야 한다. 현재 북한, 중국, 회교권 나라에 속한 성도들과 같은 신앙인이 되어야 한다. 혼자서 예배와 기도 생활을 하기 위하여 성령으로 속사람을 강건하게 해야 하며(엡 3:16-17), 신앙의 기본기에 충실하여 성숙한 신앙인으로 자라가야 하며(히 5:14), 하나님의 전신갑주로 무장해야 한다(엡 6:13-17).

거짓 성직자들에게는 절대로 미혹당하지 말아야 한다(마 24:4). 그들에게 미혹당하면 그들과 함께 멸망하기 때문이다(렘 5:31,6:13;마 15:14,23:13,15). 그들은 피해야 하며(눅 21:36), 떠나야 한다(롬 16:17;살후 3:6). 그리고 각종 미디어 방송, 신문, 도서 등에서 거짓 성직자와 이단들과 타락한 성직자와 미성숙한 성직자들이 전파하는 설교와, 세미나 등에서 참과 거짓을 구별할 줄도 알아야 한다. 마지막 때는 우리를 미혹하는 동영상들과 소식들이 많이 등장하고 있기 때문이다. 현재 우리를 해롭게 하는 영상들이 많이 올라오고 있다. 거짓 성직자들이 양의 옷을 입고 광명한 천사로 등장하는 것과 같이 그들의 동영상에도 대체로 화려하게 만들고 있다. 사람들의 눈길을 끌기 위해서다. 때문에 우리의 눈을 미혹하려는 모습들도 분별해야 한다. 성직자를 지나치게 주님처럼 의지하거나 믿고 따르는 것을 조심해야 하며, 참 성직자는 신뢰하되 오직 주님만 믿고 따라야 한다. 주님만 의지하며 주님에게 붙어있어야 한다(요 15:5). 주님만이 우리의 안전한 피난처며, 영원한 안식처다(마 11:28-30). 이것이 명확한 해답이다.

한국교회의 사명

  본 단락의 목적은 두 가지다. 하나는 거짓 성직자들과 이단들에게 미혹당하지 않기 위함이며, 다른 하나는 지금은 한국교회 안에 문제들이 많이 일어나고 있지만 주님께서 합력하여 선을 이루어 결국에는 한국교회가 주님에게 귀하게 쓰임을 받게 될 것이기 때문에 소망을 가져보는 것이다. 교회주인이신 주님은 반드시 자신의 교회를 위하여 예정하신 뜻을 성취하시는 분이시기 때문이다. 거짓 성직자들과 이단들은 본 단락에서 상고하게 될 내용으로 자기들 마음대로 해석하여 많은 사람들을 미혹하였다. 이단들이 미혹하며, 또는 미혹하였다하여 한국교회에 대한 소중한 소망의 말씀을 덮어둘 수는 없다. 꽃은 남쪽에서 먼저 피기 시작하여 북쪽으로 올라가면서 핀다. 그런데 단풍은 북쪽에서 먼저 물들기 시작하여 남쪽으로 내려오면서 든다. 복음도 이와 유사하다. 초림복음은 예루살렘에서 시작하여 로마, 유럽, 미국, 한국에 도착하였다. 그런데 재림복음은 한국에서 전세계, 미국, 유럽, 로마, 예루살렘으로 들어간다. 예루살렘에서 시작한 복음이 지구를 한 바퀴 돌면서 전 세계에 전파된 후에 다시 예루살렘으로 들어가면서 주님의 재림을 맞이하게 되는 주님의 구원역사다. 초림은 예루살렘에서 사도들을 통하여 시작했다면 재림은 한국에서 한국교회 종들의 이마에 인을 치는 역사로 시작된다. 초림은 오순절에 이른 비 성령을 부어주셔서 복음을 씨를 뿌렸다면 재림은 한국교회에 또다시, 초림 때와 똑 같이 늦은 비 성령을 부어주셔서 복음의 추수를 하게 될 것이다(욜 2:28-29). 이는 성경의 증언이다. 때문에 이스라엘과 한국은 닮은 점이 매우 많이 있다. 이스라엘과 대한민국은 인종(황인종), 족보(셈의 후손), 풍습과 문화(인사, 이름 등), 지형과 분단(남과 북), 역사(고난, 포로), 독립(이스라엘, 1948.5. 한국 1948.5), 배교(이스라엘은 주님을 십자가 못 박음, 한국은 평양과 부산에서 신사참배, WCC)등등 닮은 것들이다. 따라서 이번 단락에서는 이스라엘에서 시작한 초림복음이 어떻게 한국에까지 도착하여 다시 한국에서 재림복음이 어떻게 이스라엘로 돌아가게 되는지, 그러므로 한국교회의 사명에 대하여 어떤 소망을 가져야 되는지 등에 대하여 성경에서 증거들을 찾아보고자 한다.

1) 셈의 족보

창세기 10장에는 노아의 세 아들 셈과 함과 야벳의 족보가 기록되어 있다. 노아의 세 아들의 족보는 노아시대 이후부터 지금까지 온 지구상에서 세 인종을 이루고 있다. 함은 아프리카 흑인종, 야벳은 유럽의 백인종, 셈은 아시아 황인종이다. 온 지구상에 흩어져 사는 세 인종은 노아가 세 아들에게 선포한 내용그대로 성취되었고 성취되어 가고 있다. 노아는 함에게 저주를 선포했다(창 9:25). 그 저주는 두 가지다. 하나는 형제들의 종이 되는 것이며(창 9:25), 다른 하나는 형제들을 대적하는 것이다. 형제들의 종이 되는 것이 흑인으로 유럽과 아시아 사람들의 노예로 사는 것을 말하며, 형제들을 대적하는 것이 니므롯(바알)이(창 10:8-9) 사탄의 사자가 되어 하나님을 믿는 유럽과 아시아에 있는 이스라엘과 교회들을 우상숭배에 빠지게 미혹하며, 가나안 일곱 족속들이 이스라엘을 대적하는 것들이다(창 10:6). 니므롯과 가나안 일곱 족속들은 함의 후손들이다(창 10:6-20). 야벳은 노아에게 창대하여 셈의 장막에 거하게 하는 축복을 받았다(창 9:27). 그 축복도 두 가지다. 하나는 창대 하는 복이며, 다른 하나는 셈의 장막에 거하는 복이다. 장막 אֹהֶל(오헬)은, 성막, 성전, 교회를 말하며, 창대한 복은 백인들이 문질문명을 이루어 전 세계에 번성하는 것을 말하며, 셈의 장막에 거하는 복은 일찍부터 복음을 받아 주님을 섬기는 신앙의 나라들이 되는 것을 말한다. 셈은 노아에게 여호와 하나님을 찬송하는 복을 받았다(창 9:26). 여호와 하나님은 성자 하나님을 의미하며, 찬송 בָּרַךְ(바라크)는, 미완료형으로 주님에게 무릎을 꿇다, 주님에게 꿇어 엎드리다, 주님에게 절하다, 주님에게 복을 구하다, 주님에게 찬송을 드리다 등의 의미다. 미완료형은 언제 어느 시대나 항상 주님에게 찬양을 드리는 것을 의미한다. 주님에게 꿇어 엎드린다는 의미는 주님을 경배한다(시 95:6;빌 2:10). 주님에게 기도를 드린다(대하 6:13). 주님에게 찬송을 올려드린다(시 28:6)등이며, 이렇게 경배를 드리며 기도와 찬송을 올려 드리면 주님께서 셈에게 복을 주시는 것을 의미한다.

여기서 우리는 매우 중요한 비밀을 알 수 있다. 그것은 주님께서 노아의 세 아들을 통하여 온 인류의 구원역사에 대한 섭리다. 그 섭리는 노아의 세 아들 중에 셈의 후손들이다. 주님은 노아의 세 아들 중에 특별히 셈을 여호와 하나님을 찬양 드리는 자로 선택하셨다. 그 선택은 셈을 통하여 전 세계에 주님의 복음이 전파되었기 때문이다. 그 복음 전파를 위하여 셈은 두 부류의 민족으로 나누어지게 한다. 하나는 중동 지역의 이스라엘이며, 다른 하나는 아시아 지역의 한국이다. 이스라엘은 셈의 후손 중에 벨렉의 후손들이며(창 11:17-27), 한국은 셈의 후손 중에 욕단의 후손이다(창 10:25-30). 셈의 후손인 에벨에게는 두 아들이 있었다. 형은 벨렉이요, 아우는 욕단이다. 그런데 그 때에 세상이 나누어지면서 벨렉은 중동에서 아브라함과 이스라엘 민족을 이루었으며, 욕단은 메사(מֵשָׁא메샤, 수리아 아라비아 사막 동쪽)와 스발(סְפָר 세파르, 욕단과 후손들의 거주지)로 가는 동쪽 산으로 이동하여 아시아에서 민족을 이루었다(창 10:25). 욕단이 메사와 스발과 동쪽 산으로 이동한 지역에 대한 여러 가지 해석들이 있다. 역사학자들과 성경학자들의 견해 차이는 약간은 있지만 대체로 황인종으로 구성된 아시아(러시아, 중국, 몽골, 한국, 일본)로 해석하고 있다. 그런데 아시아 국가 중에서도 한국이라는 것이다. 어떤 분들은 단군이 실제적인 인물인 욕단 이라고 해석하는 분도 있다. 그러나 목사님들은 단군이 욕단의 후손이며, 실제적인 인물인 것은 동의하고 있다. 마지막 주자는 한국이 욕단의 후손이라는 증거를 노아가 셈에게 선포한 복에서 찾는다. 셈이 여호와 하나님을 찬양하는 복을 받은 성취가 나타난 나라가 아시아 국가 중에 한국교회이기 때문이다. 때문에 한국교회는 세계에서 유일하게 새벽기도, 금요철야, 수요예배 등으로 열심히 주님을 섬기는 것이며, 그 열심으로 아시아 국가 중에 제일 큰 교회로 부흥되었으며, 세계 선교도 제일 많이 하는 것들이 증거다.

따라서 우리는 주님의 인류구원역사의 섭리에 대한 비밀에 대하여 해답을 찾을 수 있는 것이다. 주님은 인류구원역사를 위하여 노아의 세 아들 중에 셈을 선택하셔서 셈의 후손들을 통하여 전 세계를 구원하시는 섭리다. 그 섭리의 성취가 셈의 아들 중, 에벨에게서 두 아들을 통하여 실행되었다. 에벨의 두 아들 중에 큰 아들 벨렉의 후손으로는 아브라함과 이스라엘 민족을 이루어 율법과 계명으로 언약을 맺으셨고 그 언약 백성의 후손으로 주님은 이 땅에 오셨으며, 언약백성과 맺은 율법과 계명을 십자가에서 성취하시면서 새 언약인 성령을 보내주셔서 복음을 온 세계에 전파하게 하신 것이다. 이것이 신구약 성경의 역사며, 증거다. 벨렉의 후손 이스라엘을 통하여 새 언약인 성령으로 초림복음을 전파한 것이 로마, 유럽, 미국, 한국으로 들어온 것이다. 그리고 에벨의 작은 아들 욕단의 후손인 한국은 초림복음은 마지막 지점에서 받았지만 그동안 전파된 복음의 추수를 위한 재림복음은 역으로 한국에서 미국, 유럽, 로마, 이스라엘로 들어가면서 초림과 재림의 복음을 전 세계에 전파하는 인류구원에 대한 주님의 섭리가 완성되는 비밀을 알 수 있는 것이다. 그러므로 한국교회는 카이로스 종말에 중요한 사명이 있음을 알 수 있다. 이러한 큰 사명을 방해하기 위하여 사탄이 한국교회에 가라지를 뿌려서 지금한국교회를 대적하고 있다고 본다. 마치 주님께서 초림으로 오시기전, 흑암의 중간기 시대에 거짓 종교인들이 태동하여 주님과 제자들을 대적하며 박해했던 모습과 동일한 것이다. 하지만 하늘과 땅의 모든 권세를 가지신 주님께서 한국교회를 반드시 지켜주셔서 마지막 시대의 사명을 감당하게 하실 줄을 믿는다.

2) 해 돋는 곳

이제는 한국교회가 재림복음을 전하는 사명이 있다는 사실에 대한 증거를 계시록에서 확인하고자 한다. 그 본문이 재림을 증거 하는 계시록에 있기 때문이다. 계시록에는 재림의 때, 사역할 종들을 선택하기 위하여 천사들이 해가 돋는 곳에서 올라와서 인을 치는 것을 증거하고 있다. "계 7:2-3 천사가 살아 계신 하나님의 인을 가지고 해 돋는 데로부터 올라와서─우리가 우리 하나님의 종들의 이마에 인치기까지 땅이나 바다나 나무들을 해하지 말라 하더라" 천사들이 해가 돋는데서 올라와서 이마에 인을 치는 하나님의 종들이 재림복음을 전파할 종들이다. 해가 돋는 이란 단어는 두 단어의 합성어다. 해 ἥλιος(헬리오스)는, 광선이란 단어에서 유래한 문자적 의미는 태양, 태양의 열기를 의미하며, 상징적인 의미는 거룩한 군대, 주님의 영광, 얼굴(마 17:2;행 26:13)등을 상징한다. 계시록에는 재림하시는 주님의 얼굴을 해같이 빛나는 얼굴로 표현하고 있으며, 재림신앙으로 무장한 교회를 해를 옷 입은 한 여자로 상징하고 있다. 때문에 본문의 해는 재림복음을 전파할 거룩한 군대들에게 이마에 인을 치기 위하여 천사들이 올라온 것을 상징한다. 돋는 ἀνατολή(아나톨레)은, 가운데, 사이에 와 제한하다, 끝, 마지막, 목표, 말세, 오르게 하다, 돋게 하다, 뛰어오르게 하다, 나오다 등의 의미에서 유래한 돋음, 오름, 동쪽, 동방, 동양 등의 의미며, 이는 천사들이 재림복음을 전파할 종들의 이마에 인을 치기 위하여 동쪽, 동방, 동양으로 올라왔다는 말씀이다. 이것이 해 돋는 곳에 대한 두 단어의 의미다. 따라서 해가 돋는 곳은 대 환난 날에 재림복음을 전파할 종들에게 이마에 인을 치는 장소는 동쪽, 동방, 동양에서 시작할 것을 의미한다.

그런데 동쪽, 동방, 동양이 어느 지역을 말하는 것인지에 대한 해석
이 요구된다. 사전에서 동쪽(東-)은 해가 뜨는 곳, 동양(東洋)은 유럽
대륙의 동쪽에 위치한 아시아 지역을 말하며, 동방(東邦)은 동쪽에 있
는 나라, 우리나라를 스스로 이르는 말이라고 기록되어 있다. 그리고
인도의 시인 타고로는 동방의 등불이란 시에서 대한민국에 대하여 등
불의 하나인 코리아 그 등불 한번 다시 켜지는 날-너는 동방의 밝은
빛이 되리라 라고 하였으며(1929년), 국내외 여러 학자들과 목사님들
도 동방과 동양은 우리나라라고 주저하지 않고 외치고 있다(이광복 목
사. 셈족으로 본 복음의 동양사. 253-259). 그렇다고 한다면 계시록에서
증언하는 종들은 한국교회에서부터 천사들이 인을 치게 된다는 사실
이다. 이는 앞에서 우리가 족보에서 상고한 내용과 동일한 것이다. 그
런데 우리가 기억할 것은 인을 치는 것과 인을 맞은 종들의 사역은 구
별된다는 사실이다. 이는 시점이 다르기 때문이다. 인을 치는 시점은
대 환난의 바람이 불기 이전이며(계 7:1-3), 사역은 대 환난 날이 시작
된 이후이기 때문이다(계 11:3-7). 대 환난 날이 임하기전에 이마에 인
을 맞은 종들이 대 환난 날이 되면 전 세계에 있는 교회들에게 회개와
심판을 외치면서 주님의 신부로 준비하게 한다(계 7:9-14). 한국교회
에서 대 환난 날이 임하기전에 이마에 인을 맞은 종들이 대 환난 날이
되면 전 세계에 흩어져서 재림복음을 전파하는 것을 말한다. 재림복
음을 전파하는 사역의 현장이 미국, 유럽, 로마, 이스라엘, 마지막 종
착지는 예루살렘이다. 이러한 사역으로 야벳이 셈의 장막에 거하게 되
며(창 9:27), 이스라엘이 동방에서 독수리를 불러 주님의 뜻을 성취하

게 되며(사 46:11 새 번역). 한 나라를 불러 자기들이 영화롭게 되는 예언의 성취다(사 55:5). 이는 인류구원을 위한 하나님의 경륜이시며, 예수 그리스도 안에 감추어져 있는 비밀이다(슥 12-14장;롬 11:26).

그런데 우리가 잊지 말고 반드시 기억해야 될 것이 있다. 그것은 해 돋는 곳이 동방과 동양을 우리나라로 해석하여 자기가 메시야, 또는 두 증인, 재림예수, 자기들의 집단 등으로 해석하여 미혹하는 이단들이 많이 일어났고 일어나고 있기 때문이다. 이단들의 특징은 성경에 중요한 단어들을 자기들 마음대로 해석하여 미혹하는 것이다. 이것이 양의 옷을 입고 광명한 천사로 둔갑하는 모습이다. 그리고 이마에 인을 맞는 종들이 한국교회에서부터 시작한다는 것과 한국교회만 인을 친다는 것은 차이점이 있다. 이러한 경우는 본문의 말씀의 단락에 있는 말씀과 계시록 전체의 말씀에서 해답을 찾게 된다. 단락과 계시록 전체의 말씀에는 한국교회에서 시작하여 전 세계교회로 확대되는 것으로 해석할 수 있다. 다만 시작은 한국교회로부터가 출발이다. 천사들이 인을 치는 종들의 자격은 항상 주님의 인도하심을 받는 자, 그 입에 거짓말을 하지 않고 흠이 없는 자, 영적인 정절이 깨끗한 자들이다(계 14:4). 그리고 인을 친 종들의 사역을 위하여 계시록을 먹게 한다(계 10:8-11:1-3). 때문에 계시록은 그 종들에게 주시기 위하여 기록되었다는 것을 알 수 있다(계 1:1). 또한 그들에게 성령을 충만하게 부어 주신다. 초림복음을 위하여 이른 비 성령을 사도들에게 부어주셨던 것과 똑같이 또 다시 인 맞은 종들에게 늦은 지 성령을 부어주신다. 사도들에게 부어주셨던 성령을 다시한번 한국교회 인 맞은 종들에게 부어 주신다는 의미다. 이는 성경의 증거다(욜 2:29;계 11:3). 때문에 제 2의

오순절성령강림이 한국교회에 임하여 초대한국교회 뜨거운 열정의 신앙을 다시회복하게 되며, 그 열정으로 주님의 재림을 준비하게 될 것이다. 이것이 한국교회의 희망이며 소망이다. 제자들이 주님의 약속을 믿고 기도에 전념했던 것 같이(행 1:14), 한국교회도 동일하게 성경의 약속을 믿고 기도하는 종들에게 부어주실 것이다. 또한 그 때는 전 세계교회도 허다한 무리들이 회개하고 알곡으로 추수하게 될 것이며(계 7:9-14), 인 맞은 종들에게 거짓 성직자들과 교회를 대적하는 악한 무리들은 심판을 받게 될 것이다(계 11:1-6).

결 론

　지금까지 우리는 성경에서 무엇을 말하고 전하고 있는지에 대하여 신구약 성경 전체를 상고하였다. 이제는 우리가 앞에서 상고한 내용들을 네 가지로 간략하게 요약하면서 전체적인 결론을 맺고자 한다.

　첫째, 신구약 성경은 계명과 율법을 말하며 전하고 있다. 계명은 십계명을 말하며, 율법은 십계명을 구체적으로 해석하는 규례들이다. 신구약 성경에서 말하고 전하는 핵심메시지는 계명과 율법이다. 모세오경은 계명과 율법에 대한 내용을 기록한 성경이며, 역사서는 계명과 율법으로 살았던 역사를 기록한 성경이다. 언약 백성들이 계명과 율법으로 맺은 언약을 지키며 살았을 때는 복을 받아 번성하였고 불순종할 때는 심판을 받았던 내용들을 기록한 역사 이야기다. 시가서는 역사서 안에서 살았던 언약 백성들이 계명과 율법으로 살면서 고백한 신앙고백이다. 언약 백성들이 계명과 율법을 범하여 심판을 받을 때는 회개와 탄식하는 내용이며, 회개와 탄식 중에서 다시 계명과 율법의 교훈을 기억하는 내용들이다. 선지서는 역사서 안에 살았던 언약 백성들이 계명과 율법에 불순종할 때, 선지자들을 통하여 회개와 심판을 선포하는 내용들을 기록한 성경이다. 계명과 율법에 불순종한 것을 회개하면 회복시키며, 회개하지 않으면 전쟁, 포로, 기근, 전염병 등으로 심판하는 내용들이다. 신약의 복음서는 주님께서 구약의 계명과 율법을 완전하게 하신 상산수훈을 성취하시기 위하여 사역하신 사건들을 기록한 성경이며, 사도행전과 서신서는 주님께서 완전하게 하신 산상수훈을 교회들에게 바울과 사도들을 통하여 성취하게 하는 사건들을 기록한 성경이다. 계시록은 천국백성들이 산상수훈이 완전하게 완성하게 되는 것을 기록한 성경이다. 그것이 새 하늘과 새 땅의 삶이다. 그러므로 신구약 성경은 계명과 율법을 말하며 전하고 있다.

둘째, 신구약 성경은 예수 그리스도에 관한 비밀을 말하고 전하고 있다. 구약에서는 예수 그리스도에 관한 계시, 예언, 모형, 그림자를 보여주는 비밀을 말하고 전하는 것이며, 신약에서는 구약에서 보여주신 예수 그리스도에 관한 계시, 예언, 모형, 그림자의 비밀을 성취하신 사건들을 말하고 전하는 것이다. 그러므로 신구약 성경은 예수 그리스도의 비밀을 기록한 성경이다. 그런데 예수 그리스도의 비밀과 계명과 율법은 분리되는 것이 아니라는 사실이다. 예수 그리스도의 비밀과 계명과 율법은 동일한 내용이다. 왜냐하면 주님께서 계명과 율법을 친히 돌판에 기록하여 주신 분이시며, 그 계명과 율법으로 주님께서 선택하신 백성들과 언약을 맺으셨으며, 그리고 주님은 언약 백성들과 맺은 계명과 율법의 모형과 그림자를 구약에서 보여주셨고 신약에서 그것을 성취하신 것이다. 언약 백성들이 육신이 연약하여 계명과 율법을 지키지 못하는 율법의 저주와 죄를 십자가에서 친히 담당하시고 계명과 율법을 지킬 수 있도록 새 언약으로 주신 성령의 법으로 하나님과 이웃을 사랑하게 하셨다. 이것이 예수 그리스도 안에 감추어져 있는 비밀이다. 때문에 사실상 신구약 성경은 예수 그리스도에 관한 비밀을 말하고 전한다.

셋째, 신구약 성경은 주님의 아가파오 사랑을 말하고 전하고 있다. 천지만물과 사람을 창조하신 것은 주님의 사랑의 선물이다. 사랑으로 자신의 형상대로 창조하신 사람과 지속적인 사랑의 관계와 또한 사랑하는 사람을 온전하게 보호하며 양육하기 위하여 주신 것이 계명과 율법이다. 계명과 율법은 주님께 사랑을 받은 사람이 그 사랑에 응답으로 순종하는 것이다. 계명과 율법으로 양육을 받으면 주님의 신부로 성장하게 된다. 주님의 신부로 성장한 자들을 위하여 예비 된 곳이 천국이다. 그곳에서 영원토록 주님과 함께 왕 노릇하는 왕비가 된다. 주님께서 계명과 율법으로 언약을 맺는 목적은 천국에서 왕 노릇하는 거룩한 하나님의 가족이 되게 하는 것이다. 그러므로 계명과 율법을 무거운 짐으로 여기지 말아야 하며 주님께 받은 사랑에 응답으로 우리도 주님을 사랑하는 마음으로 순종해야 한다. 이러한 주님의 아가파오 사랑을 말하고 전하는 것이 신구약 성경이다. 때문에 사실상 신구약 성경은 예수 그리스도에 관한 비밀이다.

넷째, 신구약 성경에는 진리와 거짓을 말하고 전하고 있다. 진리는 계명과 율법이며 그 진리를 제정하신 주님을 믿고 전하는 것이며, 비진리는 진리를 거짓으로 변개시켜서 파괴하며 대적하는 것과 그것을 전하고 가르치는 것이다. 진리의 배후는 성령이시며, 거짓의 배후는 사탄, 곧 악령이다. 성령은 진리를 믿고 따르며 순종하게 인도하지만 악령은 진리를 믿지 못하게 미혹하며 인도한다. 악령은 선악과 사건으로 시작하여 신구약 성경의 모든 역사에서 진리를 변개시키며 대적하고 있다. 교회 안에 거짓 성직자, 거짓 사도, 거짓 선지자, 거짓형제, 삯군 목자들을 광명한 천사로 과장시켜 파송하여 진리를 파괴한다. 그러나 성령은 각각의 은사로 진리를 보호하며 가르치고 전파하여 천국 백성들을 양육한다. 주님께서 성령으로 임재 하셔서 세상 끝날까지 우리를 통치하시며 다스리시면서 우리를 진리 안에 머물게 하신다. 때문에 성경은 예수 그리스도에 관한 비밀이다.

따라서 신구약 성경은 예수 그리스도 안에 감추어져 있는 비밀을 말하며 전한다. 그 비밀은 창세전에 예정하신 하나님의 경륜에 따라 주님께서 천지와 사람을 창조하셨으며, 자신의 형상대로 창조한 사람 중에 언약 백성들을 선택하여 하늘의 가족으로 삼으시고 그 가족을 보호하며 양육하기위하여 계명과 율법을 제정하셨다. 그런데 언약 백성들이 계명과 율법을 지키지 못함으로 인하여 그 언약의 성취를 위하여 주님께서 친히 사람의 모양으로 이 땅에 오셔서 십자가를 지셨다. 십자가에서 언약 백성들이 지키지 못하는 율법의 저주와 죄를 모두 속량하시고, 새 언약의 성령으로 교회를 세우셨으며, 교회를 통하여 복음을 받은 우리의 마음에 성령의 은사로 계명과 율법의 산상수훈을 기록하여 성취하게 하셨다. 또한 성령으로 교회 안에 임재 하셔서 주님 안에 감추어져 있는 모든 지혜와 지식의 보화들을 우리에게 공급하셔서 우리가 그리스도 안에서 변함없이 하나님만 사랑하며 찬양과 영광으로 경배 드리는 하나님의 가족으로 양육하여 장성한 주님의 신부로 준비시켜 영원한 천국까지 이르게 하셨다. 이것이 아가파오의 사랑이며, 예수 그리스도에 관한 비밀이며, 그 비밀 안에 감추어져 있는 예수 그리스도의 보화며, 창세전에 예정하신 하나님의 경륜이며, 신구약 성경에서 전하고 말하는 것이다.

바울은 성경에서 이 비밀을 깨닫고(엡 3:3), 서신서를 기록하였고 그리고 이 비밀을 전하는 그리스도의 일꾼이 되었다. 바울당시 유대인들은 주님을 나사렛 동네 목수의 아들로만 인정하며 배척했다. 바울도 처음에는 그들과 함께 주님과 교회를 대적하며 박해하였다. 그런데 다메섹 도상에서 주님께 부르심을 받고 성령으로 충만하여 성경에서 이 비밀을 발견하게 되었다. 이와 같은 현상은 지금도 진행형이다. 주님을 4대 성인 중에 한 사람으로 인정하는 세상의 지혜와 지식, 또는 세상의 학문 등으로는 절대로 주님 안에 감추어져 있는 지혜와 지식의 보화를 발견할 수 없다. 때문에 감추어져 있는 보화라는 것이다(마 13:44). 오직 성령으로 거듭난 사람들만 알 수 있다. 바울은 이 보화를 발견한 후에 자신이 지금까지 알고 있던 세상의 초등학문의 지혜와 지식과 그로인하여 가졌던 명예와 권세 등을 배설물처럼 버렸다(빌 3:8). 오직 예수 그리스도 외에는 아무것도 알지 않기로 작정하였다. 그리고 이제는 그 비밀을 맡은 사도가 되었다. 사도가 된 바울은 이 보화를 증언하는 일에 어떠한 고난과 어려운 환경을 만나도 조금도 낙심하거나 뒤로 물러서지 않았다(고후 6:8-10). 또한 자기를 통하여 세워진 모든 교회도 자기와 같은 이 비밀을 맡은 자로 여길 것을 부탁하며, 맡은 일에 충성을 다할 것을 요청하고 있다(고전 4:1-2). 그 요청에 순종한 자들을 통하여 기독교 2천년 역사가 진행되었다. 오늘도 주님은 바울과 같은 사람이 나타나기를 기대하실 것이다. 지금 우리들에게 이 비밀을 찾을만한 시간들이 아직 남아있는 시간에 우리 다

같이 그 보화를 찾는 시간이 되기를 바라는 마음이 간절하다. 그 보화를 찾는 일에 도움을 드리고자 본서를 출간하게 된 것이다. 그리고 사탄이 교회 안에 침투시킨 이단들과 거짓 종교인들에게 절대로 속지 않기를 간곡히 부탁한다.